KB234853

그들은 아는, 우리만 모르는

그들은 아는, 우리만 모르는
—위키리크스가 발가벗긴 '대한민국의 알몸'

2012년 1월 6일 초판 1쇄 펴냄
2012년 4월 18일 초판 4쇄 찍음

지은이 | 김용진

편 집 | 김희중, 이민재
관 리 | 이영하
영 업 | 우현권

종 이 | 세종페이퍼
제 작 | 상지사

펴낸이 | 장의덕
펴낸곳 | 도서출판 개마고원
등 록 | 1989년 9월 4일 제2-877호
주 소 | 서울시 마포구 공덕1동 105-225 2층
전 화 | (02) 326-1012
팩 스 | (02) 326-0232
이메일 | webmaster@kaema.co.kr

ISBN 978-89-5769-126-7
ⓒ김용진, 2011. Printed in Seoul, Korea.

*책값은 뒤표지에 표기되어 있습니다.
*파본은 구입하신 서점에서 교환해 드립니다.

*이 도서의 국립중앙도서관 출판시도서목록(CIP)은
e-CIP 홈페이지(http://www.nl.go.kr/ecip)와 국가자료공동목록시스템
(http://www.nl.go.kr/kolisnet)에서 이용하실 수 있습니다. (CIP 제어번호: CIP2011005756)

위키리크스가 발가벗긴
'대한민국의 알몸'

김용진 지음

그들은 아는, 우리만 모르는

개마고원

'진짜' 세상을 보다

장면 하나, 2003년 가을.

KBS 〈미디어포커스〉 담당기자 시절, 필자는 미국 워싱턴 인근에 있는 미국 정부기록보존소NARA 열람실에서 문서 더미와 씨름하고 있었다. 문서 보관 상자를 수십 개 열어서 훑어봐도 찾는 자료는 겨우 한 장이나 나올까 말까 하는 더딘 작업이었다. 생산된 지 수십 년이 지나 누렇게 변해가는 각종 보고서와 외교전문, 비망록 등을 하루 종일 눈이 빠지게 살폈으나 허탕만 친 날도 있었다. 그나마 미국 정부기록 전문가와 연구자의 도움을 받아서 시작한 취재였기 때문에, 많은 시간이 걸리긴 했지만 다행히 쓸 만한 자료들을 꽤 수집할 수 있었다. 이때 모은 자료는 KBS 1TV에 〈한국 언론의 빅 브라더, 미국〉이라는 제목의 특집 다큐 프로그램으로 방송됐다. 한국 주류 언론의 뿌리 깊은 숭미崇美사대주의 논조가 도대체 어디에서 기원했는가를 추적한 내용이었다. 6,70년대 미국 국무부와 공보처USIA 등이 남긴 기록들은 미국이 한국인들의 사고방식을 주조하기 위해 펼친 공작의 흔적을 생생하게 담고 있었다. 더불어 미국에 빌붙은 한국인 군상들도 여과 없이 드러내주었다. 그런 의미 있는 프로그램이었던 만큼 관련 자료를 수집하고 분석하는 데도 많은 시간과 자원이 투입돼야 했음은 물론이다.

장면 둘, 2006년 가을.

지금은 없어진 KBS 탐사보도팀에서 일하던 시절, 필자는 IMF 구제금융 사태 10주년을 앞두고 1997년 동아시아 외환위기의 실체를 추적하는 프로그램 제작을 위해 미국 워싱턴의 한 비밀문서 연구기관과 공동 프로젝트를 시작하고 있었다. 금융위기와 관련해 미국 정부기관이 남긴 각종 기록들을 수집하는 것이 프로젝트의 주목적이었다. 수집 대상은 IMF 구제금융을 전후한 시기에 미 국무부와 무역대표부USTR, 재무부, CIA 등이 생산한 각종 기록들이었다. 주로 정보자유법FOIA을 통해 관련 기관에 정보공개를 청구했다. 방송 시점은 2007년 가을을 목표로 했다. 하지만 문서 수집 작업은 더디기만 했다. 미국 정부기관들이 정보공개 요청에 제대로 응하지 않거나, 기록을 공개하더라도 중요한 부분은 대부분 가린 채 내놨기 때문이다. 프로그램을 제작할 수 있을 정도의 자료가 수집되기까지는 거의 2년이란 세월이 걸렸다. 동아시아 외환위기라는 단일한 주제였고, 생산된 지 10년도 더 지난 기록들이었지만 정보공개를 담당하는 미국 관리들의 관료주의와 비밀주의 시스템이 그토록 오랜 시간을 흘려보내게 한 것이다. 그 사이 이명박 정권이 들어섰고, 필자는 KBS 탐사보도팀을 떠나야 했다. 그 기록들은 후배 기자들에 의해 2009년 9월에야 〈최초공개 외환위기 美 비밀문서—IMF와 '트로이목마'〉라는 제목의 프로그램으로 빛을 보게 됐다.

장면 셋, 2011년 가을.

이제 필자는 노트북이나 스마트폰만 있으면 언제 어디서나 미국 국무부의 비밀 외교전문Embassy Cables을 마음대로 꺼내 볼 수 있게 됐다. 30년, 40년 된 옛날 기록도 아니다. 가까이는 불과 1년여 전에 작성된, 말 그대로 잉크도 채 마르지 않은 따끈한 기록들이다. 등장인물도 박정희·전두환·김영삼 등이 아니라 이명박·박근혜 등 지금 TV나 신문에 매일같이 나오는 사람들이다. 조금만 민감한 대목이 있어도 관료들이 삭제해버려 누더기로 변한 문서도 아니다. 작성 당시 원본 그대로다. 분량은 상상을 초월한다. 종이로 출력하면 작은 도서관 정도는 거뜬히 만들 규모다. 평생 읽어도 다 보는 것이 불가능하지만, 그래도 방법은 있다. 데이터베이스에서 관심 주제나 이름을 검색하면 해당 단어가 포함돼 있는 기록만 따로 불러내 볼 수 있기 때문이다. 예를 들어 'LEE MYUNG BAK'을 검색하면 전체 파일에서는 911건의 기록이 발견된다. 검색 범위를 주한 미국대사관 기록으로 좁히면 650건이 나온다. 한미 FTA 관련 전문도 마찬가지다. FTA를 치면 전체 데이터베이스에서는 4235건, 주한 미 대사관 전문에서는 326건이 나온다. 이런 방법으로 범위를 조절하면 자신의 관심 주제와 관련한 미국 비밀문서를 얼마든지 쉽게 찾아볼 수 있다. 얼마 전까지는 상상도 하지 못했던 일이다. 모두 디지털 혁명과 '위키리크스WikiLeaks'라는 전혀 새로운 형태의 인터넷 언론매체가 출현한 덕분이다.

위키리크스의 등장으로 인해 우리는 지금, 비록 특정한 기간에 생산된 미국 외교전문에 한정된 것이긴 하지만, 거의 완벽한 정보 민주화를 경험하고 있다. 권부 깊숙한 곳에서 오간 내밀한 얘기들이 이처럼 빨리 온전하게 공공의 영역으로 나온 것은 인류 역사상 처음 있는 일이다. 이 정보들에는 대부분 국가안보를 빌미로 '비밀' 딱지가 붙어 있지만, 사실

그건 권력자들의 위선과 거짓을 숨기고 국민들의 알 권리를 봉쇄하기 위한 구실일 뿐이다. 그들은 알았지만, 우리는 몰랐던 이 모든 '장면'들은 지금까지 '공식적'으로는 존재하지 않던 일이었고, 역사의 뒤안길에 그냥 묻힐 운명이었다. 그러나 2011년 9월 이 모든 사실들이 세상에 드러나기 시작했다. 무대 뒤에선 국민들 모르게 많은 일들이 벌어지고 있다는 사실이 확인된 것이다. 우리가 그동안 권력에 얼마나 속아왔는지도 새삼 알게 됐다. 바로 '위키리크스'라는, 지금까지 존재해왔던 것과는 전혀 다른 형태의 언론매체를 통해서 말이다.

이 책은 앞으로 한국과 관련된 많은 미국 외교전문들을 살펴볼 것이다. 그전에 미 국무부와 미국의 해외공관 사이에 오가는 외교전문의 성격은 알아둘 필요가 있다. 재미 미국 비밀문서 전문가인 이흥환은 『미국 비밀문서로 본 한국 현대사 35장면』에서 "한국 현대사에서 미국은 단 한순간도 한국에서 눈을 뗀 적이 없다. 가깝게는 해방 이후 미군정 때부터이고, 멀게는 1800년대 이전까지도 거슬러 올라가며, 지금 이 순간에도 미국은 한국을 관찰하고, 토론하고, 보고하고, 기록하고, 보존하고 있다"라고 했다. 이제 우리가 살펴볼 미국 외교전문에는 이처럼 미국이 한국을 관찰하고, 기록한 것들이 고스란히 담겨 있다.

이를 통해 우리는 미국이라는 초강대국이 전세계를 상대로 펼치는 게임의 내막을, 즉 세계가 작동하는 방식과 핵심 플레이어들의 각축을 통찰할 수 있고, 그들이 묘사한 우리 자신의 낯선 모습도 발견할 수 있다. 이흥환의 말 그대로 미국은 한반도에 개입한 이래 대통령부터 시민단체까지 모든 층위의 파워 엘리트와 오피니언 리더를 만나고, 그들의 생각을 듣고, 행동을 관찰해 본국에 보고했다. 또 크고 작은 정치·사회·경제적 동향을 파악해 미국의 정책결정자 책상 위에 올려놨다. 그렇게 하는 단 한 가지 이유는 바로 한반도에서 미국의 이익을 보호하고, 관철하고, 창출하기 위해서다.

그렇다고 미국과 접촉한(주로 접촉당한) 우리측 인사들이 그들에게 일방적으로 당하기만 한 것은 아니다. 미국 외교관들과의 상호작용 속에서 나름대로 우리의 국익을 지키려고 애쓰기도 했고, 때로는 자신들의 개인적·정치적 이익 수호를 위해 바삐 움직이기도 했다. 문제는 이런 내밀한 상호작용, 즉 무대 뒤의 치열한 게임 속에서 우리 일반시민들 모르게 우리의 삶에 영향을 미칠 수 있는 중요한 일들이 결정되곤 했다는 것이다. 위키리크스가 공개한 미국 외교전문은 이런 이면의 일들에 대한 알 권리를 우리에게 새롭게 부여해준다. 다시 말해, 세상이 '진짜' 어떻게 돌아가고 있는지를 보여준다.

하지만 그 중차대한 우리의 알 권리는 지금 온전히 무시된 채 방치되어 있다. 이것이 우리 사회의 비극이자 현주소이다. 한국의 주류 매체 중에는 이제 그러한 우리의 알 권리를 충족시켜줄 매체가 존재하지 않기 때문이다. 주한 미 대사관이 작성해 본국에 보낸 전문만도 1980건에 이르는데 말이다.

한편 이렇게 한국 주류 매체들이 미국 비밀 외교전문을 외면하는 가운데, 아주 주목할 만한 현상이 우리 사회에 나타나기 시작했다. 자발적으로 전문을 번역하고 배포하자는 누리꾼들의 움직임이 온라인상에서 나타난 것이다. 전문번역가라고 자신을 소개한 누리꾼이 전문 목록을 번역해서 공개하고, 재미교포가 한국어 번역사이트(www.wikileaks-kr.org)를 구축하고, 여기에 누리꾼들이 자발적으로 전문을 번역해 올리기 시작했다. 대학생들도 번역모임을 꾸려 전문을 한글로 옮겼다(cafe. daum.net/wikiuniv).

전국언론노동조합도 "언론이 하지 않으면 언론노조가 하겠다"며 주요 전문을 번역해 홈페이지(http://media.nodong.org)에 게시하고 있다. 번역에는 언론노조 산하 각 지부의 기자나 PD 조합원들이 참여하고 있다. 번역 과정에서 새롭게 드러난 사실이 있으면 기사 형태로 만들어 언론사에 배포하기도 한다.

세계에서 유례를 찾기 힘든 한국의 이런 실험이 앞으로 어떤 형태로 진화할지는 아직 알 수 없다. 하지만 최근 한국 사회의 주요 현안에 대한 지상파 방송의 침묵이 〈나는 꼼수다〉라는 팟캐스트 방송의 등장과 성공 배경이 됐듯이, 위키리크스에 대한 주류 매체의 비겁한 침묵은 온라인상에 '비판적 담론 공중' 혹은 '집단지성'의 본격 등장을 재촉하는 촉매가 될 것이라는 점은 분명해 보인다.

위키리크스로부터 일련의 미국 비밀문서를 제공받아 폭로한 바 있는 독일 주간지 『슈피겔Der Spiegel』의 기자 마르셀 로젠바흐는 위키리크스가 아프가니스탄과 이라크 전쟁일지, 그리고 국무부 외교전문 등을 기성 언론매체에 독점 제공해서 공동 프로젝트를 진행한 것은, 즉 기존의 언론제도와 밀접하게 얽힌 것은 원래 그들이 목표한 바가 아니었다고 주장했다. 애당초 위키리크스의 설립자 줄리언 어산지가 추구한 것은 인터넷을 통한 '크라우드소싱crowdsourcing'이었다고 한다. 자료를 입수하여 평가하고 분석하는 수많은 인터넷 유저들의 지식과 힘을 활용하자는 것이었다는 얘기다. 그렇지만 이런 목표는 생각처럼 제대로 작동하지 않았다. 그런데 놀랍게도 어산지가 기대했던 '집단지성'의 맹아가 한국에서 싹트고 있는 것이다.

이 책은 우리 사회의 이런 움직임에 조금이라도 기여하고자 하는 작은 바람 때문에 시작됐다. 필자 자신도 주류 매체 종사자이기는 하지만, 이제 한국의 주류 매체는 한국 사회의 핵심 현안들에 적확하게 문제를 제기하고, 진실한 정보를 제대로 제공할 능력도, 의지도, 힘도 없다. 매체 수용자들도 더 이상 이들의 정보통제나 유치한 여론조작을 두고만 봐서는 안 된다. "언론이 하지 않으면 언론노조가 하겠다"는 선언처럼 언론이 제대로 된 정보를 제공하지 않으면 시민들이 직접 찾아나서야 하고, 정부를 상대로 제대로 된 정보를 요구해야 한다. 보다 투명한 사회와 열린 권력구조를 향해 과거의 관행과 제도도 뜯어 고쳐야 한다. 독자 여러분이 이 책을 발판으로 권력자들이 어떻게 그들은 알고 우리만 모르는 비밀들을 감추고 있었는지, 과연 그 비밀들은 무엇인지 더 잘 알게 되기를 희망한다.

몇 년째 이산가족 상태를 만들어 놓고도 '반성' 없이, 지난 몇 주 동안 가족들이 모처럼 상봉한 주말에도 '간 크게' 노트북만 두드렸다. 그런 필자를 그래도 묵묵히 견뎌준 아내와 아이들의 성원, 특히 틈틈이 초벌 번역을 해준 딸 수린의 도움이 없었다면 이 책은 세상에 나오기 힘들었을 것이다. 머리가 희끗해졌는데도 여전히 물가에 내놓은 것 같은 아들 걱정 때문에 마음 편하신 날 없는 부모님께도 이 책을 드린다.

2012년 벽두에

김 용 진

위키리크스 혁명과 벌거벗은 대한민국

사상 최대의 폭로: 정보의 대홍수가 닥치다

위키리크스는 우리 언론에 흔히 '폭로 전문 사이트'라고 소개된다. 틀린 말은 아니지만 이 말로 위키리크스의 본질을 제대로 표현하기엔 뭔가 부족하다. 위키리크스는 서방 세계의 본격 탄압을 받기 전까지는 여러 명의 상근 활동가와 전세계 수백 명의 자원 활동가들이 결합해 운영되던, 일종의 정보공개 네트워크이자 새로운 유형의 인터넷 언론매체였다.

설립자인 줄리언 어산지Julian Assange는 호주에서 태어난 해커 출신이지만, 본인은 탐사저널리스트이자 위키리크스의 에디터로 불리길 원한다. 어산지 스스로도 위키리크스를 저널리즘 매체로 여기고 있다.

위키리크스에 의해 미국 정부의 비밀이 잇따라 폭로되자 미국 등 서방 세계의 일부 극우 정치인들은 어산지를 세계에서 가장 위험한 인물이자 사이버 테러리스트라고 규정하고, 공공연히 그를 암살하거나 체포해서 사형에 처해야 한다고 주장했다. 반면 영국의 역사학자 티모시 애시는 세계 유일의 최강대국인 미국의 비밀이 여지없이 폭로되는 상황을 목도하며 "시대정신의 향연"이라고 환호했다. 또 위키리크스의 폭로는 "역사가에게는 꿈이고 외교관에게는 악몽"이라고 평했다.

지난 2006년 설립된 이 단체가 전세계에 그 존재를 알리기 시작한 것은 2010년 4월 5일 미국 워싱턴에서 미군 아파치 헬기의 민간인 살상 장면이 담긴 비디오를 공개하면서부터다. 어산지가 '부수적 살인Collateral Murder●'이라 이름붙인 이 영상물은 미군 아파치 헬기가 공중에서 마치 비디오 게임을 하듯 이라크 민간인 행렬을 조준해 기관포를 발사하는 현장을 그대로 담고 있다.

이 총격으로 민간인 12명이 숨지고 어린이 등 다수가 부상당했는데, 사망자 중에는 로이터 통신 취재진 2명도 포함돼 있었다. '부수적 살인'의 공개는 전세계에 미군의 전쟁 수행 방식에 대한 근본적인 회의를 불러일으켰고, 동시에 위키리크스라는 전혀 새로운 형태의 매체와 그 활동 방식에 전세계가 주목하게 만들었다. 하지만 이것은 그야말로 시작에 불과했다.

위키리크스는 2010년 7월 25일 미군의 아프가니스탄전 전쟁일지War Log, 10월 22일에는 이라크전 전쟁일지 수십만 건을 영국의 『가디언Guardian』, 미국의 『뉴욕타임스the New York Times』 등을 통해 폭로했다. 미군이 직접 작성한 이 전투 기록들은 이라크 민간인 희생자의 수가 미군의 발표보다 훨씬 많다는 사실을 들춰냈다. 아프가니스탄에서는 이전까지는 전혀 알려지지 않았던 미군의 비밀 암살부대가 암약한 사실도 드러

● '부수적 살인Collateral Murder'은 미군 당국이 아프가니스탄과 이라크전 때 미군의 오폭 등으로 인한 민간인 살상을 희석하기 위해 미군 당국이 만든 '부수적 피해Collateral Damage'라는 조어를 패러디한 것이다. 많은 인명이 살해되는 장면이 담긴 영상에 이런 조롱조의 제목을 붙인 데 대해 일부 비판이 제기됐으나, 미군의 만행을 적절하게 표현한 것이라는 의견도 많았다.

났다. 미군의 아부그레이브 포로수용소 고문 스캔들이 터진 이후에도 이라크군이 자국민들에 대해 무차별적으로 고문 등을 자행했고, 미국이 이를 묵인해온 사실도 확인됐다.

그리고 마침내 역사상 최대의 폭로가 시작됐다. 미국 국무부가 세계 180여 개국에 산재한 280여 곳의 해외공관과 주고받은 25만1287건의 미 외교전문이 차례로 비밀의 영역에서 공공의 영역으로 넘어오기 시작한 것이다. 위키리크스는 이 전문 파일을 『가디언』 탐사보도팀에 독점 제공한 뒤, 미국의 『뉴욕타임스』, 프랑스의 『르몽드Le Monde』, 독일 『슈피겔』, 스페인의 『엘파이스El Pais』 등 세계 유력지들과 동시에 보도하게 하는 전무후무한 공동 프로젝트를 진행했다.

『가디언』은 2010년 11월 28일 역사적인 미국 외교전문 관련 보도를 시작하면서, 2010년 상반기에 1.6기가바이트 분량의 미국 국무부 전문 파일을 위키리크스로부터 입수해 지난 몇 달 동안 자사 기자들과 역사학자 및 프리랜스 저널리스트 등이 대규모 팀을 이뤄 분석 작업을 해왔다고 취재 과정을 밝혔다. 『가디언』은 자신들이 입수한 미국 전문 파일은 A4 용지로 환산한다면 족히 수십만 페이지는 될 것이라고 추정했다.

위키리크스의 폭로는 흔히 '펜타곤 기밀문서 폭로'와 비견된다. 하지만 40년 전 다니엘 엘스버그Daniel Ellsberg가 7000페이지 분량의 이른바 '펜타곤 기밀문서Pentagon Papers*'를 동료의 도움을 받아가며 비밀리에

● 미 국방부 펜타곤이 미국의 베트남 개입의 전모를 기록한 1급비밀 내부 연구서다. 당시 국방부 자문위원이자 랜드연구소 연구원 다니엘 엘스버그는 1969년부터 1970년까지 이 기밀문서를 복사해 『뉴욕타임스』 닐 시한 기자에게 넘겼다. 베트남 전쟁의 추악한 이면을 폭로한 『뉴욕타임스』의 펜타곤 기밀문서 보도는 미국 내 반전 여론을 더욱 확산시켰다.

복사하는 데 햇수로 무려 2년이나 걸린 것을 상기하면 실로 격세지감을 느끼지 않을 수 없다. 엘스버그 시절에 이 25만 건의 미국 외교전문을 언론사에 제공하기 위해서는 아마 대형 트럭이 여러 대 필요했을 것이다. 『가디언』은 이를 두고 "혁명이 시작됐으며, 그것은 디지털화와 함께한다"라고 선포하기도 했다.

'펜타곤 기밀문서 사건'은 미 국방부 내 엘리트가 자신이 관여해온 1급 비밀 기록을 몰래 복사해 언론사에 제공하면서 시작된 것인 데 비해, 위키리크스의 미국 외교전문 폭로는 이라크 주둔 미군 사병이 미국의 정부 부처간 비밀 정보공유 시스템인 'SIPRNet, Secret Internet Protocol Router Network'에 접속해서 수십만 건의 비밀 기록을 CD에 다운받아 전통적 매체가 아닌 위키리크스라는 비밀 폭로 단체에 넘기면서 촉발됐다. 이런 점에서 "디지털과 함께 혁명이 시작됐다"는 『가디언』의 선언은 충분히 이해할 만한 것이었다.

『가디언』은 보도 첫날 '정보의 대홍수'가 도래할 것이라고 예고했다. 하지만 보도 초기 며칠간 공개된 극히 일부의 전문만으로도 전세계에 엄청난 파문이 일었다. 미 국무부가 반기문 유엔 사무총장을 비롯한 유엔 고위 관계자와 외국 지도자 및 고위 인사들의 생체 정보와 그들의 신용카드 번호 등 개인정보를 수집하도록 자국 외교관들에게 지시한 사실은 그야말로 쇼킹한 뉴스였다. 독재국가 지도자와 서방 세계의 은밀한 거래가 드러나기도 하고, 세계 각국 지도자들의 은밀한 사생활이 밝혀지기도 했다. 하지만 무엇보다 중대한 파급 효과는 위키리크스의 미국 외교전문 공개가 촉발한 중동지역의 민주화 물결이었다. 사실 위키리크스의 폭로행위가 중동 민주화의 한 요인으로 작용할 것이라고는 어산지는 물론 미국도 전혀 예상하지 못했을 것이다.

2010년 말 전세계가 위키리크스 소용돌이에 휘말릴 무렵 우리나라는 직접 영향권에서는 벗어나 있었지만, 한국의 주요 언론들도 이 세기적 현상에 주목할 수밖에 없었다. 사설, 칼럼 등을 통해 폭로 전문의 폭발성뿐 아니라 엄청난 양의 정부 기밀이 순식간에 유출될 수 있는 변화된 기술 환경, 권력의 이중성, 비밀과 알 권리 사이의 해묵은 논쟁, 위키리크스 같은 새로운 매체를 어떻게 볼 것인가 등을 주목하기 시작했다.

민주주의를 내세우는 나라들은 모두 국민의 알 권리와 언론의 자유를 존중한다고 말한다. 하지만 이번에 공개된 미국 외교전문이 보여주듯이, 미국을 비롯한 각국 정부는 겉 다르고 속 다른 행태를 보였다. 이는 무엇보다 주권을 위임한 각국 국민에 대한 의무를 저버리는 것이다. 이런 행태를 폭로한 것만으로도 위키리크스는 언론자유 역사에 길이 남을 만하다. (한겨레 사설, 2010.12.9.)

언론의 존재이유 가운데 하나는 공익을 위해 정부의 거짓말을 들춰내 고발하는 일이다. 과연 '위키리크스의 적'은 누구인가. 국가안보를 이유로 국민의 알 권리를 막기 위해 언론을 통제하는 정부와, 정부의 압력에 굴복해 책임을 방기하고 있는 기존 언론들이 바로 그들이다. (경향신문 칼럼, 2010.12.15.)

물론 기밀에 해당하는 외교전문을 공개함으로서 생기는 부작용이 적지 않을 것이다. 그러나 막상 그 전문들을 읽어보면, 국가의 핵심 사안을 다루는 정책결정자들의 생각이나 주요 정책이 결정되는 과정을 공개하는 것이 반

드시 외교를 망치고 안보를 해치는 재앙 같은 일만은 아닐 것이란 생각이
든다. (조선일보 칼럼, 2010.11.30.)

위키리크스가 입증해낸 폭로의 민주화가 거대 기관과 개인 간의 정보의 비
대칭 문제를 해결해 시장 실패를 해결할 수 있을지가 진짜 주목거리다. (동
아일보 칼럼, 2010.12.15.)

하지만 이런 관심들은 정작 한국 관련 전문이 본격적으로 쏟아지기
시작할 땐 찾아보기 힘들었다. 아이러니가 아닐 수 없다. 가장 극적으로
변한 것은 KBS 등 지상파 방송사다. 2010년 11월 30일 KBS 9시 뉴스는
다음과 같이 시작한다.

시청자 여러분, 안녕하십니까. 기밀 폭로 전문 사이트 '위키리크스' 발, 미국
의 외교전문 공개 파문이 우리에게도 연일 메가톤급입니다. 중국 지도부가
한국이 주도하는 통일을 용인할 것이며 북한을 포기할 준비도 돼 있다고 전
해졌습니다. 먼저, 런던 ○○○ 특파원입니다.

KBS는 당시 연평도 사태 관련 뉴스가 폭주하던 와중에서도 위키리크
스가 공개한 미국 전문 내용을 9시 뉴스 시작부터 2꼭지나 내보냈다. 그
것도 위키리크스 파문이 "우리에게도 연일 메가톤급입니다"라는 멘트
까지 달았다. 물론 "중국이 북한을 포기할 수도 있다"는 미국 전문 속의
'전언'이 KBS 뉴스가 위키리크스 건을 톱 기사로 올리도록 유혹했을 것
이다. 하지만 이는 얼마 지나지 않아 KBS 뉴스가 최소한의 저널리즘 기

준도 지키지 않는 뉴스라는 것을 만천하에 알리는 부메랑으로 돌아온다. 진짜 메가톤급이 왔을 때 KBS는 상식으로는 도저히 이해하기 힘든 태도를 보인 것이다.

한국 관련 '판도라 상자'도 열리다

줄리언 어산지로부터 손톱만한 메모리스틱에 25만 건의 미국 비밀 외교전문을 건네받았던 『가디언』의 탐사보도 에디터 데이빗 리는 자신의 저서 『위키리크스—줄리언 어산지의 비밀과의 전쟁Wikileaks-Inside Julian Assange's War on Secrecy』에서 2010년 11월 28일 외교 문서 보도 첫 날, 『가디언』 홈페이지의 관련 기사 조회수가 하루 만에 무려 410만 건을 돌파했고, 그 이후 보름간의 조회수는 940만 건에 달했다고 밝혔다. 이 가운데 43%는 미국에서 온 것으로 집계됐다고 했다.

데이빗 리는 또 자신의 첫 기사가 보도된 직후, 세계 곳곳의 신문사 에디터와 언론인들이 끊임없이 연락해서는 자기 나라와 관련된 정보를 알려달라는 부탁을 했다고 밝혔다. 사실 필자도 그들 가운데 한 명이었다. 지난 2004년 필자는 런던 시내의 『가디언』 사무실에서 그를 만나 『가디언』과 영국의 탐사보도에 대해 장시간 인터뷰를 하고, 탐사저널리즘의 미래에 대해 이야기를 나눈 적이 있었다. 그 당시에 이미 데이빗 리는 영국에서 가장 저명한 탐사저널리스트였다. 필자는 그때의 인연에 일말의 기대를 걸고 한국 관련 외교전문의 제공 가능성을 타진해봤으나 긍정적인 답변은 받지 못했다. 그의 취재기를 보고 뒤늦게 알았지만, 『가디언』은 위키리크스측과 공동 프로젝트를 수행할 5개 언론사 외에는 전문 파일을 절대 유출하지 않기로 협약을 맺고 있었다.(물론 이 협약과는 무관하게 별도의 경로를 통해 유출된 파일을 네덜란드 언론사 등이 입수하기도 했다.)

그런데 한국 관련 전문은 어느 날 전혀 뜻하지 않게, 또 너무나 쉽게 수중에 들어왔다. 물론 지구상 모든 기자들의 로망인 '단독 입수'는 아니었지만, 어쨌든 원하던 자료를 볼 수 있게 된 그날, 필자는 세계 최강국의 비밀 정보의 바다 속을 헤매며 기꺼이 밤을 샜다.

그날은 2011년 8월 말이었다. 트위터 타임라인에 팔로우해뒀던 위키리크스의 멘션이 줄줄이 올라오기 시작했다. 미국 외교전문 25만1287건을 아무런 편집이나 삭제 없이 곧 위키리크스 사이트에 전부 올리겠다는 예고였다. 정말로 몇몇 전문들은 이미 새로 올라와 있었다. 2010년 11월 『가디언』 등이 외교전문을 폭로하기 시작한 이후 9개월 이상 지났으나, 주한 미국대사관이 작성한 한국 관련 전문의 공개는 그때까지 불과 수십 건에 그쳤었다. 그나마 주로 북핵문제나 북-중 관계 등 서구 언론의 구미에 맞는 전문들이었다. 그들이 전문 파일을 독점한 상태였기 때문에 발만 동동 구를 뿐 어쩔 수 없는 일이었다. 하지만 2011년 8월 31일과 9월 1일 사이 위키리크스는 트위터에 예고한 대로 자신들이 갖고 있던 미국 외교전문을 모조리 사이트에 올렸다.

필자가 검색한 결과 위키리크스가 공개한 미 외교전문 25만1287건 가운데 'KOREA'라는 단어가 한 번이라도 들어간 전문은 모두 1만4165건이었다. 주한 미 대사관이 작성해 본국에 보고한 전문은 모두 1980건으로 나타났다. 이 가운데 2급비밀secret로 분류된 전문이 123건, 3급비밀confidential이 971건으로 집계됐다. 3급비밀 이상의 비밀문서가 전체의 55%에 달했다.

구분	주한 미 대사관 작성 전문 총 1980건					
연도별 생산 건수	2006년 이전	2006년	2007년	2008년	2009년	2010년 1월~2월
	10	431	380	367	690	102
문서 종류별 분류	2급 비밀문서		3급 비밀문서		기타	
	123		971		886	

위키리크스 공개 주한 미 대사관 문서 현황

연도별로 보면 2006년 이전에 생산된 전문이 10건, 2006년 431건, 2007년 380건, 2008년 367건, 2009년 690건, 2010년 1월부터 2월 말까지 102건으로 나타났다. 즉, 위키리크스가 공개한 주한 미 대사관 외교전문의 생산연도는 2006년 이전의 10건을 제외하고는 모두 2006년 1월부터 2010년 2월 말 사이에 분포돼 있는 것이다.

'비밀' 지정이 된 전문들은 보통 해제기한이 10년 이상이었다. 이를 감안할 때 생산된 지 5년 이내의 한국 관련 미국 비밀문서가 이처럼 무더기로 공개된 것은 문자 그대로 '유사 이래' 처음이다. 지금까지 이런저런 미국 비밀문서가 발견됐다는 뉴스는 종종 지면과 화면을 장식해왔지만, 사실 역사가나 관심을 가질 만한 오래 된 얘기들이 많았다. 하지만 이번 위키리크스가 공개한 외교전문은 그 '동시대성'이라는 측면에서 기존의 비밀문서 발굴과는 차원이 다른 것이다. 상당수 전문은 전혀 새로운 시각과 충격적인 내용으로 가득 차 있다.

하지만 한국 관련 미 외교전문의 전격 공개는 또 하나의 충격을 가져왔다. KBS, MBC 등 지상파 방송의 메인 뉴스가 이를 철저하게 외면한 것이다. 조·중·동 등 덩치 큰 보수 신문들도 정도는 다르지만 이 비밀전문을 소홀히 취급하기는 마찬가지였다. 열 달 전 다른 나라 관련 전문들이 폭로될 때와는 판이한 태도였다.

　사실 필자는 한국 관련 비밀전문이 전격적으로 공개되면서 곧 우리 주류 매체들의 화면과 지면도 관련 기사로 거의 도배되다시피 하리라 기대했었다. 언론사마다 특별취재팀을 구성하고 특별 코너를 만들어, 주한 미 대사관의 외교전문을 앞다퉈 보도할 것으로 봤던 것이다. 『가디언』과 『뉴욕타임스』가 10개월 전 그랬듯이.

　KBS는 이미 2010년 말 미국 외교전문에 담긴 북한 관련 '전언의 전언' 정도를 메가톤급으로 평가해 톱뉴스로 다룬 전력이 있기에 더욱 적극적인 보도 태도를 보일 것으로 기대됐다. 하지만 그런 일은 전혀 일어나지 않았다. 하루 이틀이 지나고, 한 달 두 달이 지나도 KBS의 심오한 묵언수행은 계속됐다. MBC와 SBS 등도 큰 차이가 없었다. 보수 신문들은 북한문제나 참여정부 시절의 문제에 대해선 예민한 후각을 드러냈으나 그 이외엔 방송과 다를 바 없었다.

　가장 황당한 것은 우리 주류 매체들만 보면 주한 미 대사관의 비밀전문이 도대체 얼마나 공개됐고, 그것이 작성된 시기는 언제이며, 비밀등급은 어떻게 되는지, 주로 담고 있는 내용은 무엇인지 등을 전혀 알 수 없다는 사실이다. 미국대사관 기록이 무더기로 공개됐고, 누구라도 볼 수 있다는 사실 자체를 사람들이 아예 인지하지 못하도록 의도적으로 정보를 통제하는 것처럼 보인다. 민주화 이후 우리나라 신문시장의 90% 이상, 방송뉴스의 거의 100%를 점유하는 주류 매체들이 모두 합심해서 이렇게 노골적인 수준으로 특정 정보의 유통을 차단한 것은 전례가 없는 일이다. 이는 바로 미국 비밀문서에 담겨 있는 내용들이 대중들에게 널리 알려지는 걸 한국의 주류 매체들이 극도로 두려워한다는 사실을 반증하는 것이기도 하다.

『가디언』 편집국장 앨런 루스브리저Alan Rusbridger는 위키리크스의 자료를 입수한 뒤 그것은 마치 과일가게와 같았다고 했고, 『가디언』 위키리크스 특별취재팀의 한 기자는 "캔디가게에 들어간 어린아이 같은 느낌이 들었다"라고 했다. 그런데 왜 우리 주류 매체들은 톱뉴스 감이 가득 차 있는 정보의 보고를 그냥 외면해야 했을까? 그 이유야 그들만 알겠지만, 아마 이명박 정권에 불리한 내용이 많기 때문에 비밀전문에 대한 접근 자체를 꺼렸을 것이다.

하지만 한국의 주류 언론들만 탓하면 이들이 억울해할지도 모른다. 『슈피겔』의 기자 마르셀 로젠바흐와 홀거 슈타르크는 자신들의 책 『위키리스크』에서 아프가니스탄 전쟁일지 폭로 이후 미국의 주류 언론이 보인 행태에 대해 이렇게 비판했다.

> 아프가니스탄 자료의 공개는 미군의 역사적 위상에 큰 타격을 주었을 뿐만 아니라, 기성 저널리즘의 실패이자 기자적 본능의 집단적 실패를 의미했다. 사실 과거에는 이토록 많은 내부 전쟁 자료가 어떠한 가공이나 조작이나 검열도 거치지 않은 채 공개된 유례가 없었다. (…) 기자들이 아프가니스탄 자료를 자신들의 기사에 활용하기 위해 반드시 위키리크스를 지지할 필요는 없다. 위키리크스와 어산지를 혐오하더라도 이 자료들이 무엇을 말하고 있는지 객관적으로 분석할 수 있으며, 각자 자신의 방식으로 아프가니스탄 전쟁을 이해할 수 있다. 이 사건은 저널리즘의 빛나는 승리가 되었어야 했다. 그럼에도 불구하고 자료 공개 이후의 날들은 언론, 특히 미국의 언론이 얼마나 한심한지를 보여줄 뿐이었다. 많은 기자들이 단순한 패턴대로

반응했다. 다시 말해 정부의 대응을 기준으로 삼아서 폭로된 자료의 가치를 가늠했다. 그들은 자료 자체보다는 펜타곤을 더 믿었다. 그 자료들이 다름 아닌 펜타곤에서 나온 것들인데도 그랬다. 아이러니가 아닐 수 없었다.

마르셀 로젠바흐는 또 미국의 주류 매체들이 미군의 비밀 기록을 제대로 다루지 않는 이유를 이렇게 분석했다.

저널리즘의 광범위한 실패에는 두 가지 원인이 있다. 바로 기회주의와 돈이다. 정부의 노선과 대립각을 세우기 위해서는 용기가 필요하지만 그냥 뒤쫓아 가면 쉽고 편하다. 또 몇 날, 몇 주를 아프가니스탄 자료에 매달리려면 많은 돈이 들지만 정부의 성명과 보도자료를 그대로 베끼면 그 돈이 들지 않는다. 이 두 원인이 함께 작용한 결과 위키리크스에 관한 논의는 아프가니스탄 전쟁 자체에 관한 논의만큼이나 피상적이고 미미한 수준으로만 이루어졌다.

『가디언』의 탐사보도 에디터 데이빗 리는 위키리크스 프로젝트의 파트너였던 『뉴욕타임스』의 러시아 전 대통령 푸틴에 대한 보도 태도를 『가디언』 기사와 비교하며 신랄하게 비판했다. 두 언론사 모두 푸틴의 전횡과 마피아와의 유착 의혹을 다룬 미국 외교전문을 토대로 기사를 썼는데, 『가디언』은 「푸틴의 러시아, 마피아 속으로」라는 제목을 단 반면, 『뉴욕타임스』는 「미국은 러시아를 별로 안 좋게 본다」라는 어이없는 헤드라인을 달았고 내용도 부실했다는 비판이었다. 그는 『뉴욕타임스』가 이런 보도 태도를 보이는 것은 언론학도들이 연구를 해봐야 할 주제라며 『뉴욕타임스』를 비웃었다.

그래도 영어권에서는 『가디언』이라는 매우 영향력 있고 능력 있는 주류 매체가 적극적으로 위키리크스 관련 보도에 나섰고, 독자들은 나름대로 알 권리에 대한 갈증을 달랠 수 있었다. 『가디언』 홈페이지 접속자의 절반 가까이가 미국에서 들어온 네티즌이라는 통계는 이 같은 상황을 잘 보여준다.

미국 비밀전문 즐기기

위키리크스가 공개한 미국 외교전문을 살펴볼 때 기술적으로 주의해야 할 부분이 있다. 앞서 주한 미 대사관 외교전문의 연도별 생산 건수를 언급한 바 있는데, 이것이 해당연도에 생산된 모든 주한 미 대사관의 전문은 아니라는 점이다. 비밀 등급에 따라 전문을 분류해보면 위키리크스가 공개한 주한 미 대사관 전문에는 1급비밀top secret로 분류된 문건은 1건도 없다. 이 전문 파일은 미군 사병 브래들리 매닝이 'SIPRNet'에서 다운받아 위키리크스 쪽에 유출한 것이다. 이 파일에 1급비밀 전문이 없다는 것은 미 국무부가 이 정부 부처간 정보공유 네트워크에 1급비밀은 올리지 않았다는 것을 의미한다. 국무부는 또 1급비밀이 아니더라도 다른 정부기관과 공유하기를 꺼렸던 전문들은 'SIPRNet'에 올리지 않았을 것이다.

필자가 주한 미 대사관 전문의 문서 고유번호를 살펴본 결과, 2006년도에 생산된 문서 가운데 가장 마지막으로 검색되는 12월 29일자 전문의 일련번호는 '06SEOUL004412'로 나타났다. 문서 일련번호로 볼 때 주한 미 대사관은 2006년에 적어도 4412건 이상의 전문을 발송한 것으로 보이는데, 위키리크스가 공개한 2006년도 주한 미 대사관 전문은 431건에 불과하다. 이는 해당연도에 생산된 전체 전문 가운데 10% 정도만 공개됐다는 것을 보여준다.

이런 방법으로 역산해보면 2007년도에도 전체 생산 전문의 10% 정도가 위키리크스에서 공개된 것으로 추정되고, 2008년은 14%, 2009년은 35%로 추정된다. 2010년은 2월 25일까지 생산된 전문 102건만 공개됐는데, 문서번호로 봐서 그 기간 동안 생산된 문서의 30% 정도일 것으로 추정된다.

이는 위키리크스가 공개한 파일에서 특정 사안에 대한 전문이 검색되지 않는다 해도 주한 미 대사관이나 국무부가 그 사건에 대해 전문을 생산하지 않았다고 단정할 순 없다는 것을 의미한다. 예를 들어 위키리크스가 공개한 주한 미 대사관의 외교전문 1980건 중 'BBK'라는 글자가 들어 있는 전문은 모두 24건이 검색된다. 이 24건은 대부분 17대 대선 과정에서 BBK와 관련한 여야의 공방을 단순 인용한 것들이다. 하지만 그렇다고 BBK가 들어간 미 대사관 전문이 이 24건만 있다고 볼 수는 없다는 것이다.

또 하나, 미국 비밀전문을 볼 때 염두에 둬야 할 점은 정파적 시각을 버려야 그 안에 담긴 본질을 제대로 파악할 수 있다는 것이다. 방대한 양의 미국 전문엔 정도의 차이는 있지만 현 정권에 불리한 내용도, 전 정권에 불리한 내용도 있다. 하지만 그런 당파성에 몰두하면 정작 중요한 점을 놓치게 된다. 이 비밀의 바다에서 우리가 발견해내고 고민해야 할 문제는 본질적인 '권력의 속성'이다. 모든 권력은 기본적으로 기만·위선·은폐의 습성을 지니고 있다. 그 권력을 행사하는 주체가 미국의 정책결정자이든, 한국의 파워 엘리트이든 마찬가지다. 이들은 자신들이 하는 일이 대중들에게 노출되는 것을 극도로 꺼린다. 그렇게 되면 자신들의 이익이 침해된다고 생각하기 때문이다. 1급비밀, 2급비밀 등의 딱지는 대부분 자신들의 이익을 지키고, 숨은 동기를 감추기 위한 구실에 불과하다. 우리는 여기에 부합하는 수많은 사례들을 미국 비밀전문 파일에서 찾을 수 있다. 그렇다면 이런 고질적 비밀주의를 어떻게 타파할 것인가를 고민하지 않을 수 없다. 이것은 바로 민주주의의 문제이기 때문이다.

마지막으로 염두에 둘 것은 바로 '한미관계'의 참모습에 대한 문제다. 우리 대통령이 미국을 국빈 방문하고, 펜타곤에서 브리핑을 받고, 미 의회에서 수십 차례의 박수갈채를 받는 장면은 한미관계가 거의 대등해졌다는 환상을 주기에 충분하다. 하지만 공개된 비밀전문 속에 감춰진 미국과 한국의 모습은 이와는 전혀 판이하다. 여전히 비대칭적이고, 한쪽으로 현저하게 기울어진 관계를 목격하게 된다. 또한 지금과 같은 지도자와 관료 그룹이 계속 유지되는 한, 이런 관계가 단시일 안에 청산되기는 힘들 것이라는 비관적인 생각도 든다. 결국 우리는 이 비밀전문 속에서 '주권'의 문제를 다시 고민할 수밖에 없다.

그러나 너무 고민에만 빠져 있을 필요는 없다. 이 전문들은 '제국'의 유지를 위해 전세계에 파견된 아이비리그 출신의 미국 최고 엘리트들이 세계 유일의 최강대국 미국에서도 최고의 권부에 앉아 있는 정책결정자들에게 불과 얼마 전까지 보낸 따끈따끈한 정보들이다. 이 문서들을 보려면 짧게는 10년에서 길게는 30년까지 비밀이 해제되도록 기다려야 했다. 심지어 비밀 해제 시점을 "통일 이후"로 써놓은 전문도 있다. 이

런 문서를 지금 볼 수 있다는 것은 대단한 호사다. 혹자는 비밀 해제기
한 전에 비밀문서를 보는 것이 부담스럽다고 할지도 모른다. 하지만 상
식선에서 볼 때 국가안보에 위협이 될 만한 내용은 찾아보기 힘들다. 대
부분 미국 관료들의 편의주의와 비밀주의 관행에 따라 비밀이 지정되었
음을 알 수 있다. 이 미국 비밀 외교전문 파일은 우리를 종종 참담하게
만들지만, 지적 호기심을 채우고 진실에 대한 갈증을 해소시켜주기에는
충분할 것이다.

제1장

게임플랜

01

MB 정권 다루기

'이명박 당선' 직후 타전된 3건의 비밀전문

제17대 대통령선거일인 지난 2007년 12월 19일 저녁. 대다수 한국 국민들은 TV 앞에서 향후 5년간 한국 사회의 향배를 좌우할 투표 결과에 촉각을 곤두세우고 있었다. 그런데 이날 한국인들 이상으로 선거 결과에 온 신경을 집중하고, 모든 수단을 다 동원해 대선 과정을 추적하고 자료들을 분석하는 동시에, 대선 이후 전망 보고서를 만들어 보내느라 대한민국에서 가장 바쁘게 움직인 집단이 있었다. 하지만 이들은 대한민국의 관할을 받지 않는 치외법권적 존재들이다. 바로 서울 세종로 32번지에 위치한 주한 미국 대사관이다.

당시 미국 대사 알렉산더 버시바우(2005년 10월~2008년 9월 재임)는 이날 한국 대선 결과와 관련된 장문의 비밀전문 3건을 본국에 1분 간격으로 숨 가쁘게 타전했다. 첫 전문에 찍혀 있는 전문 발송 시각은 '190920Z DEC 07'이다. 세계 표준시로 2007년 12월 19일 오전 9시 20분, 우리나라 시각으로 저녁 6시 20분에 타전됐다는 의미이다. 한국 TV에서 출구조사 결과를 발표하자마자 미리 준비해둔 전문들을 쏟아내기 시작한 것이다. 이 전문 상단에는 수신처가 워싱턴의 미 국무부와 국방부, 그리고 베이징과 도쿄 주재 미국 대사관 등 모두 11곳으로 기재돼 있다.

미 대사관이 제일 먼저 타전한 전문은 2급비밀 등급으로 「이명박, 압도적 표차로 이기다LEE MYUNG-BAK WINS IN A LANDSLIDE」라는 제목이 붙었다, 두번째 전문은 3급비밀로 「대통령 당선자 이명박은 누구인가?WHO IS PRESIDENT-ELECT LEE MYUNG-BAK?」 그리고 마지막 전문은 다시 2급비밀로 「미국의 우선목표와 관련해 한국의 새 지도자에 개입하기ENGAGING THE NEW ROK LEADERSHIP ON U.S. PRIORITIES」라는 제목이 붙었다.

이명박 후보의 대통령 당선이 사실상 확정되자마자 바로 타전된 이 3건의 비밀전문은 LMB시대(미 대사관은 자신들의 외교전문에 이명박 대통령을 자주 LMB로 줄여 표현한다) 개막에 한껏 고무된 미국의 기대감과 이명박 체제하의 한국에서 미국의 이익을 관철시키겠다는 내밀한 접근 전략을 여과 없이 보여준다는 점에서 매우 드물고, 특히 현재성을 지닌다는 측면에서 흥미로운 기록이다. 동시에 한반도와 이명박정권에 대한 미국의 '게임플랜Game Plan'이 지난 4년여 동안 우리 사회의 다양한 층위에 개입하고 작동한 방식과 그 힘이 남긴 흔적들의 시작점을 '고통스럽게' 반추하게 만들어준다는 점에서 우리에게 성찰의 거울이 되기도 한다. 다시 말해 MB시대를 이제 서서히 마감하는 시점에서 볼 때, 2007년 12월 19일의 이 미국 대사관 보고서들은 역설적으로 우리 한국 유권자들에게 주권을 제대로 행사하고 국가지도자를 올바로 선택하는 것이 얼마나 중요한 일인지를 뼈아프게 일깨워준다. 그것이 왜 그런지, 한국의 제17대 대통령선거일에 미국이 남긴 기록의 바다 속으로 들어가보자.

'강한 기독교 신념 지닌 이명박, 부시에게 쉬운 파트너'

2007년 12월 19일, 이명박 후보의 당선이 사실상 확정된 이후 주한 미국 대사 버시바우가 제일 먼저 보낸 전문은 「이명박, 압도적 표차로 승리하다」라는 문서이다.

미 대사관은 이 전문에서 먼저 출구조사와 초반 개표 결과를 간략하게 언급한 뒤, 한국의 유권자들이 BBK 사기사건 연루 의혹 등 각종 스캔들에도 불구하고 이명박 후보를 선택한 것은 성공적인 기업가와 서울시장의 경력을 지닌 이명박 당선자를 변화와 경제 살리기의 적임자로 판단했기 때문이라고 분석했다. 또 한국인들은 이 당선자가 연평균 7% 경제성장, 국민소득 4만 달러, 세계 7위 경제대국 진입이라는 공약을 빨리 실현하길 기대하고 있다고 덧붙였다.

이 전문은 "이명박 당선자의 일 처리에 대한 명성과 보수주의적 자질은 유권자들이 신물을 내고 있는 '현 대통령'(노무현—인용자 주)과 극명한 대조를 보인다며, 이런 점에서 이명박의 당선은 한미관계를 위해 바람직한 것"이라고 평가했다. 이어 이 당선자가 한미관계를 대외정책의 핵심으로 보고 있고 한국군의 이라크 파병 연장과 한미 FTA 비준을 지지하고 있다며, 모든 징후들로 볼 때 이명박 당선자는 미국과의 강력한 관계를 좋은 것으로 여긴다고 결론 내렸다. 또한 이명박 당선자를 '포퓰리스트populist'로 간주했다. 이 전문 작성자인 버시바우 대사는 "이 당선자는 포퓰리스트이기 때문에 어떤 정책 약속을 뒤바꿀 수도 있다"라고 썼다. 하지만 바로 이어서 "우리와 접촉한 일부 사람들은 그가 서울시장으로 있을 때 심한 반대에도 불구하고 자신이 믿는 정책을 기꺼이 밀어붙였다는 점을 지적했다"라는 평가도 함께 제시했다.

이처럼 이명박 대통령에 대한 주한 미국 대사관의 평가는 종종 이중적이거나, 상반되는 경우가 많았다. 이 대통령의 친미적 입장과 성공한 기업가로서의 경력, 업무 추진력 등은 매우 높게 평가하면서도 그의 도덕적 결함이나 정치력 부재, 소통 능력 등에 대해서는 우려를 자주 표명했다. 물론 미국의 이런 우려는 이명박이라는 인물이 대통령직을 수행할 때 한국 사회에서 발생할 문제에 대한 우려라기보다는, 미국이 친미 대통령을 통해 한국에서 관철하려는 목표들이 그가 지닌 각종 취약점 때문에 혹시 난관에 부딪히지 않을까 하는 우려였다.

버시바우 대사는 MB의 당선을 본국에 알리는 이 첫 전문에서 이명박 후보의 승리 요인과 의미 등을 거론한 뒤 마지막으로 자신의 논평을 달았다. 미국 외교전문은 보통 발송 일시와 제목, 수신처 등을 기재한 머리 부분header information과 요약summary, 본문collection of specific topics, 논평comment 섹션 등으로 구성된 본체 부분body of the cable으로 나뉜다. 본문은 수집한 정보를 비교적 객관적으로 기술한 것이고 논평은 말 그대로 본문의 정보에 대한 전문 작성자의 견해를 담은 것이다.

전문에 담긴 정보들은 각 단락별로 별도의 비밀등급이 부여되는데, 내용에 따라 각 단락의 첫 문장 앞에 (U), (SBU), (C), (S) 등으로 표시된다. (U)로 시작되는 단락은 'unclassified', 즉 비밀로 분류되지 않은 정보, (SBU)는 'sensitive but unclassified', 즉 민감한 내용이지만 비밀은 아닌 정보, (C)는 3급비밀인 'confidential', (S)는 2급비밀인 'secret'에 해당하는 정보라는 표시다.

앞서 언급했듯이 버시바우가 2007년 12월 19일 한국 대선 결과와 관련해 제일 먼저 보낸 이 전문은 2급비밀 문서인데, 본문의 각 단락들은 대부분 비밀로 분류되지 않은 (U)나 3급비밀인 (C)표시가 돼 있다. 그러나 버시바우가 전문의 마지막 부분에 쓴 논평 두 단락 중 하나가 2급비밀로 분류됐기 때문에 이 전문 전체도 2급비밀 문서로 지정됐다. 버시바우의 논평은 과연 어떤 내용을 담고 있기에 허가 없이 공개될 경우 '국가 안보에 심각한 위해를 초래'할 수 있는 2급비밀로 분류됐을까?

(C) 이명박 당선자는 그의 압도적 승리에도 불구하고 인수위 시기나 집권 초기에 몇 가지 심각한 정치적 도전에 직면할 것이다. BBK 관련 조사 지속과 진보 국회에서 내각 인준을 받아야 하는 상황은 이명박 당선자와 그의 팀을 내년 2월 말까지 묶어둘 것이다.

취임 이후 이 당선자는 4월 총선을 앞두고 한나라당 지지를 쌓기 위해 일부 선거 공약의 이행을 시작할 것으로 보인다. 그러기 위해 그는 반드시 내부 갈등을 피하고 당의 유력한 지도자인 박근혜와 그녀의 지지자들을 자기편으로 만들어야 한다. 만약 이 당선자가 앞으로 4개월 동안 견뎌낼 수 있고, 4월 총선에서 한나라당이 상당한 다수 의석을 확보한다면 남한에 본질적인 변화를 불러올 잠재력을 갖게 될 것이다.

(S) 이명박 당선자는 사업가로서의 경험과 정계에서의 성공, 그리고 수완가라는 명성을 대통령직에 가지고 왔다. 여기에 미국은 한국의 가장 중요한 동맹이자 경제적 파트너라는 이 당선자의 확고한 신념을 더해 생각한다면, 이명박정부는 양국 관계에 많은 긍정적 발전을 가져올 것이라는 희망을 가

질 수 있다. 이 당선자의 참모들은 강력한 기독교 신념과 직설적 스타일이 MB를 부시 대통령의 쉬운 파트너로 만들 것이라고 했다. 이 당선자는 인수위 기간과 대통령직 초기에 틀림없이 충돌을 마주하겠지만 그의 실용주의와 (한미—인용자)동맹의 중요성에 대한 근본적인 신념은 앞으로 보다 나은 한미관계를 예고한다.

버시바우가 자신의 논평 가운데 첫번째 단락은 3급비밀로 지정하면서 왜 두번째 단락은 한 등급 높은 2급비밀로 지정했는지 그 이유는 알 수 없다. 다만 MB 임기가 거의 마무리되는 지금 이 시점에서 보면 전혀 새삼스러울 것도 없는 MB의 "강력한 기독교 신념"과 "직설적 스타일", "부시 대통령의 쉬운 파트너", "동맹의 중요성에 대한 근본적인 신념" 등이 이 전문 작성 당시의 미국 입장에서는 매우 높은 수준에서 보호해야 할 비밀 정보로 여겨졌을 것이라고 추정할 수는 있다.

미 대사, "이명박, 국법을 느슨하게 해석하는 삶 살았다"

첫 전문을 보내고 바로 1분 뒤, 버시바우 대사는 「대통령 당선자 이명박은 누구인가?」라는 제목으로 MB를 소개하는 장문의 보고서를 보낸다. 이 전문의 서두에는 4개의 문서가 참조문서로 표기돼 있다. 모두 대선 레이스 과정에서 미 대사관이 이명박 후보를 관찰하고, 분석해 본국에 보고한 전문들이다. 필자가 검색한 결과 참조 'A문서'는 2007년 8월 22일 타전된 「한나라당 이명박 후보, 12월 대선을 겨냥하다GNP CANDIDATE LEE MYUNG-BAK TAKES AIM TOWARD」, 'B문서'는 2007년 9월 14일자 「정치 분석가, '운 좋은 이명박' 12월 대선에서 이길 것으로 전망TOP POLITICAL ANALYST SAYS "LUCKY LEE" WILL WIN IN DECEMBER」, 'C문서'는 2007년 9월 28일 작성된 「한나라당 이명박 후보, 명확한 대외 정책 결여ADVISOR SAYS GNP CANDIDATE LEE LACKS CLEAR FOREIGN POLICY VISION」라는 제목의 전문으로 나타났다. 반면 참조 'D문서'는 위키리크스가 공개한 미국 외교전문 DB에는 포함돼 있지 않아 어떤 문건인지 확인할 수 없다. 이 같은 참조문서 목록에서도 볼 수 있듯이 전문 「대통령 당선자 이명박은 누구인가?」는 미국이 오랜 기간 동안 이명박 후보를 관찰해온 MB 파일의 집약본이라고 할 수 있다 .

이 전문은 먼저 요약 부분에서 이명박 당선자는 자수성가한 기업인이자 정치인이고, 현대건설의 CEO와 서울시장을 지낸 경력이 대통령 당선의 요인임을 언급한 뒤 "7,80년대 한국의 방만한 부유층이나 권력층의 관행대로 이 당선자도 국법을 느슨하게 해석하는 삶을 살았다"라고 적시했다. 전문은 이어 이명박 당선자가 자신의 그늘진 사업 거래는 모두 과거의 일이라고 주장했고, 이를 증명하기 위해 가족들이 살 집만 남기고 전 재산을 가난한 이를 위해 기부하기로 공언했다는 사실을 상기시켰다.

탈세와 위장 전입, 선거법 위반 등 각종 불법과 의혹으로 얼룩진 MB의 과거를 "국법을 느슨하게 해석하는 삶"이었다고 완곡하게 표현한 미국 대사의 어법이 매우 심오하다. 사실 이 전문의 참조 문서인 2007년 8월 22일 전문만 해도 미 대사관은 "이명박 후보는 굴곡진 경력의 소유자다. 그는 지난 1999년 선거자금 위반으로 유죄 선고를 받고 의원직을 사퇴했다. 당내 경선 기간에도 미심쩍은 금융 및 부동산 거래와 관련된 공격을 받았다"라며 MB의 위법 전력을 구체적으로 서술하고 있다. 당선

미 대사관의 전문들은 미국이 국내에서 제기되는 이명박 대통령의 비리와 각종 의혹에 대해서도 오래전부터 관심을 가져오고 있었음을 확인시켜준다. (위에서부터 조선일보 1996년 6월 18일자, 경향신문 2011년 10월 19일자, 경향신문 2007년 11월 23일자)

후 MB에 대한 미 대사관 보고서의 논조가 미묘하게 변했음을 감지케 하는 대목이다. 특히 버시바우 대사는 "국법을 느슨하게 해석하는 삶"이 7,80년대 한국 부유층 및 권력층의 관행이었다고 표현해 MB의 위·탈법 행위에 슬그머니 관행이라는 이름의 면죄부를 부여했다.

하지만 이명박 대통령 임기말에 불거진 내곡동 사저 논란은 법을 느슨하게 해석하는 삶이 적어도 MB에겐 7,80년대의 과거사가 아니라 현재진행형이라는 사실을 새삼 확인시켜준다. 이렇게 한국 사회의 주요 플레이어에 대한 미국의 시각은 그 사람의 본질에 대한 객관적 평가에 근거하고 있다기보다는 미국의 이익이라는 프리즘에 의해 수시로 굴절되곤 한다.

실제 미 대사관은 기나긴 대선 레이스 기간 동안 MB에 대해 비교적 객관적으로 접근했으나 2007년 12월 19일 이후부터는 '이명박 당선자'를 매우 긍정적인 시각으로 다루기 시작한다. 하지만 그것도 잠시, 2008년 미국산 쇠고기 파동과 촛불시위로 임기 초반부터 정국이 혼란에 빠지자 미국은 곧 태도를 바꿔 MB에 대한 실망감을 감추지 않는다. 이명박 대통령의 실정과 정국 장악력의 부재가 미국이 설정한 대對한국 목표 관철에 지장을 초래하는 데 대한 불안감의 발로였다. 이에 대해선 뒤에 상술하기로 한다.

아무튼 이명박 후보의 신분이 당선자로 바뀌는 순간 버시바우 대사는 본국에 보낸 「대통령 당선자 이명박은 누구인가?」의 요약 부분 끝머리에 무일푼에서 갑부가 된 이명박 당선자의 삶은 한국에서 두 차례나 텔레비전 드라마로 제작됐다고 소개하고, 이명박 당선자의 지난 삶은 대통령 취임선서 이후 그가 어떤 유형의 대통령이 될 것인지에 대한 통찰을 준다고 썼다.

미국 대사가 이명박 당선자의 과거에서 새 한국 대통령의 진로에 대해 어떤 통찰을 얻었는지, 또 이 표현으로 본국에 무슨 메시지를 전달하려 했는지는 불분명하다. 하지만 이제 MB시대를 충분히 경험한 시점에서 볼 때 한국 사회가 5년 전 '경제 살리기'라는 허상에 빠져 법적, 도덕적 결함을 눈감아준 대가를 톡톡히 치르고 있다는 사실은 분명해 보인다. 국법에 대한 느슨한 관점은 쉬이 변하는 게 아닌 모양이다.

전문 요약 부분을 마무리하면서 '과거를 알면 미래가 보인다'는 식의 화두를 던졌던 버시바우는 전문 본문에서 본격적으로 MB를 소개한다. 본문은 이 당선자의 배경, 대외정책, 경제계획(운하사업 지속), 성격 및 관리 스타일, 개인사 등 5개 카테고리로 나뉘어 있다. 길지는 않지만 한국 새 대통령의 성장배경과 주요 분야에 대한 정책, 개인적 특성 등을 일목요연하게 정리하고 있다.

이어 마지막 논평 부분에선 "이명박 당선자는 전후 한국의 빠른 경제성장의 산물 그 자체다. 6,70년대 한국 기업가의 '하면 된다'라는 태도를 체화한 이 당선자는 한국을 건설의 강자로 바꾸는 데 그의 삶을 보냈다. 그리고 한국인들은 이 당선자가 한국을 더 좋게 바꿀 수 있다고 믿었기 때문에 그를 대통령으로 뽑았다"라고 정리하고서 "이제 이 당선자는 정치적 교착의 현실을 뚫고, 자유 언론 및 강력한 시민단체의 감시와 '이명박 방식'과의 사이에 불가피하게 일어날 충돌을 헤쳐나가 성공적인 통로를 개척할 수 있을지를 반드시 살펴야 한다"라며, 마치 MB에 보내는 것처럼 보이는 경구로 전문을 끝맺었다. 물론 이 전문은 MB에게 보낸 것이 아니라 미국 국무부의 한반도 정책결정자들의 컴퓨터에 전송된 것이다. 미 대사관이 여러 사람을 만나 얘기를 듣고, 동향을 파악하고, 다양한 정보를 캐고, 주요 현안을 분석해서 본국에 보내는 이유는 단 하나다. 한반도에서 미국이 얻을 이익을 목표로 한국의 상황을 관리하고 유지하는 데 필요한 제반 정보를 축적하기 위해서다. 그렇기에 미국 입장에선 한국의 지도자급 인물의 성장배경과 특성 등을 파악해두는 것은 매우 중요한 일이다.

100건의 한국 대선 관련 전문

물론 미 대사관이 한국 대선 기간에 이명박 후보만 관찰해온 것은 아니다. 미국이 한국 대선판을 살펴온 규모를 간접적으로 확인할 수 있는 기록이 있다. 미 대사관이 대통령선거일 일주일 전인 2007년 12월 12일 본국에 보낸 3급비밀 전문이다. 「12월 19일 대선과 관련된 2007년도 미 대사관 전문들SEOUL 2007 CABLES REGARDING DECEMBER 19 PRESIDENTIAL ELECTION」이라는 제목이 붙은 이 전문은 다른 일반적 형태의 전문과는 달리 이전까지 자신들이 보낸 대선 관련 주요 전문의 발송 일자와 목록을 담고 있다.

버시바우 대사는 이 목록들이 한국의 대선 후보자 및 선거와 관련된 질문에 대답할 때 유용하게 사용될 수 있을 것이며, 목록을 인물 정보, 회동 기록, 막판 선거전, 당내 경선, 전초전, 기타 등 6가지 카테고리로 분류했다고 밝혔다. 이 전문의 수신처는 미 국무부와 국방부, 기타 주요 해외 주재 미국 공관이다. 미 대사관은 한국의 대통령선거일이 목전에 다가옴에 따라 이들 기관이 혹시 한국 대선과 관련된 질문을 받을 때 참조해 답변할 수 있도록 대선과 관련된 주요 전문 리스트만을 별도로 만들어 보낸 것이다. 매우 긴 목록이지만 한국 대선과 관련한 미 대사관의 인적 접촉 범위와 그들의 주요 관심사 등을 이해하는 데 큰 도움이 된다. 다음은 2007년 12월 12일자 전문에 담겨 있는 목록을 그대로 옮긴 것이다.(앞에서 밝혔듯이 위키리크스가 공개한 미 대사관의 외교전문 데이터베이스엔 미 대사관이 발송한 전문 전부가 다 수록돼 있는 것은 아니다. 따라서 이 전문 목록들 중에는 위키리크스가 공개한 미 대사관 전문 1980건에 포함돼 있지 않은 것도 있다. 이 전문들은 목록 끝에 별도로 (N) 표시를 했다.)

●한국 대선 관련 2007년도 주요 전문 목록

12/11 정동영 후보 캠프 정대철과 대통합민주신당의 암울한 미래

12/11 이명박과 묘청은 닮은 꼴

12/07 영남, 보수의 부활을 기대

12/07 이명박 격차를 벌리다: 핵심 정보원들은 게임 오버라고 말함

11/30 김대중 납치 사건 진상 공개, 과거 독재체제를 마감하다

11/30 공식 선거전 시작, 열기 고조

11/28 통합민주신당 정동영 캠프 힘겨운 싸움 직면

11/23 전라도에 간 통합민주신당 정동영 후보, 애정은 어디에

11/21 대선까지 앞으로 한 달

11/16 대선 후보들 교육개혁에 좋은 해법 내놓지 못해

11/14 대통합민주신당과 민주당 합당

11/09 이회창 효과

11/06 이회창 후보: 삼세 번?

11/06 이인제: 아직 뛴다

11/05 문국현 후보 국제 경쟁력에 관심

10/25 정동영 후보 참모진: 경제가 모든 것이다

10/19 이명박 후보 공식 선대위 베일 벗다

10/17 대통합민주신당 정동영 후보, 북한 신임장에 의존하다

이 전문 목록은 2007년 12월 12일 작성돼 발송된 것이다. 미 대사관은 이날 이후에도 선거일 직전까지 모두 7건의 대선 관련 전문을 본국에 보냈다. 다음은 필자가 집계해본 그 목록(2007.12.13~2007.12.18)이다.

이상의 목록을 살펴보면 미 대사관은 2007년 연초부터 선거일 직전까지 한국의 대선과 직접 관련된 전문만 모두 100건이나 생산해 본국에 보고했다는 사실을 알 수 있다. 사흘에 한 건 꼴이다. 전문 제목들을 일별해보면 미국이 대선 후보로 거론되는 다양한 인물들을 대선 초반부터 접촉해 그들이 대선 후보로 부각된 배경, 그들의 사고방식과 대외정책 방향 등을 꼼꼼하게 파악해왔다는 것을 알 수 있다. 특히 미국은 일찌감치 이명박 후보가 당선이 유력한 것으로 보고 출신배경과 장단점, 개인적 성향, 특히 한미동맹이나 대북한정책 등의 주요 사항에 대해 본인뿐 아니라 다양한 주변인물들을 접촉해 관련 정보를 축적해왔다. 2007년 12월 들어서는 이명박 후보가 당선될 경우 외교안보 라인이 어떤 인물로 채워질지에 매우 깊은 관심을 보이며 관련 정보들을 집중 수집하기도 했다.

이렇게 오랜 기간 미 대사관이 MB를 관찰하면서 축적한 정보들은 버시바우가 12월 19일 대선 윤곽이 드러난 뒤 세번째로 보낸 전문, 바로 「미국의 우선목표와 관련해 한국의 새 지도자에 개입하기」라는 제목의 2급비밀 보고서를 작성하는 기초 자료가 된다. 즉, 상대를 속속들이 파악한 후 그에게 언제, 어떻게 접근하는 것이 최선인지, 또 그를 상대로 미국이 원하는 것 중 무엇을 얼마나 요구하고 받아낼 수 있을 것인지를 전략적으로 판단하는 1차 자료로 활용한 것이다. 이제부터 미국이 이 정보를 이용해 이명박정권을 어떻게 요리하기 시작했는지 살펴보도록 하자.

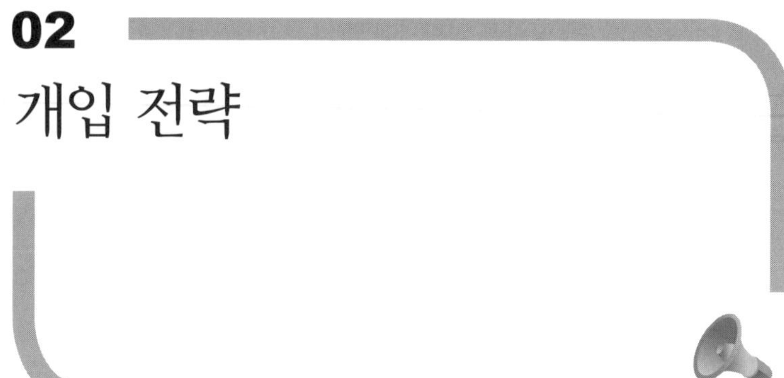

02
개입 전략

이명박정권 요리법: PCC의 게임플랜

지난 2007년 12월 19일, 대통령선거 출구조사 결과가 나온 직후, 주한 미 대사 버시바우가 타전한 3건의 대선 관련 비밀전문 가운데 마지막으로 보낸 전문 「미국의 우선목표와 관련해 한국의 새 지도자에 개입하기」는 주한 미 대사관이 이전에 수없이 많이 보냈던 한국 대선 관련 전문과는 본질적으로 다른 내용을 담고 있다. 이전 전문들이 한국의 대선 과정을 관찰하고, 주요 인물의 동향과 생각을 파악하고, 선거 결과를 예측하는 데 집중했다면, 이 세번째 전문은 대통령 당선자와 새 정부를 상대로 무엇을 어떻게 할 것인가를 검토하고, 구체적인 실행 방안을 담고 있다.

이 전문은 크게 요약 부분과 대사관의 역할 부분에 이어 △ 정치적 맥락 △ 효과적 접근 △ 개입 의제 등 3분야로 나뉘어 있다. 전문에는 일반 전문과는 달리 수신기관명뿐 아니라 3명의 수신자가 특정돼 있다. 미 국무부 아태 담당 차관보 크리스토퍼 힐과 백악관 국가안보위원회NSC

의 데니스 와일더, 미 국방부 국방장관실OSD 제임스 쉰 등이 그들이다. 또 서두엔 참조 문서가 기재돼 있는데 문서 제목은 다음과 같다.

보다시피 「한국 대통령 당선자에 개입하기 위한 게임플랜」이라는 제목의 이 참조 문서는 PCC, 즉 미 정부 부처간 정책조정위원회Policy Coordinating Committee 소위원회의 회의자료임을 알 수 있다. PCC는 미 백악관의 국가안보위원회NSC 산하 회의체로 어떤 공통 현안에 대해 각 정부 부처들이 공동으로 정책을 협의할 목적으로 구성되며, 국무부 차관보급이 주재한다. 이는 PCC가 한국의 대통령 당선자를 상대로 한 이른바 게임플랜, 즉 작전 계획을 수립했다는 사실을 방증해준다. 그러나 아쉽게도 이 PCC 회의자료는 미 국무부와 미국의 해외 주재 공관 사이에 오간 외교전문이 아니기 때문에 위키리크스가 공개한 미국 외교전문 DB에는 포함돼 있지 않다. 하지만 버시바우의 전문에서 PCC의 논의 내용을 일부분 짐작할 수 있다.

먼저 버시바우는 이 전문 앞부분에 "미국의 우선목표와 관련해 이명박 대통령직인수위원회와 차기 한국 정부에 개입하기 위해 추진돼온 미국의 정부 부처간 게임플랜 수립에 우리 미 대사관이 기여할 수 있는 기회를 갖게 돼 감사하다"고 전제하고 "우리는 그 계획의 요소들을 전폭적으로 지지하며, 그 계획이 한미 FTA 비준, 미국산 쇠고기 시장 재개방,

이라크 자이툰 부대 파병 연장, 필요한 동맹의 변화와 관련한 진전 등을 포함한 우리에게 가장 중요한 이슈들을 해결함으로써 전반적인 한미 상호 관계를 강화하는 진정한 기회라고 본다. 미묘한 상태에 처해 있는 6자회담과 관련해서도, 우리는 한국의 새 정부가 임기 첫 날From Day One 부터 워싱턴과 반드시 보조를 맞추도록 만들 필요가 있다"라고 썼다.

이 대목은 미국이 이명박 시대를 대비해 이미 게임플랜을 짜고 있었고, 여기에 미 대사관도 참여했다는 사실을 확인시켜준다. 또 여기에서 당시 미국이 FTA 비준, 쇠고기 개방, 자이툰 부대 파병 연장, 기타 여러 한미동맹 관련 현안의 진전 등을 이명박정부를 상대로 해결해야 할 가장 중요한 이슈로 상정했음을 알 수 있다.

이어 버시바우 대사는 미 대사관이 수행할 역할을 3가지로 정리해 다음과 같이 본국에 보고했다.

- 인수위 기간 동안(2007년 12월 19일 선거일부터 2008년 2월 25일 대통령 취임식까지) 한국의 새로운 지도자 그룹 중 핵심 인사들을 상대로 우리의 장기적 목표 달성을 위한 전망 탐색.
- 인수위 기간 동안 주요 단기 우선순위 목표(6자회담, FTA, 쇠고기)들에 대한 여야의 양당 협력 조성.
- 새 정부 초기 몇 달간 주요 정치, 경제, 안보 이슈들 놓고 한국 정부와 함께 일함.

이 전문은 계속해서 이명박 인수위와 새 정부가 봉착하게 될 여러 가지 한국 국내의 여러 정치적 문제 등을 전망한 데 이어 '효과적 접근'이

미국은 인수위 시절부터 이명박정권에 대한 개입 전략에 착수했다. 이는 한국에 대한 미국의 오랜
관리의 역사를 보여준다. (사진 출처: 청와대 홈페이지)

라는 주제로 미국이 한국의 새 정부를 다루기 위한 전략을 다음과 같이
제시했다.

> 한국에서 대통령직인수위를 다루는 것은 항상 민감한 일인데, 이명박 인수
> 위도 예외는 아니다. 우리는 인수위를 2월 25일 공식적인 출범 전까지는 정
> 부로 취급하지 않도록 주의를 기울일 필요가 있다. 인수위는 할 일이 많고,
> 이명박의 심사숙고식 인사 경향으로 볼 때 인수위가 빨리 준비되는 것도 불
> 투명해 보인다. 우리는 또한 한국 언론에 우리가 두 개의 정부를 상대한다
> 는 인상을 주는 것도 피해야 한다.
>
> 이 말은 기본적으로 워싱턴의 미 정부 당국자들은 이명박 인수위 팀을 공식
> 적으로 만나거나 협상을 해서는 안 된다는 것을 의미한다. 이것은 우리 열
> 정의 억제를 요하는 일인데, 그렇게 해야만 하는 합당한 이유들이 있다. 먼
> 저, 우리는 인수위의 많은 위원들이 새 정부에서 다 자리 잡지는 못할 것임

을 알고 있다. 또 이것은(미국 정부가 이명박 인수위를 공식적으로 접촉하는 것—인용자) 떠나가는 노무현정부와 국회의 다수를 차지하고 있는 통합 민주신당 및 민주노동당, 그리고 당분간 현재의 직위에 그대로 남아 있을 한국 정부 관료들과의 불필요한 마찰을 야기해 우리의 이익을 해칠 수도 있다. 우리에게는 앞으로 두 달 넘게 그들과 함께 논의해야 할 6자회담, 이라크 파병 연장, FTA 비준, 쇠고기 시장 개방 등과 같은 중요한 사안들이 있고, 우리의 목표는 한국 내 정치적 환경이 허용하는 선까지 이 문제들에 대한 여야의 협력을 촉구하는 것이다.

그렇다고 우리가 인수위에 개입하지 말아야 한다는 말은 아니다. 오히려 정반대다. 우리는 모든 레벨에서 신중하게 그들에게 개입해야 한다. 그러나 항상 한국 내 정치적 맥락과 민감성들을 고려해야 한다. 나는 우리 대사관이 이명박 당선자와 그의 인수위 팀을 정기적으로 접촉함으로써 이 일을 가장 잘 할 수 있다고 믿는다. 우리는 워싱턴의 미 정부 당국자들은 (한국) 새 정부의 생각을 주조할 수 있고, 2월 25일 취임 이후 보다 직접적인 대화를 위한 기반을 닦을 수 있는 적절한 1.5트랙(半官半民—인용자) 방식에 참여하거나, 비공식적인 접촉을 하기를 권유한다.

개입 전략에 스며 있는 '제국의 그림자'

이처럼 버시바우 대사는 미 대사관이 이명박 당선자와 인수위를 정기적으로 직접 접촉하는 한편 워싱턴은 간접 접촉이나 '1.5트랙' 형태의 접촉을 유지하는 방안이 바람직하다고 본국에 보고했다. 이어 '개입 의제'라는 주제로 이명박 당선자에 대한 개입과 관련해 강온 전략과 속도 조절의 필요성을 다음과 같이 제안했다.

본질적으로, 우리는 2월 25일 취임식 이후 새 정부와 보다 세부적인 교류를 하기 위한 기초를 깔고, 우리의 광범위한 정치적 목표를 전달하는 데 집중해야 한다. 우리가 그들을 평가할 때 그들도 우리를 평가할 것이라는 것을 기억해야 한다. 새 한국 정부가 미국의 이해—특히 동맹 및 북한 정책과 관련한—에 보다 더 긴밀하게 보조를 맞추겠다고 약속을 했지만 그들은 한국 국민들에게 자신들이 워싱턴의 요구에 너무 열성적으로 응하는 것처럼 비쳐지길 원하지는 않을 것이다. **우리의 최선의 전략은 처음부터 너무 많은 것을 요구해서 그들의 선의를 마모시키지 않도록 하는 것이다. 특정 이슈와 제안들을 제기하는 한도를 정할 때 우리는 현실적이어야 하고, 한국의 새 지도자가 미처 준비되기도 전에 확실하게 헌신하도록 압력을 가하는 것은 피해야 한다.**(강조는 인용자)

어느 나라든 외교의 궁극적 목표는 자국의 이익을 극대화하는 것이다. 미국의 외교 목표도 예외일 수는 없다. 하지만 이 전문에는 정상적 외교의 바탕인 호혜적 관계보다는 '관리'와 '관리 대상'의 냄새가 짙게 풍긴다. 말하자면 일종의 제국의 향기가 이들의 이른바 '게임플랜'에 배어 있다. '한국의 새 정부가 미국에 너무 굴종적인 것처럼 보이지 않게 배려해야 한다, 한국이 준비되기 전에 너무 많은 요구를 하는 것은 피해야 한다'는 등의 세심한 관리와 접근 전략은 사실 '한미동맹'이라는 상투어의 이면에 존재하는 한미관계의 실체를 드러내고 있다.

그러나 미국이 MB 집권 초기에 이 '게임플랜'의 접근 전략을 항상 그대로 실천한 것은 아니었다. 새 지도자가 준비되기 전에 압력을 가하면 오히려 부작용이 생기고 자신들의 이해에 악영향을 끼친다는 것을 알면서도 엄청난 폭발력을 지닌 쇠고기 개방을 정권 출범 전부터 거세게 몰아붙였고, 이를 MB 취임 후 첫 워싱턴 방문의 선결 조건으로 내걸기까지 했다. 그 결과는 우리가 익히 알고 있는 그대로다. 전국이 촛불의 물결로 뒤덮이고, MB는 국민 앞에서 '아침이슬' 운운하며 두 번이나 사과를 해야 했다. 미국도 한국 내에서 다시 반미 감정이 걷잡을 수 없이 번질까 봐 전전긍긍하며 전반적으로 속도 조절을 해야만 했다.

여기서 남는 의문은 버시바우의 전문에서 여러 번 강조된 신중한 접근 전략에도 불구하고, 미국이 왜 MB 취임 초기부터 쇠고기 개방을 그렇게 급하게 서둘렀을까 하는 것이다. 첫째 가능성은 미 대사관을 비롯한 미 국무부 외교라인의 '게임플랜'에도 불구하고 미 축산육우협회 등 거대 이익단체의 로비를 받은 백악관이나 미 의회가 인내심을 발휘하지 못한 경우다. 둘째는 이명박 대통령의 압도적 대선 승리에 따른 착시효과와 함께 '불도저 리'가 쇠고기 개방 문제 정도는 충분히 처리할 수 있을 정도로 준비됐다고 미 대사관과 미 국무부가 오판했을 가능성이다.

분명한 것은 쇠고기 수입 파동으로 MB 못지않게 미국도 무대 뒤에서 큰 곤욕을 치렀다는 사실이다. 그 결과, 이후에 한국의 아프간 지원과 방위비분담금 등 한미 간의 민감한 문제들이 국민들의 시야에서 사라진 채 매우 은밀하게 진행되었지만, 이제 위키리크스가 공개한 미국 외교 전문들은 그 배후의 비밀들을 생생하게 증언하고 있다. 우리는 뒤에서 그 내막들을 소상히 살펴볼 것이다.

버시바우의 전문은 몇 달 뒤 일어날 촛불시위는 전혀 짐작도 하지 못한 채 이명박정부 출범에 대한 충만한 기대감과 함께 이렇게 끝을 맺는다.

나와 다른 모든 대사관 직원들은 정부 부처간 개입 전략 수립에 투여된 고도의 협력과 노고를 치하 드린다. 우리는 우리에게 지극히 중요한 몇 가지 핵심 이슈들을 해결함으로써 전반적인 한미관계를 강화하기 위해, 이제 나가거나 들어올 한국 정부 양측 모두와 협력할 수 있는 절호의 기회를 가지게 됐다. 우리는 12월 19일 정책조정위원회PCC에서 여러분들의 숙고에 의해 도출된 최종 전략을 이행하는 데 우리가 역할을 담당할 수 있기를 기대한다.

그리고 다음날, 즉 한국의 대통령선거 하루 뒤 버시바우 대사는 당선 축하 예방차 이명박 당선자의 여의도 사무실을 찾았다. 미 대사관이 「대사, 이명박 대통령 당선자 방문AMBASSADOR'S CALL ON PRESIDENT-ELECT LEE MYUNG-BAK」이라는 제목으로 작성한 2007년 12월 20일자 3급비밀 전문은 이날 버시바우와 이명박 당선자 사이의 대화를 상세하게 기록하고 있다.

많은 기자들이 자리한 가운데 대사는 이 당선자의 승리를 축하하고, 이번 선거는 한국 민주주의의 활기와 강고함을 다시 확인시켜줬다고 했다. 부시 대통령이 오늘 축하를 전하기 위해 이 당선자에게 전화할 예정이며, 미국은 이 당선자가 선거 유세 기간 동안 한미동맹을 지지한다고 강하게 언급한 데 대해 사의를 표한다고 말했다. 한미동맹은 강하며, 우리는 이 대통령과 함께 이를 더 강하게 만들기를 기대한다고 했다.

이 당선자는 대사의 발언에 감사하며, 부시 대통령과의 대화를 기대한다고 말했다. (⋯) 이 당선자는 그의 가장 우선적 목표 가운데 하나가 지난 5년간

신뢰의 결여로 훼손돼온 한미관계를 강화하는 것이라고 말했다. 이 당선자
는 우리는, '새 동맹'을 구축할 필요가 있다고 선언했다.

**(방에 있던) 기자들이 떠난 뒤, 대사는 한미 양국은 많은 핵심 이슈들을 두고
함께 일할 필요가 있다고 말했다. 가장 급한 것은 이라크에서의 한국군 주둔
을 연장하는 것이고, 한국 국회와 미국의 의회가 한미 FTA를 비준하는 것
이라고 했다.** (…) 이명박 당선자는 현 회기 내 FTA 비준을 시도해보겠으며
불가능한 것으로 판명되면 내년 4월 총선 후 바로 비준하도록 해야 한다고
말했다.(강조는 인용자)

2007년 12월 20일 이명박 당선자 집무실에는 각계 주요 인사와 주한
외교 사절들의 축하 행렬이 끝없이 이어졌다. 표면상 미국 대사의 예방
도 그중 하나로 보였다. 하지만 미국은 축하를 전하는 것 외에도 한국의
새 대통령에게 분명한 메시지를 던졌다. 앞으로 한국이 많은 핵심 이슈
에 협조해주길 원하며, 그중에서도 자이툰 부대 연장과 FTA 비준이 급
하다는 입장을 명확하게 한 것이다.

이처럼 미 대사관은 한국의 새 정부를 겨냥한 정부 부처간 '게임플랜'
에 따라 이명박 당선자의 '당선자 임기 첫 날'부터 '개입 작업'에 나선 것
이다.

03

브라운, 보스워스, 버시바우

'축하사절' 신경전

미 대사관은 2년 가까이 지속돼온 한국의 제17대 대선 레이스 과정에서 이명박이라는 유력 대선 주자를 무수히 만났다. 하지만 앞에서 언급한 2007년 12월 20일 버시바우 미국 대사와 이명박 대통령 당선자의 짧은 만남은 그 이전의 여러 만남과는 질적으로 달랐다. 신분이 후보에서 당선자로 변했기 때문이다. 그날 주고받은 말도 그 이전과는 무게가 완전히 달라졌다.

비슷한 맥락에서 나흘 뒤인 12월 24일 버시바우 대사는 유종하 전 외무장관, 박진 한나라당 의원, 권종락 전 대사 등 MB 캠프의 외교 분야 핵심 인사들과 회동했다. 이전처럼 후보의 정책과 성향을 파악하고, 미국의 정책을 설명해주는 자리가 아니었다. 양국간의 구체적인 중요 사항이 오갔고, 대통령 취임식과 MB의 워싱턴 방문 및 부시 대통령과의 정상회담 일정 등이 논의됐다. 이제 실제로 뭔가를 주고받는 자리가 되면서 일종의 탐색과 흥정도 벌어진다.

2007년 12월 26일 미 대사관이 본국에 보낸 「이명박 대외정책팀: 이명박 대통령은 보다 강한 한미관계 그 자체LEE MYUNG-BAK'S FOREIGN POLICY TEAM: PRESIDENT LEE EQUALS STRONGER U.S.-ROK ALLIANCE」라는 제목의 3급비밀 전문은 이날 오간 대화를 상세히 기록하고 있다. 전문에 따르면, 버시바우 대사는 이들을 상대로 먼저 전시작전통제권wartime OPCON 이양은 예정대로 진행돼야 한다고 강조했다. 미국은 노무현정부가 전시작전통제권 이양을 '주권 회복'으로 규정하는 것이 마음에 들지는 않지만 지금 한국의 위치 정도면 국방에 대해 1차적으로 책임지는 것이 합당하다고 했다. 박진 의원은 이 당선자도 전시작전통제권 관련 결정을 존중하지만 동북아의 안보 상황을 고려해 환수 일정을 조정하는 게 좋겠다는 입장이라고 말했다.

버시바우 대사는 이어 이라크 자이툰 부대 파병 연장과 아프가니스탄에 대한 한국의 지원 등을 요구했다. 유 전 장관 등은 최근 한국 기업이 이라크 쿠르드 지역의 유전개발 계약*을 따냈다며, 미국의 요구 때문만이 아니라 한국의 이익을 위해서도 이라크에 파병을 계속할 명분이 있다고 답했다.

버시바우의 요구는 이어졌다. 그는 이명박 대통령 취임 전에 한미 FTA 비준과 미국산 쇠고기 개방이 이뤄지면 좋겠다고 말했다. 유 전 장관 등은 취임 전 FTA 비준보다는 쇠고기 시장 개방이 현실적으로 더 실현 가능한 목표라고 답했다.

---

* 이 쿠르드 유전개발 수주 건은 이명박 정권의 첫 해외 수주 사례로, 사실상 MB가 직접 나서서 따낸 것이나 마찬가지라는 선전이 이어졌다. 하지만 이 사업은 2011년 약 2조 원의 손실을 내고 실패한 것으로 알려졌다. 자세한 내막은 제3장의 '파병의 경제학' 편에서 다룬다.

미 대사관은 MB 당선 확정 직후 본국에 보낸 '게임플랜' 관련 전문에서, 이미 '인수위 기간의 주요 단기 우선순위 목표'로 FTA 비준과 쇠고기 개방 등을 책정해둔 바 있다. 이명박 대통령직인수위원회는 2007년 12월 26일 공식 출범했는데, 인수위가 채 구성되기도 전에 단기 목표를 향한 미국의 압박이 이미 시작된 것이다.

이날 이들 사이에 벌어진 묘한 신경전도 흥미롭다. 버시바우 대사는 미국의 부차관보급 일행이 2008년 1월에 이 당선자와 인수위를 만나기 위해 한국에 온다는 언론보도는 낭설에 불과하다고 했다. 다만 미 국무부 아태 담당 힐 차관보가 다른 공식 업무차 한국을 방문해 비공식적으로 인수위측과 접촉할 수는 있다고 했다.

이에 대해 유 전 장관은 일본은 '거물big figure'을 한국에 보낼 예정이고, 한국도 비슷한 거물급 인사로 답방을 하면 미국측 인사의 방한은 별 주목을 받지 못할 것이라고 우려했다.* 미국 정부의 고위급 인사가 이 당선자를 예방해줬으면 하는 바람을 에둘러 나타낸 것이다. 하지만 앞에서 봤듯이, 미 대사관측은 이 대통령 취임 전까지는 미국 정부가 인수위를 공식 접촉하지는 않겠다는 '개입 전략'을 이미 세워둔 터였다.

버시바우 대사는 또 부시 대통령이 MB를 캠프 데이비드로 초청한다는 것도 루머에 불과하다고 말했다. 아마 MB 당선 직후 그런 소문이 돈 모양인데, 루머가 MB측의 자가발전인지, 별도의 진원지가 있었는지는 알 수 없다. 하지만 버시바우는 이날 MB측과 만나 "백악관은 아직 아무

---

* 실제 일본 후쿠다 총리는 모리 전 총리를 2008년 1월 11일 한국에 특사로 파견해 이명박 당선자에게 친서를 전달했다. 이에 대해 이 당선자의 형 이상득 의원이 1월 16일 일본을 답방했다.

측근들의 간절한 소망대로 라이스 국무장관은 이명박대통령 취임식에 사절로 왔다. 왼쪽부터 크리스토퍼 힐 미 국무부 아태 담당 차관보, 알렉산더 버시바우 주한 미국 대사, 콘돌리자 라이스 미 국무장관. (사진 출처: 청와대 홈페이지)

런 결정을 내리지 않았다"며 이명박 당선자측을 초조하게 했다. 실제로도 당선된 지 4일밖에 안 된 한국의 차기 대통령을 위해 백악관이 벌써 캠프 데이비드 초청 계획을 세웠을 리는 만무했다. 더욱이 그때는 미국이 자신들의 주요 요구사항에 대해 아직 MB측의 확답도 받기 전이었다.

화제를 옮겨 유 전 장관은 대통령 취임식 축하사절로 라이스 국무장관이 올 수 있느냐고 물었다. 버시바우 대사는 라이스 장관이 부시 대통령의 아프리카 순방을 수행해야 하는 선약이 있다고 말해 MB 측근들을 다시 실망시켰다. 유 전 장관은 라이스 장관이 참석할 수 없다면 불행한 일이며, 만약 부시 전 대통령(아버지 부시)이 축하사절단을 이끌고 올 경우 미국 상무장관을 대동하면 한국 국민들에게 아주 긍정적인 인상을 줄 수 있을 것이라고 했다. 또 이 당선자의 경제에 대한 관심을 감안하면 재무장관이 함께 오는 것도 아주 적절할 것이라고 했다. 취임식 때 주군의 체면을 세워주기 위한 측근들의 애절한 노력이 눈에 보이듯 선하다.

이날 회동 이후에도 이명박 대통령직인수위의 핵심 관계자 등 MB측은 미국과 쇠고기 개방 일정 등을 계속 조율해나갔다. 결과적으로 아프리카에 선약이 있다던 라이스 국무장관은 축하사절단을 이끌고 여의도 취임식에 나타났다. 캠프 데이비드 회동도 루머에서 현실이 됐다.

미국 대사관의 '수정구슬'

대통령선거 전 이명박 후보를 비롯한 주요 대선 후보들을 속속들이 파악하기 위해 전력투구하던 미 대사관은 이제 '게임플랜'에 따라 대통령직인수위를 밀착 마크하기 시작했다. 인수위 주요 인사들의 면면을 자세히 살피고, 이들이 이명박정부 내에서 어떤 역할을 담당하게 될 것인가를 여러 측면에서 분석했다. 국무총리와 외교통상부 등 새 정부 주요 부처의 장관이 누가 될지는 미 대사관 입장에서도 초미의 관심사였다. 그래서 주요 공직에 대한 하마평을 저인망식으로 수집하고 여기에다 자체 분석한 인사 전망까지 곁들여 수시로 본국에 보고했다.

2008년 1월 25일자 미 대사관의 전문도 그중 하나다. 국무총리는 이경숙 인수위원장과 한승수 전 외무장관이 강력한 후보라고 전망했다. 미국측이 특히 중요하게 여기는 외교통상부 장관 자리에 대해서는 단순히 한국 언론에 오르내리는 하마평뿐 아니라 대사관측이 직접 MB 측근으로부터 입수한 정보를 바탕으로 후보군을 분석했다.

한 측근에 따르면, 이명박 당선자는 처음에는 첫 외무장관으로 교수를 임명하는 방향으로 기울었지만, 과거 학자 출신 외무장관들이 전형적으로 실패했다는 사실을 확인하고 직업외교관과 함께 가기로 결정했다.

이 전문이 예측한 대로 이명박정부 첫 외무장관은 직업외교관인 유명환 당시 주일본 대사가 임명됐다. 그런데 놀랍게도 미 대사관은 대통령 선거가 실시되기 이전에도 MB의 첫 외무장관을 전망하는 전문에서 이미 직업외교관 출신이 임명될 가능성이 높다고 예측했고, 그 후보군 맨위에 유명환 당시 일본대사 이름이 올라 있었다.

2007년 12월 13일에 작성된 「수정구슬 들여다보기: 이명박의 외무장관LOOKING IN THE CRYSTAL BALL: LEE MYUNG-BAK'S MINISTRY OF FOREIGN AFFAIRS」이란 제목의 전문이 바로 그 전문이다. 미 대사관은 김영삼·김대중·노무현 등 역대 정권 모두 처음에는 학계나 정치계 출신을 외무장관으로 기용했으나 대부분 실패했으며, 이후 모두 직업외교관 출신으로 교체한 패턴이 발견된다고 분석했다. 이 전문은 MB의 외교 분야 측근중 교수 출신들은 아직 젊은데다 행정부 경험이 없고, 정치인들은 총선에 더 관심을 두기 때문에 결국 직업외교관 중에서 MB정부의 첫 외무장관이 나올 것이라고 점쳤다.

미국 대사관은 또 여러 정보원들을 접촉한 결과 이명박 후보가 외교보다는 경제에 우선순위를 두고 있고 외교는 직업외교관들에게 맡기겠다는 입장을 굳힌 것으로 보인다며, 이 경우 유명환 일본주재 대사 등현직 외교관 3명이 유력하다고 전망했다. 이 족집게 예측은 미국 대사관의 '수정구슬'이 청와대의 장관 인사를 점치는 데도 높은 신통력을 발휘한다는 것을 실감나게 보여준다.

앞서 확인한 것처럼 미 대사관은 이명박 당선자와 인수위 핵심 인사들을 접촉할 때는 자신들의 '게임플랜'과 '개입 전략'에 설정돼 있는 우선순위 목표들 가운데 시급한 이슈들, 즉 파병 연장과 FTA 비준, 쇠고기 개방 등을 한국측에 끊임없이 상기시키고 명확한 일정 제시를 요구했다. 또 이를 한미 정상회담을 비롯한 한미관계의 선결과제로 삼아 MB측을 압박했고, 이 과정에서 취임 축하사절의 레벨과 정상회담 장소 등을 지렛대로 활용하기도 했다.

'인수위 2달이 정권 5년보다 크다'라는 말이 있듯이 이들은 향후 5년의 향배를 가를 인수위 활동의 중요성을 누구보다 깊게 인식하고, 인수위가 제대로 굴러가고 있는지도 유심히 관찰했다. 2008년 1월 22일자 미 대사관 전문은 이명박 대통령직인수위의 한 달간 활동을 되돌아보며 일종의 중간평가를 하고 있다. 이 전문에는 마치 될성부른 나무인지를 알아보기 위한 훈육자의 분위기가 감지된다.

전문은 우선 이명박 대통령직인수위가 이명박정부 임기 동안의 청사진을 제시하기 위해 매우 바쁜 한 달을 보냈으며, 이제 노무현과 김대중 정권 시절의 "잡초를 빼기" 위한 입법안을 제안하고 있다고 전했다. 또 MB가 직접 참석한 취임식 관련 회의 내용을 한 참석자의 전언을 통해 소개하면서, MB가 자기 취임식의 의미 등 세세한 부분까지 챙기며 매우 의욕적으로 일하고 있다고 평가했다. MB의 CEO 스타일과 반反관료주의적 성향 때문에 인수위 내부의 정책 경쟁이 매우 치열하다는 분위기도 전했다.

이 전문은 그러나 이런 분위기로 인해 부작용도 속출하고 있다며, 설익은 정책 남발과 의욕 과잉, 포퓰리즘이라는 세 가지 헛발질misstep 유형을 언급했다. 미 대사관은 설익은 정책 남발의 사례로 모든 정부 부처가 일괄적으로 예산을 10% 줄인다는 방안을 들었으며, 의욕 과잉의 사례로는 인수위가 언론사 간부들의 이념 성향을 조사했다가 들통이 난 것 등을 사례로 열거했다. 또 인수위가 장밋빛 정책을 쏟아내고 있는데 대부분 우파 포퓰리즘에서 비롯된 것이라며, 기름값 인하와 규제 완화, 그리고 전시작전권 환수 재협상 등을 대표적 사례로 들었다.

미 대사관은 인수위의 미숙함과 실수를 줄줄이 열거해놓고도 마지막 논평 부분에서는 이명박 대통령직인수위가 여전히 잘 해낼 것이라는 믿음을 확고하게 드러냈다.

만약 인수위가 하나의 지표라고 보면, 이명박 청와대는 이전의 행정부와는 전혀 다르게 돌아갈 것으로 보인다. (…) 지난 10년간 권력을 잡지 못했기에 한나라당 팀이 (초기에) 미숙한 것은 자연스러운 일이다. 우리가 대통령 당선자 및 인수위와 상호작용해본 결과, 그들이 남은 한 달의 인수위 기간을 최대한 활용해 잘못을 교정하고, 합심해서 2월 25일 취임을 향해 고삐를 당길 수 있을 것이라고 믿는다.

사실 미국 입장에서는 MB 정권의 첫 단추가 잘못 꿰어져 시작부터 덜컹거리면 자기들로서도 큰 타격일 수밖에 없었다. 위 논평엔 그런 심정이 여실히 배어 있다.

이 전문에서 또 하나 눈여겨봐야 할 부분은 미 대사관이 인수위의 설익은 정책 남발의 사례로 제일 먼저 정부 부처 예산 10% 감축 방안을 든 것이다. 사실 인수위 초기에 설익은 정책은 수도 없이 터져 나왔는데, 미 대사관이 이 문제를 제일 먼저 거론한 것은 예산에 대한 그들의 관심 도가 반영된 것으로 보인다.

미 대사관은 MB 인수위와 정권 초기에 자신들의 우선순위 목표에 따른 요구사항이나 자신들과 직접 관련된 이슈는 한국측에 수시로 전달했지만, 한국의 국내 정책과 관련한 이슈에 대해서는 동향을 면밀히 파악하긴 했어도 거의 직접 개입하지는 않았다. 하지만 예산 문제만큼은 달랐다.

2008년 4월 8일 미 대사관이 본국에 보낸 전문「북한, 정상회담, 동맹 이슈에 대한 김병국 외교안보수석의 견해NSA KIM ON NORTH KOREA, SUMMIT AND ALLIANCE ISSUES」는 한국의 예산, 특히 국방예산에 대한 미국측의 관심이 매우 높다는 것을 보여준다. 이 전문에서 버시바우 대사는 김병국 청와대 외교안보수석과 만나 한국 정부의 국방예산 10% 감축 정책은 한국의 방위 능력을 저해하고 '국방개혁 2020 계획'을 위협할 수 있다는 우려를 표명했다. 이에 대해 김 수석은 모든 부처가 예산 10% 감축 지시를 받았다며, 절약되는 예산은 새로운 생산적 프로젝트에 사용될 것이라고 대답했다. 김 수석은 그러나 무엇을 얼마나 절감해야 할지는 아직 정해진 바가 없다고 강조했다.

국방예산 감축에 따라 한국의 방위 능력에 타격이 우려된다는 미국 대사의 말은 사실 한국의 미국산 무기 구매가 저하된다는 말을 달리 표현한 것이나 마찬가지다. 미국 대사관이 한국 정부의 국방예산에 촉각을 곤두세우고, 자국산 무기 판매에 열을 올려온 무대 뒤의 생생한 이야기들은 뒤에 별도의 장에서 상술하기로 한다.

한국과 미국, 그 '매우 특별한 관계'

우리는 한국인들과 매우 특별한 관계를 맺고 있다. 우리가 아니고선 대한민국은 존재할 수 없다. 우리는 한국의 군대가 움직이도록 하며 모든 중요한 경제적 결정에 참여한다. 경제기획원 중앙의 은밀한 곳에는 항상 미국인들이 있다. 각 지역 도지사들에게는 미국의 자문관이 배치된다. 우리는 유별난 정보 연계를 맺으며 미군은 항상 한국의 국방비를 검토한다. (…) 그러나 이러한 관계가 계속되거나 계속되어야만 한다고 보지는 않는다. 특히 지난 2년간 표출된 것처럼 한국의 경제성장, 정치적 성숙 그리고 국제적 경쟁력이 높아진다면 이러한 관계는 변화될 수도 있다. 문제는 오히려 비정상적으로 가까우면서 좋은 관계를 맺고 있다는 점에서 발생한다. 우리의 관계가 어떻게 두 주권국가 사이에서 일반적으로 존재하는 좀 더 정상적인 관계로 나아갈 수 있을까? (박태균, 『우방과 제국, 한미관계의 두 신화』에서 재인용)

이 글은 과거 어느 주한 미국 대사가 본국에 보낸 서한 중 일부다. 이 글의 내용을 어디서 본 듯한 느낌이 든다. "우리는 한국의 군대가 움직이도록 하며"라는 대목에선 전시작전통제권 돌려받기를 한사코 미룬 MB정권이 떠오르고, "미군은 항상 한국의 국방비를 검토한다"는 구절은 앞에서 본 버시바우 대사와 김병국 수석의 대화를 연상케 한다. '경제기획원' '도지사' 등의 단어만 없으면 그다지 세월의 흔적이 느껴지지 않는 이 전문은 놀랍게도 45년 전인 1966년 8월 26일 당시 주한 미 대사 브라운Brown이 미 국무부의 극동담당 차관보 번디Bundy에게 보낸 것이다. 놀랍다는 것은 전문 내용에 대한 것이라기보다는 한미 간의 특수한 관계가 지닌, 시간을 초월한 영속성 때문이다.

1966년 미국 대사는 미국이 "한국인들과 매우 **특별한 관계**를 맺고 있다"(강조는 인용자)고 썼다. 그런데 뒤에 상세히 다루겠지만 2008년의 미국 대사도 한미관계를 다룬 한 보고서에서 "한국은 세계에서 유일하고 진정한 슈퍼파워와 **특별한 관계**special relationship를 맺고 있는 것에 대해 자랑할 수 있고, 자랑하고 있다"(강조는 인용자)라고 쓴다. 45년 전 주한 미 대사는 한미관계가 비정상적으로 가깝기 때문에 오히려 문제라면서, 어떻게 하면 두 주권국가 사이의 정상적인 관계로 나갈 수 있을 것인가를 고민했다. 하지만 거의 반세기가 지나도 한미관계의 본질적인 부분은 그대로다.

한미관계를 여전히 제국과 식민지 정도의 관계로 규정하는 것은 시대착오적이지만, 혈맹이나 은인 등의 관점에서 보는 것도 미몽에 불과하다. 한국전 참전과 경제원조로 상징되는 미국의 군사적, 경제적 지원에는 기본적으로는 자국의 이익 확보라는 동기가 깔려 있었다. 박태균 교수는 한국 정부가 미국과 FTA를 추진하면서 과거 한미 간의 경제문제로 인한 갈등사례 등을 제대로 분석이나 해보고 협상에 임했는지 의문이라며, 미 행정부는 1950년대 이후 현재에 이르기까지 경제문제에 관한 한 한국에 어떤 양보도 하지 않았다고 단언했다.

이는 한국의 IMF 위기 때도 예외가 아니었다. 앞에서 언급한 것처럼 필자는 한국의 IMF 위기 관련 취재 때문에 미국 정부의 기록을 수집한 적이 있는데, 그때 미국 국무부로부터 입수한 미 대사관의 한 전문은 미국의 이런 입장을 극명하게 드러내고 있었다.

한국이 국가부도 위기를 가까스로 모면해가던 1998년 2월 4일, 당시 주한 미 대사 스티븐 보스워스(1997년~2001년 재임. 2009년 2월부터 2011년 10월까지는 미 국무부 대북 특사로 활동)는 「올해의 한국KOREA OVER THE COMING YEAR」이라는 2급비밀 전문에서 자국의 1998년도 대對한국 우선순위 목표를 다음과 같이 정리해 본국에 보냈다.

한국 대통령선거가 끝났고 새 정부의 정책 방향도 구체화되고 있는데다, 아직 취약하기는 하지만 금융 상황도 안정화되고 있으므로 신임 김대중정부와 협력하여 성취해야 할 목표에 대해 살펴본다. 우리가 전에 밝혔던 목표 가운데 몇몇은 외환위기 직후인 이 시점에서 달성하기가 불가능한 것까지는 아니지만 매우 어려울 것이다. 그러나 **다른 목표들은 IMF 구제금융과 김대중 대통령의 당선에 힘입어 달성 가능성이 높아졌다.**
미 대사관은 1998년 한반도 목표의 최우선 과제를 다음과 같이 제안한다. **한국이 금융위기를 잘 타개해 나가도록 돕는 동시에 IMF와 우리(미국)에 대한 의무를 완전히 준수하도록 조용하지만 확실하게 압박하며**maintain firm but quiet pressure for full compliance with its obligation to the IMF and us, 이번 위기를 통해 한국이 진정한 선진 개방 시장경제로의 이행에 필요한 변화를 만들어낼 수 있음을 주지시킨다.(강조는 인용자)

보스워스 대사가 본국에 이 전문을 보낸 1998년 2월 4일은 한국이 외환위기의 격랑 속에서 겨우 대통령선거를 치르고 난 후였다. 당시 현직 대통령은 식물 상태였고, 김대중 당선자와 대통령직 인수위는 취임도 하기 전에 국가부도부터 막아야 했다. 살인적인 고금리와 기업 통폐합,

대량 해고 사태 등은 중산층 이하의 삶을 송두리째 흔들어놓았다.

하지만 우리의 그런 위기를 미국은 한국에 대한 무역과 투자 조건을 향상시킬 수 있는 절호의 기회로 봤다는 사실을 이 전문에서 확인할 수 있다. 물론 여기엔 한국이 금융위기를 타개할 수 있도록 미국이 돕는다는 것이 전제돼 있기는 하다. 그러나 잘 알려졌듯이 외환위기 초기에 미국은 한국의 긴급 금융지원 및 외채만기 연장 요청 등을 일체 거부했으며, IMF 구제 금융 조건과 정리해고제 도입 등 별도의 미국측 요구안을 모두 관철시킨 뒤에야 한국에 대한 지원에 나섰다. 보스워스 대사가 전문을 발송한 시점은 미국이 이미 이런 조건들을 빈사 상태의 한국을 상대로 모두 받아낸 뒤였다.

50년 전이나 지금이나 한미 양국은 서로 '매우 특별한 관계'를 맺고 있다고 생각한다. 그런데 그 특별한 관계의 이면에는 보스워스 전문에서 보듯 미국의 냉정한 계산이 숨어 있다. 물론 모든 나라의 외교 활동은 자국의 이익 확보가 기본 동기다. 그런데 우리 사회엔 미국도 결코 거기서 예외가 아니라는 당연한 사실을 한사코 믿으려 하지 않는 이들이 있다.

2011년 10월 미국 의회가 한미 FTA 협정을 비준한 이후, 국내에선 우리 국회의 FTA 비준을 둘러싸고 치열한 논란이 벌어졌다. 미국이 했으니 우리도 빨리 해야 한다는 입장에 대해, '이익의 균형'이 제대로 확보돼 있는지 따져보고 필요하다면 미국에 재재협상까지 요구해야 한다는 입장이 맞섰다. 보수 정치세력과 보수언론은 재재협상 요구를 '반미, 종북' 세력의 주장쯤으로 몰아갔다. 우리의 이익을 좀 더 찾아보자는 목소리를 반미로 매도하고, 미국의 행동을 의심 없이 받아들이는 세력이 보수인 양 행세하는 것 자체가 우리 사회의 가장 큰 비극이다. 한국의 이른바 보수 세력은 보스워스의 이 전문을 읽어볼 필요가 있다.

미국을 혈맹, 은인, 심지어 천사급으로 우러러 보는 세력들이 꼭 읽어 봐야 할 문건이 또 있다. 앞서 언급한 "한국은 세계에서 유일하고 진정한 슈퍼파워와 특별한 관계를 맺고 있는 것에 대해 자랑할 수 있고, 자랑하고 있다"는 구절이 들어가 있는 전문이다. 이 전문은 보스워스 대사의 IMF 관련 전문 작성 시점에서 정확하게 10년 뒤인 2008년 초 작성된 것이다. 두 문건 모두 한국 대통령 당선자의 인수위 기간 중에 생산됐다는 공통점이 있다.

「보다 발전적이고 전략적인 한미동맹을 위한 2020 비전2020 VISION OF A MORE VIABLE AND STRATEGIC U.S.-ROK ALLIANCE」이라는 제목의 이 보고서는 미국 입장에서 본 한미관계의 본질과 그 변화의 필요성, 한미동맹에서 추구하고자 하는 미국의 이익, 2008년 4월 한미 정상회담 의제 등을 상세하게 기술하고 있다. 미국이 한반도에 개입하고 군대를 주둔시키는 그들의 진짜 목적을 숨김없이 드러내고 있기 때문에, 이 보고서는 위키리크스가 공개한 1980건의 미 대사관 작성 전문 가운데 가장 중요한 것 중 하나라 할 수 있다.

04

2020 비전

"한미동맹을 진화시켜라"

"한국은 세계에서 유일하고 진정한 슈퍼파워와 특별한 관계를 맺고 있는 것에 대해 자랑할 수 있고, 자랑하고 있다"는 서술은 진짜 한미관계의 맨얼굴을 그대로 드러낸다. 이런 오만함이 어떤 맥락에서 나왔는지 이 표현이 들어 있는 미 대사관의 전문 「보다 발전적이고 전략적인 한미동맹을 위한 2020 비전」(이하 「2020 비전」으로 줄임)을 자세히 살펴보자.

보고서 「2020 비전」은 2개 파트로 구성돼 있다. 제1편(2008년 1월 8일 전송)은 '변화에 적응하기PART1: ADAPTING TO CHANGE'라는 부제에서 짐작할 수 있듯 한반도를 둘러싼 환경이 변하고 있기 때문에 한미동맹도 거기에 적응하면서 진화해나가야 한다는 당위성을 역설하고 있다. 이 전문은 지난 반세기 이상 한미동맹은 양국의 이익에 이바지했고, 동북아시아 안보에 기여해왔으나 근년 들어 심각한 변화를 경험하고 있다고 지적한다. 미 대사관은 △ 한국이 변했고 △ 한국 대북 정책이 변했고

△ 한반도 주변 국가들도 변하고 있다며, 한반도에서 미국의 임무와 존재는 이런 변화에 맞춰 적응해나가야 한다고 본국에 권고한다.

여기서 버시바우 대사가 "한국이 변했다"고 표현한 것은 한미동맹 내에서 한국의 종속적 위상에 대해 한국 대중들의 불만이 점차 고조되고 있다는 것을 나타내는 말이다. 따라서 한국인들의 변화된 정서에 맞게 한미동맹을 새롭게 규정하고, 그 역할도 재정립해야 한다는 것이다. 또 "대북정책이 변했다"는 것은 김대중 대통령 당선 이후 한국 정부가 이전 정권들과는 달리 대북 접근 정책을 크게 바꿔 북한에 대한 개입 정책을 추구한 것을 의미한다. 미 대사관 측은 이것이 미국의 정책에 심각한 도전을 가져왔다고 평가했다. "한반도 주변 국가들이 변하고 있다"는 말은 중국과 러시아가 경제적, 군사적으로 영향력을 확대하고 있다는 사실을 뜻한다. 버시바우 대사는 이 같은 3가지 환경 변화에 조응해 한미동맹의 성격이 재규정돼야 하고, 지속가능한 형태로 진화해야 한다고 강조한다.

미 대사관은 한반도에 평화가 찾아오거나 통일이 이뤄질 때 한미동맹의 명분이나 주한미군 계속 주둔의 정당성이 위협받을 가능성을 매우 우려했다. 버시바우 대사는 이 전문에서 주한미군이 한국 내에서 자주 "평화의 걸림돌"이나 "통일 추구 때 처분해야 할 어떤 것"으로 묘사되고 있지만 "사려 깊은 한국인"들은 통일이 되더라도 미군이 계속 한반도에 주둔해야 한다는 입장을 옹호하고 있다고 주장했다. 그는 지금 당장 그럴 가능성은 없지만 만약 평화 선언이나 통일의 상황이 온다면 주한미군의 위상에 대한 논란은 피할 수 없을 것이기 때문에, 한미동맹을 위험한 상황에 빠트리지 않게 하기 위해서는 현재 상황을 한반도에서의 미국 위상을 재조정reposition할 기회로 활용해야 한다고 지적했다. 그의 논지는 결론적으로 통일 이후에도 미국은 한반도에서 군사력을 계속 유지해야 하며, 이를 정당화할 명분을 확보해내야 한다는 것이다.

한반도에서 미국 군사력의 지속을 보다 효과적으로 정당화하는 것은 평화조약이 맺어지더라도 한국의 방위와 동북아 지역에서의 분쟁 억지력이 계속 필요하다는 사실을 (한국인들에게—인용자) 인식시키고, 더 깊은 이해를 고취하는 것으로 시작된다.

'전략적 동반자 관계'의 노림수

「2020 비전」의 제2편은 변화된 환경에 맞춰 한미동맹을 지속해나갈 수 있는 명분을 확보하고, 주한미군 주둔을 정당화할 수 있는 논리를 본격적으로 모색한다. 그리고 이어서 이를 통해 미국이 확보할 수 있는 각종 이익들을 검토한다. 또 한미동맹의 정당화 논리를 기조로 하고, 그간 이명박 당선자와 인수위를 접촉한 결과를 바탕으로 해서 2008년 4월로 예정된 이명박 대통령과 부시 대통령의 첫 정상회담 때 내놓을 수 있는 미국측 의제를 정리해 본국에 권고한다.

「2020 비전」 2편은 '동맹 전략적 동반자 관계의 관점에서 이명박정부에 개입하기PARTII: ENGAGING THE LEE ADMINISTRATION ON A NEW "ALLIED STRATEGIC PARTNERSHIP"'라는 부제가 붙었다.

버시바우 대사는 먼저 「2020 비전」 보고서 앞부분에서 한미동맹을 발전시키기 위해 어떻게 이명박정부와 일할 것인가에 대한 특별 제언을 워싱턴에 다음과 같이 정리해 보냈다.

- 한미동맹을 한국 국내의 정치적 맥락 속에서 보다 존속 가능한 것으로 진화시킨다.
- 대북정책의 진전과 한미동맹의 미래를 모두 아우를 수 있게 한반도에서의 임무를 업데이트한다.
- 한미동맹이 동북아시아에서 미국의 더 큰 이익에 기여하도록 하는 동시에, 동북아 안정의 핵심 요소로서 정당화될 수 있도록 만든다.
- 글로벌 차원에서 상호이익을 공유하고, 관심지역에서 한국이 더 큰 역할을 하도록 고무시킨다.

보기엔 거창하지만 사실 이 제언에는 현재의 한미동맹이나 한미관계는 점차 각성해가는 한국 국민들의 의식을 감안했을 때 더 이상 존립하기 힘들다는 미국의 고민이 담겨 있다. 그래서 한미관계를 한국인들이 납득 가능한 형태로 변모시켜 한미동맹과 미군 주둔을 지속하겠다는 계획을 세운 것이다. 나아가 여기엔 단순히 기존 동맹의 지속이라는 소극적 차원이 아니라 한미동맹의 영역을 기존의 한반도에서 동북아, 나아가 글로벌 차원으로 확대시키고 한미동맹의 임무를 미국이 개입하고 있는 세계 곳곳으로 확대한다는 야심이 내재돼 있다.

버시바우 대사는 이처럼 한미동맹의 진화 방향을 설정한 뒤 진화를 도모해야 하는 이유를 상세하게 전개한다. 그는 한미동맹의 앞에는 과거 회귀, 현 상태 유지, 미래를 위한 변화라는 세 가지 길이 있는데, 한국의 보수 세력은 시계를 과거로 돌리려 한다고 비판한다. 보수 세력들은 군을 장악하고 있고, 스스로를 국가의 수호자로 여기고 있으며, 앞선 두 정권(김대중, 노무현 정부) 때의 정책들을 되돌리려 하지만 세상은 이미 변했다는 것이다. 버시바우 대사는 이어 이명박정권이 탄생하면서 이 "노인네들gray beards"의 영향력이 증가하긴 하겠지만 생각보다 커지지는 않을 것이며, 그 이유는 이들의 관점이 보다 독립적인 한미관계를 원하는 대다수 한국인들의 입장을 반영하지 못하고 있기 때문이라고 분석했다. 또한 그는 진보적 운동에 의해 이뤄진 변화들을 완전히 되돌릴 수 있을 것이라 여기는 "수구 세력the old guard"의 생각은 잘못된 것이라고도 했다.

버시바우의 이런 시각은 한국의 보수 세력에 전적으로 기대는 한미동맹은 더 이상 지탱할 수 없다는 위기감의 발로이기도 하다. 보수적 성향으로 알려진 버시바우 대사가 한국의 핵심 보수 세력에 대해 "노인네들" 또는 "수구 세력"이라고 묘사하는 것이 매우 흥미롭다.

그렇다고 그가 전임 노무현 행정부를 옹호하는 것은 아니다. 노무현 정부는 표면적으로 한국이 주권을 더 행사할 수 있는 방향으로 한미동맹을 바꾸려 했지만 그것은 잘못됐거나 사람들을 오도하는 것이었다고 평가한다. 하지만 한미동맹 내에서 한국이 보다 책임 있고, 대등한 위치에 있어야 한다는 열망이 많은 한국인들 사이에 퍼져 있다고 인정했다.

버시바우 대사는 이런 정치적 지형의 변화는 새로운 한국 민족주의 세대의 출현으로 보는 것이 더 정확하다고 평가한다. 이 세대들이 원하는 것은 한국이 보다 강하고 자기결정권을 지닌 나라가 되는 것이며, 실용적인 그들은 미국과의 동맹이 계속되기를 원하지만 한미동맹에서 한국이 영구히 종속적 위치가 될 것이라는 점은 참지 못한다고 분석했다.

미 대사관은 이처럼 한국 내에서 미국이나 한미동맹에 대한 인식이 크게 변하고 있다는 점을 나름대로 잘 파악하고 있었다. 그리고 이런 변화에 걸맞게 한미동맹을 업그레이드해야 한다는 문제의식도 올바른 것이었다. 하지만 결론부터 말하자면 그 방법론은 매우 잘못된 것이었다. 한미동맹에 근본적으로 내재하고 있는 불평등을 해소하고, 그 비대칭적 관계에 따른 한국의 과도한 부담을 덜어주는 근본적 진화 대신 한미동맹의 '명분' 찾기 혹은 '정당화' 등 이른바 외적인 '꼼수'에 지나치게 의존했기 때문이다.

이명박정부에 대한 버시바우 대사의 다음과 같은 접근법도 그런 사례라고 할 수 있다.

우리는 이명박 당선자가 보다 건설적인 태도로 동맹 관계를 다루기를 기대하지만, 이 당선자는 민감한 이슈에 대해 우리 방향으로 오기 전에 적절한 정치적 방어막political cover을 필요로 할 것이다.

이명박정부가 너무 노골적으로 미국에 우호적인 태도를 취하기 전에 그럴듯한 정치적 명분을 먼저 쌓아야 한다는 거다. 이런 식의 꼼수는 「2020 비전」의 여러 곳에서 발견되는데 주한미군의 주둔을 지속하기 위한 명분 확보 전략도 그런 종류다.

우리가 한국에 우리 군사력을 유지하는 것은 우리의 전략적 이익을 증진시키기 위해서다. 하지만 그러기 위해선 우리의 지역적, 전략지정학적 이익을 극대화하기 위해 한반도에서 우리의 존재를 가다듬으면서, 동시에 한국의 정치 환경 속에서 미군의 주둔을 정치적으로 보다 더 존속 가능하게 만들 수 있도록 한국측의 필요를 반드시 충족시켜줘야 한다. 이를 완수하기 위해 우리는 3가지 단계를 반드시 밟아야 한다.

첫째, 한미동맹의 임무를 적절하게 업데이트한다.

둘째, 우리의 광범위한 안보 목적을 지켜가면서, 주한미군을 새 임무에 맞게 전환해야 한다.

셋째, 한국 정부와 함께 양국의 대중들에게 동맹의 새 임무와 구조를 설명해서, 지속 가능한 한미동맹에 대한 지지를 공고히 한다.

미 대사관은 특히 "동북아시아 본토에 우리 미군이 주둔하는 것은 한반도에서 우리의 이익을 보장하는 차원을 넘어, 우리의 강력한 안보 동맹인 일본과의 협력하에 보다 넓은 지역적 목표에 이바지한다"라고 명시하고 있다. 한미동맹을 동북아 지역 안정자의 위치로 격상시키고 주한미군의 역할을 단순히 대북 억지력의 제공 차원이 아니라 중국에 대한 견제로 상향조정하는 것이다.

만약 우리가 한국에 더 이상 존재하지 않는다면 한반도에 대한 중국(북한의 가장 가까운 우방)의 정치, 경제, 군사적 영향력이 더욱 쉽게 확장될 것이라는 것은 분명하다. 우리는 중국의 야망이 대만에 대한 통제를 다시 획득하는 데 그치지 않을 것이라는 사실을 한국에 일깨워줘야 한다. 우리는 일본과 한국을 영향력이 커져가는 거대 괴물behemoth(중국을 말함—인용자)에 너무 가까워지게 하는 것보다 검증된 미국의 지원에 더 많이 투자하도록 부추겨야 한다.(미국의 지원에 더 많이 의지하도록 해야 한다.) 많은 한국인들은 2004년의 고구려 역사 논쟁 때 이 괴물의 영향력에 대해 분노한 바 있다.

미국은 중국을 "거대 괴물"이라고까지 표현하며 노골적인 적개심을 드러내고 있다. 동시에 한국과 중국의 역사 및 영토 갈등의 가능성을 한국에 상기시키면서 이 거대한 외세의 부상과 개입을 차단하기 위해 미국의 힘이 필요하다는 명분을 내세우는 것이다.

미국은 나아가 한미동맹을 동북아 지역에 국한시키지 않고 글로벌 차원으로 확대하고자 한다. 한국이 이제 국제적 차원에서 많은 일들을 할 수 있는 역량을 갖췄고, 한국의 국력 과시와 한국 국민들의 자긍심 발현을 위해 국제 사회에 더 많이 기여해야 한다는 것이다. 이 또한 솔깃하고도 고상한 대의로 보이지만 속을 들여다보면 미국이 무분별하게 저질러놓은 이른바 테러와의 전쟁과 세계 곳곳의 명분 없는 분쟁 현장에 동맹관계를 명분으로 한국을 끌어들이려는 속셈이 숨어 있다.

중요한 것은, 새로운 한미 간 동맹 '전략적 동반자 관계'는 한국이 세계에서 활약할 수 있게 해줄 국제적 역할을 구축하는 데 이바지할 수 있다는 점이다. 한국은 한때 이라크에서 세계 3위(3000명)의 파병 규모를 유지했다. 그들은 아프간에 수백 명의 군대를 보냈고, 레바논 유엔평화유지군UNIFIL에도 350명의 병사를 보냈다. 이것은 한국의 자긍심에 긍정적으로 호소할 수 있는 좋은 출발이며 미국의 이익에도 보탬이 되는 것이다.

그러나 올해는(2008년) 이라크 파견 한국군이 600명 이하로 감소할 예정이고, 아프간에서는 이미 모든 병력이 철수했다. 만약 한국이 원하기만 한다면 우리 동맹인 한국은 과거 베트남전 때 우리 옆에서 싸우고, 그 후 유엔평화유지활동에 참가한 것처럼 지금보다 훨씬 더 많이 기여할 수 있다. 우리는 그들에게 더 많이 기여하라고 격려해야 한다. 왜냐하면 그들은 더 잘

할 수 있기 때문이다.

버시바우 대사는 실제로 이 보고서의 '강화된 글로벌 역할' 부분에서 이명박정부에게 전략적 동반자 관계 지위를 부여하는 대가로 아프가니스탄에 대한 지원을 요구할 것을 본국에 건의하고 있다.

'미국과의 진정한 전략적 동반자 관계'를 이명박 행정부에 제공하는 것은 한국이 세계에서 보다 더 중요한 나라가 되기를 원하는 한국의 자긍심 높은 열망에 어필할 수 있다. 새 행정부가 출범하면 우리는 이 방법을 사용해 이명박 행정부가 아프간에서 지방재건팀PRT을 주도하는 것을 고려하도록 고무시킬 수 있다. 나아가 아프간에서 나토 주도 연합군에 전투 병력을 기여하도록 할 수 있다.

뒤에 자세히 살피겠지만, 미국의 이러한 아프간 지원 압력은 4년 내내 집요하게 가해진다. 아프가니스탄에서 비극적인 인질 사태를 겪은 지 얼마 되지도 않은 한국에게 또다시 아프가니스탄 파병까지 요구할 계획을 입안하고 있는 미국의 모습에서 한미관계의 진면목을 다시 확인할 수 있다.

미국의 이익 vs. 한국의 이익

버시바우 대사는 「2020 비전」에서 마침내 핵심으로 들어간다. "이처럼 강화된 동맹과 거기에 수반하는 미군의 해외 주둔이 미국의 이익으로 귀결될까?"라는 자문과 바로 "물론이다"라는 자답으로. 한국과 강력한 동맹을 유지하는 것은 힘의 과시, 억지력, 무역 장려, 인권 문제 등의 측면에서 매우 미국에게 이익이 된다고 서술했다. 이 보고서는 새로운 한미동맹이 도출해낼 미국의 이익을 다음과 같이 일곱 가지 측면에서 제시했다.(아래 각 항목별 번호는 필자가 매김)

(1) 중국 파워의 부상에 직면하여, 아시아 본토에 유일하게 주둔하고 있는 우리 군대를 철수하는 것은 어리석은 일이다.

(2) 북한의 명백한 핵 능력을 고려할 때, 북한의 군사적 야망에 대한 억지력을 지속시키는 것은 그 어느 때보다 중요하다. 더구나 북한의 군사적 위협은 6자회담이 성공하더라도 하루 아침에 제거되지 않을 것이다.

(3) 우리의 존재(주한미군 주둔—인용자)는 우리가 미래의 도전에 대응하기 위해 도움이 필요할 때 한국 정부가 우리를 군사적으로 돕도록 영향력을 행사하는 데 도움이 될 수 있다. 중요한 것은 한국은 자국 군대를 해외로 파견할 때 정치적, 헌법적 제약이 일본보다 적다는 것이다.

(4) 무역은 동맹관계 없이도 계속될 수 있다. 하지만 한미 간 상호 무역관계는 우리가 나누고 있는 군사적 결속으로 인해 더 향상된다. 우리의 무역관계는 다른 아시아 주요 국가에 비해 훨씬 균형 잡혀 있고, 한미 FTA에 의해 더욱 강화될 것이다. 동맹의 지속은 상호간 경제적 유대를 뒷받침하고, (무역—인용자) 마찰을 해결하는 데—유럽이나 일본 경쟁자들은 누릴 수 없는—한국정부 고위급의 관심을 보장해줄 것이다.

(5) 동북아 지역적 차원에서 우리와 한국의 강한 군사동맹은 미국을 배제하고 환아시아경제그룹pan-Asian economic groupings을 구축하고자 하는 중국의 요청에 거부 의사를 보이는 한국 인사들의 입지를 강화해줄 것이다.

(6) 한국은 세계에서 두번째로 큰 미국산 무기 구매 고객이다. 무기체계 상
호운용성Interoperability은 우리가 한국 정부에 미국산 무기 시스템을 사도록
설득하는 데서 핵심적인 판매 포인트a key selling point이다. 동맹의 지속은
갈수록 치열해지는 무기 시장에서 한국군이 계속 우리의 최고 고객이 되는
것을 보장하는 데 도움이 된다.

(7) 가장 중요한 것은, 우리는 민주주의를 고취하는 우리의 노력을 완수
하기를 원한다는 것이다. 우리가 동북아시아 지역에 주둔하는 것은 이 지
역에서의 민주주의의 성장을 장려하는 것을 돕기 위한 것이다. 그러나 우
리는 아직 북한, 중국, 몽골에서 민주주의를 장려하는 데 성공하지 못했
다. 지금은 이 고지the high ground를 '중국식 자본주의capitalism with Chinese
characteristics'에 넘길 때가 아니다.

한미동맹과 주한미군 주둔을 통해 미국이 확보하려는 이익들은 상상
이상으로 다양하다. 우리가 지금까지 상식적으로 생각해왔던 주한미군
의 주된 존재 이유는 대북 억지력이었다. 하지만 미국이 스스로 밝힌 한
반도 주둔 목적을 보면 북한 관련은 (2)번 항목밖에 없다. 오히려 경제
적 이해관계나 미국식 자본주의의 확충 등 경제적 패권 확보와 관련된
것이 (4) (5) (6) (7)번 등 4가지로 가장 많다. 또 중국을 겨냥하거나 염두
에 둔 것이 (1) (4) (7)번 항목 등 3가지나 된다.

이 내용들은 미국의 속내를 새롭게 들춰내준다. (3)번의 경우에는 평
화헌법 등의 제약 때문에 해외 파병이 까다로운 일본보다는 한국군의
해외 파병 환경이 상대적으로 양호하다는 미국의 관점이 노골적으로 드
러나 있다. 이는 미국이 자신들이 개입하고 있는 각 분쟁지역에 미군의

지원 병력 또는 보완재로서 한국군이나 일본 자위대 파병을 상정하고 있으며, 기본적으로 일본 자위대보다는 한국군의 파병이 더 쉽다는 판단을 하고 있다는 것을 보여준다. 또한 주한미군 주둔을 한국군 해외파병의 지렛대로 활용하겠다는 미국의 계산을 봤을 때 한국군 파병에 대한 미국의 압력이 일본 등 다른 나라에 대한 파병 압력에 비해 훨씬 셀 것이라는 추측을 할 수 있다.

(5)번에서는 한미동맹을 한국에 있는 반反중국 세력의 입지를 강화하고 친중국 세력을 견제하는 기제로 활용한다는 논리를 펴고 있다. 미국은 1997년 동아시아 외환위기 당시 한·중·일이 중심이 돼 만들려던 아시아통화기금AMF의 설립을 적극 나서서 저지한 바 있다. 한국과 일본 등 동아시아 국가들이 미국의 자본 및 금융 시스템의 영향력에서 벗어나는 것을 극도로 경계했기 때문이다. (5)번 항목은 미국이 한미 군사동맹을 무기로 한국이 중국의 경제블록에 참여하는 것을 차단하겠다는 의도와 함께 그것이 미국의 이익과 직결된다는 입장을 그대로 드러낸 것이다.

(6)번도 우리가 짐작은 해온 것이지만, 미국이 정말로 한미동맹과 자국산 무기 판매를 이렇게 노골적인 수준으로 연계하고 있다는 점에서 적잖이 충격을 주는 대목이다. 한미 합동 군사훈련이나 정보 공유 등 군사 교류의 이면에는 미군에 대한 한국군 무기체계의 일방적 종속성이 자리 잡고 있고, 미국은 이를 자국산 무기 마케팅의 최대 강점으로 적극 활용하고 있는 것이다.

(7)번은 겉으로는 동북아지역의 민주주의 확대라는 고상한 목표를 내세우는 것 같지만 자세히 보면 미국식 민주주의와 미국식 자본주의를

다른 지역에 이식시키겠다는 의도가 엿보인다. "중국식 자본주의에 고지를 내줄 수 없다"는 식의 표현은 미국이(적어도 버시바우 대사가) 여전히 냉전적 사고방식에 사로잡혀 있다는 것을 보여준다. 냉전체제가 해소된 지 오랜 세월이 지난 지금까지도 이런 체제 대결적인 개념이 유지되고 있다는 게 놀라울 따름이다.

버시바우 대사는 한미동맹으로 생기는 한국의 이익을 거론하는 것도 잊지 않는다. 이번에도 한미동맹이 한국의 이익에 기여하는가를 자문하고, 바로 '예스'라고 답한다. 물론 미국의 시각에서 본 한국의 이익이며, 가짓수가 5개로 미국의 이익보다는 적다.

(1) 동북아 지역의 안정 유지는 한국의 경제가 더 성장하는 데 필수적이다.

(2) 북한의 군사적 위협에 대한 억지력의 유지는 한국의 생존에 매우 중요하다. 미군의 주둔은(북한의 비핵화 이후일지라도) 중국의 급팽창하는 군사력이 곤란한 방향으로 전개되는 것과 같은, 만약에 일어날지도 모를 어떤 새로운 위협을 억제하고 지속적인 평화를 보장하는 데 도움이 될 것이다.

(3) 한국은 그들 스스로는 성취할 수 없는 북한의 비핵화를 이뤄내기 위해 우리의 도움을 필요로 한다. 한국은 궁극적으로 통일이 전쟁으로든, 북한의 붕괴로든, 아니면 평화적으로 이뤄지든, 통일에 수반되는 부담에 대처하기 위해 우리의 도움이 필요하다는 것을 안다.

(4) 한국은 어떻게 해서라도 자국 군대를 더 잘 무장시키기 위해 미국의 도움을 바란다. 왜냐하면 한국인들은 자신들을 둘러싼 대국들과 맞설 각오를 하고 있고, 세계무대에서 존중받고 보다 확신에 찬 능력을 지닌 보다 동등한 동반자로서 취급되기를 원한다. 한국은 세계에서 유일하고 진정한 슈퍼

파워와 특별한 관계special relationship를 맺고 있는 것에 대해 자랑할 수 있고, 자랑하고 있다.

(5) 마지막으로 우리는 한국이 베트남에서 우리와 함께했고, 이라크와 아프가니스탄에서 우리를 도운 데 감사하고 있지만, 우리 의회는 국제적으로 능력 이상의 역할을 하고, 지역적으로 우리의 의제를 지원하며, 앞으로 나서서 보다 많은 부담을 나누는 우방에게 더 우호적인 인상을 받을 것이라는 점을 상기시켜줘야 한다.

미 대사관은 이처럼 한미동맹과 미군의 한국 주둔을 통해 한국이 얻는 이익을 제시하고 있으나 (1)번을 제외하고는 모두 미국의 입장에 불과하다. 예를 들어 (2)번의 경우 중국에 대한 미국의 억지력이 왜 한국의 이익이 되는지 알 수 없다. (3)번에서는 한국이 한반도 통일과 그 과정을 관리할 능력이 없다는 가정 아래 미국이 한국의 통일 과정에 반드시 개입하겠다는 의지가 드러난다.

(4)번에선 미국이 한국에 자국산 무기를 파는 것을 마치 일종의 시혜처럼 여기고 있음을 알 수 있다. 한국이 미국산 무기로 무장하는 것이 한미동맹으로 인해 한국이 얻을 수 있는 이익이라고 생각하는 미국의 사고방식에 아연실색하지 않을 수 없다. 이어서, 앞서 언급한 바 있듯이 한국이 초강대국인 자신들과 특별한 관계를 맺고 있으니 한국인들은 그것을 자랑스러워해야 한다는 미국의 입장을 도대체 어떻게 받아들여야 할까?

(5)번은, 이것이 왜 한미동맹으로 한국이 얻을 수 있는 이익 중 하나에 포함돼 있는지조차 알 수가 없다. 이 내용은 사실상 한국이 미국을 위해

더 많이 기여해야 한다고 협박을 하겠다는 것이나 마찬가지다. 한국이 능력 이상으로 미국을 위해 국제적 기여를 해야 미국 의회가 한국 문제를 잘 봐주겠다는 뜻이니 말이다.

캠프 데이비드에서 관철된 「2020 비전」

지금까지 주한 미 대사관 버전으로 한국이 한미동맹으로 얻을 수 이익이 뭔지를 살펴봤다. 모두 종합해봤을 때 한국이 얻을 수 있다는 이익이 미국의 이익에 비해 훨씬 적다는 느낌을 지울 수가 없다. 이 보고서는 마지막 논평 부분에서 2008년 4월 이명박 대통령과 부시 미 대통령의 첫 정상회담 때 도출해낼 수 있는 미국측 의제들을 다음과 같이 정리해놓았다.

주한 미국 대사관은 '이명박 당선자에 개입하기 위한 정부 부처간 게임플랜 the inter-agency Game Plan'을 전폭적으로 지지하면서, 이명박 대통령과 부시 대통령의 첫 정상회담에서 의제로 추구해야 할 핵심 요소들을 다음과 같이 제안한다.

- 글로벌 동반자 관계에 기초한, 변화된 한미동맹에 헌신하겠다는 두 정상의 공동선언
- 새 전략적 동반자 관계의 임무를 규정하는 새로운 '비전 연구' 발족
- 미군기지 이전 및 전시작전통제권 이양을 일정에 따라 추진한다는 확고한 약속 표명
- 인건비 제외 주둔비용 분담비율을 50대50으로 하는 5년 유효 방위비분담 협상 약속

●한반도에서의 미군 감축 중단과 한국 방위에 대한 우리의 강력한 약속 재
  확인—당초 2만5000명 수준으로 감축한다는 계획에서 현재의 2만8500명
  수준으로 동결

　실제 이 항목들은 2008년 4월 19일 캠프 데이비드에서 개최된 이명박
대통령과 부시 대통령의 첫 한미 정상회담의 합의 내용에 상당수 그대
로 반영돼 나온다. '21세기 전략 동맹 구축 선언'이나 '미군 규모 현 수준
유지' 등이 그것이다. 다음은 정상회담 다음날 한국 일간지들의 1면 머
리기사 제목이다.
　「한·미 '전략 동맹' 구축 합의」(경향신문)
　「"한·미 전략적 동맹관계로 발전"」(국민일보)
　「"주한미군 현수준 유지… 전략동맹 구축"」(동아일보)
　「한·미 '21세기 전략동맹' 구축 합의」(서울신문)
　「한·미 21세기 전략동맹 구축 합의」(세계일보)
　「군사동맹 넘어 '글로벌 파트너'로」(조선일보)
　「부시 "의회에 한·미 FTA 비준 압력" MB "미국, 북핵 적당히 안 넘길
것"」(중앙일보)
　「'전략적 동맹' 합의… 지불할 비용 많다」(한겨레)
　「FTA 연내 비준·주한미군 현 유지"」(한국일보)
　이명박정부가 출범도 하기 전인 2008년 1월 9일자 보고서에 담긴 내
용이 3개월 후의 한미 정상회담에 사실상 그대로 전부 반영된 것이다.
또한 5년간 유효한 방위비분담협정도 당시 정상회담 합의 내용엔 들어
가지 않았지만 결국 2008년 말 열린 한미 간의 협상에서 미국의 뜻대로

관철된다. 그리고 이 「2020 비전」 보고서의 마지막 단락에는 이런 대목이 있다.

우리 군사력의 (한국—인용자) 주둔은 한국인들에게 반드시 적절한 것으로 보여야 한다. 우리 한미동맹의 임무는 지금도, 앞으로도 반드시 양국의 이익에 공히 봉사하는 것으로 보여야 한다.

제2장
기만

01
아프간 5억 달러의 비밀

느닷없는 5억 달러 지원 발표

2011년 4월 15일, 외교통상부는 1쪽짜리 보도자료를 냈다. 한국이 2011년부터 5년간 아프가니스탄에 매년 1억 달러씩 모두 5억 달러를 지원한다는 내용이었다. 하루 전 베를린에서 개최된 국제안보지원군ISAF 지원국 회의에서 우리 정부 대표가 이 같은 사실을 발표했다고 밝혔다. 그러면서 이번 지원 결정으로 우리가 아프간의 평화구축 및 재건에 기여하고, G20 개최 등으로 격상된 국제적 위상을 더욱 높여나갈 수 있을 것이라고 덧붙였다. 6000억 원 가까운 나랏돈이 들어가는 결정이지만 그전까지는 관련 논의 한 번 없었던, 그야말로 느닷없는 발표가 아닐 수 없었다.

이때 대다수 언론은 외교부 발표를 그대로 보도했으나 일부 언론은 미국에 너무 따라가는 게 아니냐며 지원 배경에 의문을 제기했다. 사실 그 의문은 위키리크스가 공개한 미국 외교전문 중 하나에서 비롯됐다. 2009년 8월 6일 미 대사관이 한국 방문을 앞둔 미국 하원 외교위원장 하워드 버만 앞으로 보낸 한국 정세보고서에는 이런 내용이 담겨 있었다.

> 한국 정부는 아프간에 구급차, 오토바이, 경찰 교관 지원과 바그람 기지에
> 새 병원 및 직업훈련센터 건립을 포함해 많은 지원과 교육 훈련을 추가로
> 제공할 계획을 세우고 있다. **하지만 우리는 한국으로부터 훨씬 더 많은 것
> 들을 필요로 한다. 특히 아프간군을 위한 재정 지원이 필요한데, 우리는 한
> 국 정부에 5년간 연 1억 달러를 요청했다. 이것은 한국 정부에 대한 우리의
> 기본적인 요구다.** 한국 정부는 또한 지방재건팀PRT을 아프간에 보낼 예정
> 이다. 우리는 이를 환영하지만, 한국의 지방재건팀에 자체 경비 부대가 포
> 함돼야 한다고 요구했다. ISR(정보·감시·정찰) 부대 등 군 자원이 포함된
> PRT 파견은 한국 국회 동의가 있어야 하는데, 쉽지는 않겠지만 이명박 대
> 통령이 극복하지 못할 정치적 문제는 아니다.(강조는 인용자)

이 전문대로라면 미국은 적어도 2009년 8월 이전부터 한국 정부에 아
프간군 지원 비용으로 5억 달러를 요구해온 것이다. 지원 기간이나 금
액도 2011년 4월의 외교부 발표와 정확하게 일치한다. 외교통상부는
2010년 11월 위키리크스가 이 전문을 공개했을 당시만 해도 "아프간 재
정지원에 대해 아는 바 없다"고 했고, 전문 내용의 사실 관계에 대한 확
인도 거부했었다. 하지만 결국 이 전문이 작성된 시점으로부터 1년 8개
월여 뒤 외교부는 이 전문 내용과 똑같은 지원 계획을 발표한 것이다.
이 때문에 일부 언론들은 우리 정부가 미국이 시키는 대로 아프간 지원
결정을 한 것이 아니냐는 의구심을 나타냈다.

『조선일보』마저 "대對아프간 지원 발표에 앞서 미국이 5억 달러를 요

정부 '아프간 재건' 5억달러 추가 지원

5년간 1억달러씩… 美 요구 모두 수용 논란

정부가 아프가니스탄 재건을 위해 5억달러(약 6000억원)를 더 지원하기로 했다. 2009년에 파병과 5년간 1억달러씩 추가지원을 해달라는 미국 측 요구를 정부가 단계적으로 모두 수용한 것이다. 지난해 정부가 한·미 자유무역협정(FTA) 재협상과 이란 제재를 수용할 때 제기된 '한·미동맹의 값비싼 청구서'를 아프간에서 다시 지불했다는 논란이 일고 있다.

김재신 외교통상부 차관보는 14일 오후(현지시간) 독일 베를린에서 열린 국제안보지원군(ISAF) 지원국 외교장관 회의에서 아프간 안정을 위한 국제사회의 노력에 동참하기 위해 향후 5년간 5억달러의 지원금을 더 내기로 했다고 발표했다. 정부 당국자는 "한국은 국제협력단(KOICA)을 통해 아프간에 1억8000만달러 정도 지원해왔고, 지방재건팀(PRT)을 운영 중"이라며 "지원 규모가 국제사회 주요국에 비해 많이 떨어지는 편이어서 더 내기로 했다"고 설명했다. 정부는 5억달러를 올해는 국제기구 분담금에서 내고, 내년부터 공적개발원조(ODA) 예산에 편성할 예정이다.

5억달러는 미국이 정부에 요구한 것으로 알려진 액수와 동일하다. 지난해 11월 공개된 위키리크스의 주한 미대사관발 외교전문(2009년 8월)에는 "한국 정부가 병원·훈련센터 건립, 구급차 등을 포함한 더 많은 지원을 아프간에 제공할 계획이지만 우리(미국)는 더 많은 것을 필요로 한다. 특히 아프간군에 대한 재정 지원을 위해 5년간 매년 1억달러를 지원할 것을 요청했다"고 돼 있다. 이에 한국 측은 "PRT 지원을 계속 고려하고 있다"고 답했다"고 기록돼 있다. 결국 미국 측 요구가 있은 지 1년 뒤인 지난해 6월 정부는 PRT 경호를 위한 오쉬노 부대를 파병했고, 이번에 5억달러를 지원키로 해 미국의 요구를 다 들어주게 됐다.   손제민 기자

한국 정부는 미국의 요청과 정확히 같은 액수의 아프간 지원을 결정했다. 미국이 수년 전 결정한 일을 그대로 따라가는 한국의 현실이다. (경향신문 2011년 4월 15일자)

청했다는 문서가 공개된 이상, 외교부는 다른 전략을 구상했어야 했다. 우리가 아무리 선의로 아프간을 돕는다고 해도 미국의 요청과 똑같은 금액을 지원키로 한 것은 오해를 받을 만했다"(2011.11.3.)라며 외교통상부를 질타했다. 이미 노출된 미국의 요구 그대로 아프간을 지원하겠다고 발표한 외교부의 눈치 없음을 개탄한 것이다.

하지만 사정을 알고 보면 외교통상부의 행동을 전혀 이해할 수 없는 것은 아니다. 위키리크스가 문제의 전문을 공개했을 때 외교부는 그에 대해 아는 바가 없다고 했지만, 필자가 직접 확인한 결과 MB정부는 이미 그 당시 아프간에 5년간 5억 달러의 지원을 약속한 상태였다. 외교부 입장에서는 위키리크스 때문에 이미 약속해버린 지원 계획을 변경할 처지가 못 되었던 셈이다. 어쨌든 MB정부는 미국 전문이 공개됐을 때는 물론이고, 지원 계획을 발표할 때까지 입을 꾹 다물고 있었다. 당연히 국회와 예산 협의도 없이 발표가 됐고, 이 때문에 2011년 지원금에는 이미 편성된 국제기구 분담금 등을 전용하는 편법이 동원됐다고 한다.

아프간 평화 구축과 재건에 기여하고 우리의 국제적 위상을 높이는

훌륭한 일이라면 왜 이렇게 뭔가 떳떳하지 못한 모양새로 일을 진행했을까? 과연 우리 정부는 언제 미국으로부터 5억 달러 지원 요구를 받았고, 언제 지원하겠다고 미국에 약속한 것일까?

미, "한국은 아프간으로 복귀하라"

위키리크스가 공개한 미 대사관 전문 1980건 중 '아프간Afghan'이 한 번이라도 언급된 전문은 모두 281건으로 검색된다. 무려 전체의 14%에 해당하는 양이다. 시기별로 보면 2006~2007년 2년간 60건, 2008~2010년 2월까지 221건이다. 한미 간 현안 가운데서는 비교적 언론에 노출되는 비중이 낮았던 아프간 문제가 외교전문에는 이렇게 높은 빈도로 다뤄졌다는 것은 다소 의외이다. 이는 한미 양국이 아프간 관련 이슈를 주로 수면 아래에서 논의했다는 반증일 것이다. 특이한 것은 아프간 인질 사태가 발생한 참여정부 시기보다 MB정부 출범 이후에 생산된 전문이 4배 가까이 많다는 점인데, 그 이유는 미국이 MB정부 출범 이후 집중적으로 아프간에 대한 지원을 요구하고 나섰기 때문일 것이다.

필자가 '아프간'이 언급된 전문을 차례로 검색한 결과, 미국의 5억 달러 지원 요구는 앞서 언급한 2009년 8월 6일자 전문에 처음 나타난 것이 아니라 이보다 훨씬 앞선 2008년 9월에 이미 제기된 것으로 확인됐다. MB정부 출범 초기부터 이 문제가 언급된 것이다.

미 대사관이 2008년 10월 2일 본국에 보낸 2급비밀 전문은 미국측이 한국에 아프간군 지원금으로 5억 달러를 요구한 과정을 상세히 기술하고 있다. 「아프간군 확충과 관련한 명확한 요구를 한국에 전달CLARIFIED REQUEST FOR AFGHAN NATIONAL ARMY EXPANSION DELIVERED TO REPUBLIC

OF KOREA」이라는 제목의 전문에 따르면, 2008년 9월 30일 미 대사관 정무담당관이 외교통상부 한미안보협력과의 일등서기관을 만나 미 국무부의 아프간 관련 지원요청서를 전달하고 관련 내용을 설명한 것으로 돼 있다.(국무부의 지원요청서는 이 전문에 '참조문서A REF: A. STATE 97592'와 '참조문서B REF: B. STATE 103482'로 표시돼 있으나, 아쉽게도 위키리크스가 공개한 파일에는 포함돼 있지 않다.)

정무담당관은 김 서기관에게 미국은 한국 정부가 아프간군 확충을 위해 추가로 5억 달러(2010년부터 2014년까지 매년에 1억 달러씩)를 제공해주기를 요청한다고 전했다. 김 서기관은 수정된 금액을 태연하게 받아들였다. 왜냐하면 우리가 미리 미국이 요청할 지원 금액을 분명하게 알려줬기 때문이다. 정무담당관은 이것이 이전의 요청을 대체한 것이 아니라 이전 요청과 결부된 것임을 강조했다.
(미국의 요청과 관련해—인용자) 한국 정부의 부처간 협의 결정이 언제 어떻게 내려질 것이냐는 질문에 김 서기관은 외교통상부가 이 건을 주도하겠지만 한국 정부의 결정에 따라 바뀔 수도 있다고 했다. 그는 추진 일정에 대해선 대답하지 않았지만 한국 국회의 예산동의 절차가 험난할 것이라고 말했다.

미국이 이날 국무부 공문을 통해 5억 달러를 공식 요청하기에 앞서 이미 요구 금액을 한국측에 알려줬다는 사실도 이 전문을 통해 확인할 수 있다. 한미동맹 강화를 빌미로 미국의 파상적인 요구가 시작된 것이다. 5억 달러 요구 시점도 주목할 만하다. 이명박 대통령이 2008년 여름 촛불정국의 정치적 위기에서 서서히 벗어나 운신의 폭을 넓혀가기 시작하고, 8월에 부시 대통령이 서울을 방문한 직후였으니 말이다.

사실 미국이 이명박정부를 상대로 아프간 지원 의사를 타진하기 시작한 것은 낭선자 시절로 거슬러 올라간다. 17대 대선에서 이명박 후보가 당선되고 일주일 뒤인 2007년 12월 26일자 미 대사관 전문에 따르면, 당시 버시바우 대사는 이명박 캠프의 외교라인 핵심인물들을 만나 "4·9 총선이 끝나면 한국이 다시 아프가니스탄에서의 역할 확대를 검토할 수 있을 것이며, 탈레반을 통제하기 위해 나토와 밀접하게 일할 수 있을 것"이라고 운을 뗀다. 이에 대해 참석자 중 한 사람인 한나라당 박진 의원은 "2007년 8월 아프간 인질 위기의 트라우마에도 불구하고 한국은 여전히 테러와의 전쟁에서 역할을 하는 데 헌신하겠다"라고 답했다. 당시는 아프간 인질사태 여파로 군 병력을 비롯해 아프간 주둔 한국인들이 다 철수한 상태였다. 버시바우 대사가 4·9 총선 이후를 언급한 것은, 총선에서 한나라당이 다수 의석을 차지할 경우 군대와 재정 분야 지원에 대한 국회의 승인이 용이해질 것이라고 봤기 때문이다.

사실 아프간 지원 요구는 앞에서 봤듯이 MB정권에 대해 미국이 설정한 단기 우선순위 목표(이라크 자이툰 부대 파병 연장, FTA 비준, 쇠고기 시장 개방 등)에는 포함돼 있지 않았다. 아프간 인질사태가 해결된 지 몇 달 지나지 않은 상황이었고, 한나라당이 정권은 가져왔지만 국회는 여전히 민주당이 장악하고 있었기 때문이다.

그러나 미국은 내부적으로는 인수위 시절부터 이미 MB정부에 요청할 요구 목록에 한국군의 아프간 재파병까지 올려놓고 있었다. 이 같은 사실은 한미동맹 관련 정책보고서 「2020 비전」에 잘 나타나 있다. 앞서

봤듯 이 보고서는 한미동맹의 임무를 글로벌 차원으로 확대시켜 MB정
부가 아프간에 지방재건팀PRT을 보내고, 나아가 전투병까지 파병할 수
있도록 만들어야 한다고 밝히고 있다. 또 미 대사관이 2008년 3월 25일
라이스 국무장관에게 보낸 전문은, 한국 관련 우선순위 목록의 맨 위에
"훈련 및 장비 지원을 위한 한국군의 아프간 파병, 자이툰 부대 주둔 연
장" 등을 올려놓았었다.

미국은 이런 기조 아래 이명박정부 출범 초기부터 아프간과 관련해
이런저런 요구를 하기 시작한다. 이어 4월 8일 버시바우 대사는 김병국
청와대 외교안보수석을 만나 "한국 정부가 아프간에 대한 기여를 확실
하게 결정하는 것이 아직 너무 이를지는 모르지만, 만약 이명박 대통령
이 그런 문제들을 실제 검토하고 있다는 신호를 부시 대통령에게 줄 수
있다면 아마 (정상회담에─인용자) 도움이 될 것"이라고 말했다. 4월 19일
로 예정된 정상회담과 아프간 지원을 슬쩍 연계한 것이다.

또 같은 해 7월 18일자 전문은 미 대사관 관계자가 외교통상부 당국
자를 만나 한국의 아프간 지원 현황과 향후 계획을 브리핑받고 미국의
입장을 전달하는 과정을 상세히 기술하고 있다. 아프간 지원 문제가 한
미 간에 어떤 논의 구조로 진행되었는지를 잘 보여주는 자료이다.

한국에 대한 압박에는 미 대사관뿐만 아니라 미 국방부도 틈만 나면
나섰다. 2008년 9월 10일 서울에서 열린 제19차 한미안보정책구상회의
SECURITY POLICY INITIATIVE MEETING, SPI*에서, 미 국방부 부차관보 데이

비드 세드니는 한국측 대표인 전제국 국방부 국방정책실장 등을 앞에 두고 "한국은 아프가니스탄에 돌아가야 한다it is so important for the ROK to 'come back to Afghanistan'"라며 장광설을 늘어놓았다. 이날 회의 내용을 담은 2008년 9월 17일자 미 대사관 전문은 세드니가 한국측에 한국 정부가 최대한 빨리 관련 기관 합동실사단을 아프간에 보낼 것과 아프간에 병력과 경찰 교관, 군 장비를 지원할 것을 검토해달라고 촉구했다고 전했다. 그는 한국이 탈레반의 위협 때문에 현지에 훈련 교관 등을 보내지 않는다면 그것은 탈레반에 굴복하는 것이고, 우리 모두가 테러와의 전쟁에 지는 길이라며 한국측을 몰아세웠다. 세드니는 또한 얼마 전 프랑스의 사르코지 대통령이 아프간에 날아가 테러리스트가 승리하는 것을 결코 좌시할 수 없다고 선언한 것을 예로 들면서 한국 정부도 비슷한 성명을 발표해야 한다고 촉구했다. 이에 대해 전 실장은 "고려해보겠다"고만 답했다고 한다.

이처럼 미국의 아프간 지원 요구는 점차 강도를 더해갔고, 품목도 다양해져갔다. 그리고 2008년 9월 30일 마침내 미국의 요구 목록에 5억 달러가 추가된 것이다.

미국 국무부의 채권 장부

아프간군 재정지원 명목으로 5억 달러 요구가 공식화된 이후, 이 돈은 사실상 한국이 지불해야 할 미국의 채권이 돼버렸다. 그리고 미국측은 기회가 있을 때마다 한국측에 이 돈을 요구했다. 우리 정부는 미국의 요구를 거부하지도 못하고, 그렇다고 떳떳하게 국무회의나 국회 같은 곳에서 이 문제를 공론화시키지도 못한 채 어정쩡한 태도로 일관했다.

2009년 3월 2일 서울에서 열린 제21차 한미안보정책구상회의에서도 비슷한 풍경이 되풀이됐다. 이 회의는 당시 미 국방부 아프간 담당 관리가 참석한다는 사실이 알려져 언론의 관심을 끌었다. 이와 관련한 연합뉴스(2009.3.2.)의 기사다.

정부의 한 소식통은 이날 "이번 SPI회의에 미국 국방부에서 아프간 관련 업무를 전담하고 있는 관리가 참석한 것으로 안다"면서 "아프간 업무 담당자가 서울에서 열린 SPI회의에 참석한 것은 이례적인 일"이라고 밝혔다. 소식통은 "한미가 이번 회의 내용을 공개하지 않기로 합의함에 따라 이 관리가 어떠한 얘기를 했는지는 알 수 없지만 현재 아프간에서 벌어지는 상황과 미군 추가 파병 등에 대한 설명이 있었을 것으로 관측된다"고 말했다.

우리 언론에 알려진 것은 이게 전부다. 하지만 위키리크스가 공개한 2009년 3월 20일자 미 대사관 전문은 이 회의 내용을 상세하게 알려준다. 「제21차 안보정책구상회의21ST SECURITY POLICY INITIATIVE MEETING」라는 제목의 이 2급비밀 전문은, 이 회의에 미 국방장관실 아프간 담당 국장 에이코진 레인이 참석해 아프간 상황을 설명하고, 아프간에 ISR, 즉 정보intelligence · 감시Surverillance · 정찰Reconnaissance 부대와 인프라 건설, 전력 지원, 군과 경찰 장비 지원, 전투부대 증강 등의 지원이 필요하다고 강조했다고 전한다. 결국 그러한 지원을 한국에 촉구하기 위해 아프간 담당 국장이 온 것이다.

전문에 따르면, 이 자리에서 외교통상부 이백순 부국장이 한국 정부가 최근 구급차 100대, 오토바이 300대 지원, 경찰 및 소방 인력 파견, 각종 건설 프로젝트 등 아프간에 대한 추가 지원 방안을 확정했다고 밝혔다. 이에 대해 미국측 대표인 국방부 부차관보 세드니는 이렇게 말했다.

> 미국은 한국이 제공하고 있는 현재의 기여에 감사하게 생각한다. 그러나 한국 정부는 대규모의, 즉각적인 기여를 고려해주길 바란다. 한국이 5년간 매년 1억 달러씩을 내면 아프간 군대 유지 문제를 크게 개선할 수 있을 것이다.

한국은 어느덧 꼼짝없이 미국에 5억 달러를 갚아야 할 빚쟁이가 되고 만 것이다. 그리고 이 5억 달러는 실제로 미국 국무부의 채권 장부에 등재된다.

서울의 SPI 회의에서 세드니 부차관보가 빚 독촉을 한 후 일주일 뒤인 3월 27일, 오바마 대통령은 아프간 병력 증파, 민간 지원 확대, 동맹국들의 기여 확대 등을 골자로 한 '새 아프간 전략'을 발표한다. 이에 따라 우리 언론들은 한국도 파병이나 분담금 요구를 받을 가능성이 커졌다고 우려를 표명했다.(물론 지금까지 살펴봤듯이 한국 정부는 당시에 이미 미국의 각종 요구에 시달리고 있었다.)

미 국무부는 오바마의 새 아프간 전략 발표와 함께 이전까지 국가별로 전개하던 '수금 전략'을 전지구적 통합 시스템으로 전환해 종합적으로 관리하기 시작했다. 2009년 4월 1일 미 국무부가 「아프간 특별기여 요청REQUESTING SPECIFIC CONTRIBUTIONS TO AFGHANISTAN」이라는 제목으로 전세계의 미국 해외공관에 타전한 2급비밀 전문은 미국이 이른바 '동맹국가'들 앞으로 보낸 사실상의 '채권 목록'이었다.

이 전문은 모두 61개국에 대한 아프간군 신탁기금 할당액과 군사 및 민간 차원의 지원 요구 내역을 일목요연하게 적어놓고 있다. A4용지로 환산하면 40쪽 가까운 방대한 분량이다. 이 전문은 서두에서, 오바마 대통령이 3월 27일 발표했듯이 미국 정부는 '아프간-파키스탄 전략 검토Afghanistan-Pakistan Strategic Review'를 마무리지었으며, 이 새로운 전략은 추가적인 민간 및 군 자원을 필요로 한다고 천명했다. 미 국무부는 이 전문을 보낸 각 해외 공관에 국가별 할당 내역에 대한 주재국의 반응을 확인해 4월 10일까지 그 결과를 보고하도록 지시했다.

전문은 먼저 영국, 프랑스 등 '상위 10개국Top10' 국가들의 아프간 할당 내역을 나라별로 열거한 뒤, '일반 국가All Others'로 분류된 51개국의 할당 내역을 알파벳순으로 정리했다. '일반 국가'군에 포함된 우리나라의 할당 내역은 이러했다.

- 아프간군 신탁기금Afghan National Army Trust Fund에 매년 1억 달러씩 5년간 지원
- 차량(오토바이 300대, 구급차 100대, 여유 부품, 사용설명서, 훈련) 지원 및 경찰 장비(헬멧, 보호 장구 등) 지원
- 직업훈련을 위한 민간 및 기술 전문가 파견
- 경찰훈련 교관 지원
- 군사 교관 지원
- 정보자원(중고도무인항공기, 정보분석관)
- 아프간의 2009년, 2010년 선거를 위해 유엔개발계획에 50만 달러 증액 지원, 선거 치안 유지 제공

우리에게 할당된 지원 내역은 다른 나라에 비해 어느 정도일까? '일반 국가'로 분류된 51개국 중에서 아프간군 신탁기금에 5억 달러를 할당받은 국가는 우리가 유일하다. GDP 규모가 우리보다 큰 브라질은 500만 달러다. 그런데도 우리가 100배나 더 많은 지원금을 내야 하는 것이다. 당초 미국의 이른바 '테러와의 전쟁'에 비우호적이었던 중국이나 러시아도 이 지원국가 명단에는 들어가 있으나 분담금이나 인적 및 물적 지원은 아예 할당돼 있지 않다. 오바마의 '새 아프간 전략'에 따라 많은 분담금을 낼 것으로 예상되던 중동의 친미 국가 중 대표적인 산유 부국인 사우디아라비아의 몫도 2억 달러로 우리의 절반 이하다.

그렇다면 이 전문에 '톱10'으로 분류된 나라들은 어떨까? 이 상위 10개국은 일본과 호주를 제외하고 모두 나토 국가들이다. 영국, 독일, 프랑스, 캐나다, 이탈리아 등 5개국의 할당액은 5억 달러로 우리와 똑같다. 그러나 네덜란드는 1억 달러, 스페인은 2억5000만 달러, 터키는 2억 달러, 호주는 4억2500만 달러로 모두 우리 몫보다 적다.

우리는 미 국무부의 채권 장부에서 상위 10위 국가에 끼지도 못하면서 이들보다 더 많은 돈을 할당받은 것이다. 시쳇말로 '글로벌 호구'가 따로 없는 셈이다. 우리보다 아프간 지원금을 더 많이 할당받은 나라는 10억 달러로 1위를 차지한 일본이 유일하다. 일본은 그나마 '톱10'에라도 끼어 있다.

미 대사관은 각 나라별 할당 내역에 대한 주재국의 반응을 확인해서 보고하라는 지시에 따라 외교통상부 당국자들을 접촉해 모두 7가지 요구사항에 대한 한국의 입장을 물었다. 미 대사관이 4월 10일 국무부에 보낸 2급비밀 전문에 그 결과가 담겨 있다. 내용은 5억 달러 지원 여부는 아직 미정, 장비 지원은 확정, 직업훈련시설 확충과 직업훈련 인력, 경찰 교관 등의 파견은 확정, 정보자원 지원은 미정 등이었다. 또한 미 대사관 정치참사관이 외교통상부 관계자들을 상대로 한국의 아프간군 신탁기금 기여와 정보자원 지원이 6월 16일로 예정된 이명박-오바마 정 상회담에 긍정적인 일이 될 것이라고 압박했다고 한다. 이에 대해 우리 외교부 당국자는 정상회담 전까지 상황을 면밀하게 조사하겠지만, 언론 과 국회를 상대하는 일은 한국 정부에게 잠재적인 위험이 된다고 말했 다. MB정부는 5억 달러 지원과 ISR 자원 및 운용인력 지원 요구에 대해 서 이러지도 저러지도 못하며 눈치만 계속 보고 있었던 것이다.

한국에 돈이라도 많이 받아내자?

한국 정부의 어정쩡한 태도가 계속되자 미국측은 한국에 대한 압박 전략을 바꾸기 시작했다. 2009년 4월 14일 미 대사 스티븐스가 이틀 뒤 한국을 방문할 예정인 미 국무부 아프간·파키스탄 특별대사 리처드 홀 부르크에게 보낸 정세보고서는 그런 변화를 잘 보여준다. 여기서 스티 븐스 대사는 한국이 지금까지 아프간에 각종 운송장비와 직업훈련시설 등을 지원했고, 현금도 8600만 달러를 제공했으나 아프간군 신탁기금 5억 달러와 ISR 부대 파견 요구에 대해서는 아직 반응을 보이지 않아 기 대치를 충족시키지 못하고 있다고 평가했다.

이어 스티븐스 대사는 전문 말미의 논평을 통해 무인항공기UAV 정찰 부대를 포함한 한국군 파병은 한국인들의 정서를 감안할 때 당장은 어 려운 과제라고 밝히고, 오히려 재정지원 요구에 집중하는 것이 현실적 인 목표라고 제안했다.

우리는 한국에 진정으로 무엇을 원하고 기대하는지 명확하게 할 필요가 있다. 아프간에 한국군을 보내는 것이 얼마나 중요한가? 최근 워싱턴과의 논의 결과 만약 한국군이 자체 경비 병력과 물류, 운송 지원 수단 등을 확보하지 않을 경우, 우리에게 한국군의 아프간 참여가 그렇게 간절한 것은 아니라는 것이 확인됐다. 상황이 그렇다면 특사(홀부르크)께서는 이명박 대통령과 유명환 장관에게 미국 정부는 한국군 파병보다는 보다 많은 재정과 기타 지원을 기대한다는 점을 명확하게 해야 한다. 그들에겐 그것이 정치적으로 더 쉬울 것이다.

4월 16일 한국에 온 홀부르크 특사는 이명박 대통령과 유명환 장관, 김성환 외교안보수석 등을 만나 오바마 대통령의 '새 아프간 전략'을 설명하고 협조를 당부한다. 4월 20일자 미 대사관 전문에 따르면, 홀부르크는 이 대통령과 만난 자리에서 "미국 정부는 한국이 아프간에 병력을 보내기를 요구하는 것은 아니다. 대신에 아프간과 파키스탄에 보다 많은 경제적 지원을 해줄 것을 원한다. 특히 한국이 아프간군 신탁기금에 기여한다면 크게 도움이 될 것이다"라고 말했다. 미국이 사실상 이명박 대통령에게까지 5억 달러를 어서 지급해달라고 독촉한 것이다.

이로부터 약 5개월 후인 9월 24일, 스티븐스 대사가 국무부 부장관 스타인버그에게 보낸 정세보고서에 마침내 한국 정부가 5억 달러 지원을 약속했다는 문장이 등장한다.

청와대는 글로벌 안보 이슈에 대한 한미 간 협력을 확충해 나가기를 열망하고 있다. (…) 한국 정부는 또한 아프간군을 위한 재정 지원으로 5억 달러

지원을 약속했다.(5년간 한 해에 1억 달러)

다시 석 달 뒤인 12월 30일 스티븐스 대사와 만난 유명환 장관은 1차분 1억 달러에 대한 예산도 확보했다고 미국측에 통보했다.

유명환 장관은 2010년 2월 아프간 지방재건팀 법안이 국회를 통과한 뒤에 아프간에 대한 1억 달러 지원을 발표하는 방안을 계획하고 있다고 말했다.(이것은 5년간 총 5억 달러 기여 금액의 1차분인데, 유 장관은 한 번에 전체 금액을 다 발표할지 여부는 특별히 언급하지 않았다.) 유 장관은 이번 1억 달러에 대해서는 이미 재경부 장관과의 협의를 통해 '특별예산special budget'으로 마련해뒀다고 했다.

재경부와 논의해 특별예산으로 아프간 분담금을 마련했다는 것이다. MB정부는 5억 달러 지원 문제를 1년 넘게 질질 끌다가 결국 돈을 다 내겠다고 미국측에 약속해줬지만 이를 통해 아프간 파병을 막지도 못했다. 우리 정부는 결국 2009년 말 민간인 100여 명과 경찰 40여 명으로 구성된 PRT와 특전사 및 해병대원 320여 명으로 구성된 경호부대를 아프간에 보내는 안을 확정하고, 파병동의안을 의결할 수밖에 없었다. 유명환 장관은 파병동의안이 국회에서 통과하면 그 이후 5억 달러 지원계획을 발표하겠다고 말했지만, 실제로는 1년이 미뤄져 2011년 4월에야 계획이 실행됐다.

위키리크스가 공개한 미국 외교전문은 2010년 2월까지 작성된 문건들이어서 그 이후 이 문제와 관련해 한미 간에 어떤 추가 논의가 있었는지는 더 이상 알 수 없다. 다만 미국의 5억 달러 요구가 결국 현실화되기까지 2년 6개월 동안, 이 문제가 단 한 번도 우리 국민이나 언론의 시야에 제대로 노출된 적이 없었다는 사실은 한미 간의 수많은 현안들이 주권자인 국민들 모르게 은밀히 진행되고 있다는 것을 적나라하게 보여준다. 또한 미국의 요구가 끝내 관철되는 과정은 한미동맹에서 우리가 처한 위치가 어떠한지를 그대로 드러내고 있다.

02 한미의 언론 피하기 '꼼수'

국무부가 극찬한 주미 대사관의 전문

2009년 4월 22일, 미 국무부 정보조사국INR은 주한 미 대사관의 노고를 치하하고, 후속조치를 요청하는 2급비밀 전문을 하나 보냈다. 미 대사관이 보낸 한 전문이 매우 훌륭했다는 내용이었다.

워싱턴의 분석가(국무부 정보분석관들을 지칭—인용자)들은 그 보고서를 흥미롭게 읽었다. 보고서는 한국이 고려하고 있는 아프간 지원의 수준과 한국 정부가 국내 언론을 상대로 아프간 지원 문제를 어떻게 규정짓고 있는가에 대해 탁월한 통찰을 제공했다. 미국의 고위 정책결정자들은 이 문제에 지대한 관심을 표명했다. 그리고 워싱턴의 분석가들은 정책결정자들의 관심을 충족시킬 수 있는 보고서를 쓸 예정이다. (…) 시간과 자원이 허용된다면, 그리고 일상 업무의 범위 안에서, 아프간에 대해 고려되고 있는 여러 수준의 지원이 국회를 통과할 전망들과 관련해 더 많은 정보를 제공해주기 바란다. 그리고 회의적인 한국의 대중들을 상대로 아프간 지원 문제를 홍보하는 한국 관리들의 노력을 미국의 정책결정자들이 돕는 것에 대해 한 국 관리들이 어떻게 평가할지도 알려주길 바란다.

미 대사관의 전문이 과연 어떤 내용을 담고 있었기에 국무부가 그 것을 치하하는 답신까지 보냈을까? 미 국무부가 언급한 전문「한국 정부, 미디어 문제에도 불구하고 아프간 지원 계획ROK PLANS AID TO AFGHANISTAN DESPITE MEDIA COMPLICATIONS」은 2008년 12월 18일 미 대 사관의 조지프 윤 부대사가 외교통상부 장호진 북미국장을 만나 한국 정부의 아프가니스탄 지원 문제에 대해 논의한 내용을 기록한 것이다. 그 내용은 정보조사국의 평가와는 또 다른 차원에서 우리 한국 국민들 에게도 하나의 통찰을 제공해준다.

외교통상부 장호진 국장은 아프가니스탄에 추가적으로 지원할 계획이 한 국 정부에 있다고 말했다. 그러나 한국 정부는 언론에 그러한 계획들과 관 련된 논의를 공개하기 원하지 않는다고 말했다. 장 국장은 최근 한미안보 정책구상SPI 회의가 끝난 후 워싱턴에서 미 국방부가 행한 언론 브리핑이 한국 언론의 관심을 촉발시켰다고 말했다. 왜냐하면 한국의 특파원들이 아 프간 지원과 관련해서 미 국방부가 한국 정부에 실망한 것처럼 해석했기 때 문이다. 이것은 또한 한국 정부의 지원을 요구하는 미국 정부의 압력으로 간주됐다고 했다.

전문에 따르면, 한국 정부는 아프간 추가지원 계획이 있지만 언론에 서 아프간 지원 문제가 거론되는 것 자체를 원하지 않는다는, 즉 지원 논의가 이면에서 진행돼야 한다는 점을 분명히 밝히고 있다. 또한 미국 정부의 말이나 행동이 그것이 실제 압력이든 아니든 상관없이 한국 언론이나 대중들에게는 압력으로 비쳐지면 안 된다는 것이다. 왜 그럴까? 전문은 장 국장의 발언을 계속 전한다.

> 미국 정부의 압력에 굴복하는 것으로 인식되면 그 부정적인 정치적 후폭풍의 잠재력은 막대하다. 한국 정부 당국자들이 아프간을 위해 미국 정부가 한국에 바라는 것이 무엇인지 모르겠다고 주장할 때는, 그들의 의도가 미국 정부의 요구를 무시하려는 것이 아니라, 오히려 언론에서 그 이슈가 논의되는 것을 피하기 위한 것이다.

이는 쇠고기 졸속 협상으로 국민들의 거센 저항을 체험한 후 MB정권이 겪은 트라우마가 얼마나 컸는가를 잘 보여주는 발언이다. 심지어, 놀랍게도 정부는 미국에 굴종적인 것처럼 보이지 않게 하기 위해서 일종의 입맞추기 또는 언론 회피 '꼼수'를 미국에 설명하기까지 했다. 언론을 피하기 위해 우리는 '어'라고 말할 테니 그쪽에서는 '아'라고 받아들여달라는 것이다. 여기서 우리는 미 국무부가 이 전문 내용에 대해 "한국 정부가 국내 언론을 상대로 아프간 지원 문제를 어떻게 규정짓고 있는가에 대해 탁월한 통찰력을 제공했다"라고 칭찬한 이유를 보다 확실하게 이해할 수 있다. 한국 정부가 아프간 지원 문제를 한국의 공론장에서 배제시키기 위해 분투하고 있다는 사실을 이 전문을 통해 이해하게 됐다는 것이다.

미국 부대사와 외교부 국장의 이 대화는 아프간 지원에 대한 한국 대중들의 인지를 관리해나가는 차원으로까지 이어진다.

장 국장은 아프가니스탄에 대한 한국 정부의 추가 지원을 포장하는 최고의 방법은 아프간 지원이 워싱턴의 정치적 압력에서 비롯된 것이 아니라 한국 정부가 아프간의 상황과 아프간 국민들을 염려하기 때문에 나왔다고 보이게 하는 것이라고 말했다. 그래서 한국 국민들이 그 지원을 필요한 것으로 여기도록 하는 것이다. 이런 관점에서 볼 때, 한국 정부는 아프간에 대한 지원을 가능할 때마다 한국국제협력단KOICA을 통해 전달하기를 원한다.

한국 정부가 정말 아프간 국민들을 위한 인도적 차원의 지원을 제공한다면 우리 국민들로서도 이를 마다할 이유가 없을 것이다. 하지만 당시 한미 간에는 단순히 아프간의 난민 구호나 인프라 재건, 직업훈련 등의 범위를 훨씬 넘어서는 수준에서 여러 물밑 논의가 진행되고 있었다. 앞에서 언급했듯이 미국은 아프간군 재건비용을 명목으로 이미 5억 달러라는 과도한 요구를 해왔고, 한국군 파병 등의 군사적 지원 요청도 계속했다. 이날 조지프 윤 부대사와 장 국장의 만남에서도 이 문제가 논의됐다.

장 국장은 한국 정부가 군사 지원도 고려하고 있다고 말했다. 하지만 한국 정부는 극도로 조심해서 행동해야만 한다고 했다. 왜냐하면 8월에 열렸던 정상회담에서 나온 명백한 메시지는 미국이 한국의 전투병 파병이나 군 자원의 지원을 요구하지는 않는다는 것이었기 때문이다. 그래서 한국 정부는 이 같은 입장에서 조심스레 돌아가야 한다. 만약 한국 정부가 군사자원이나 군 병력, 예를 들어 ISR자원(중고도무인항공기mid-altitude UAVs)을 파병하려 한다면, 반드시 국회의 동의가 있어야 한다. 지금은 국방장관과 다른 '더 고위급higher level'들이 이 지원 방안들을 검토하고 있다고 말했다.

2008년 8월 한미 정상회담을 앞두고 미국이 한국에 아프간 파병을 요청할 것이라는 관측이 나돌았다. 하지만 양국 정상은 회담 후 공동기자회견을 통해 한국의 재파병 문제는 거론하지 않았다고 밝혔다. 당시 이동관 청와대 대변인은 파병 문제가 거론되지 않은 것은 '부시 대통령의 배려'라고 한 바 있다. 그런데 이때 이미 한미 양국이 한국군 파병 문제를 논의하고 있었다는 사실이 노출된다면 큰 문제가 생길 게 뻔했다. 그래서 우리 외교부는 군사적 지원 관련 논의 자체가 언론에 노출되지 않게 "극도로 조심해서 행동해야" 한다고 말한 것이다.

'ISR 부대' 파병 요구 숨기기

이 전문에서 언론 회피 '꼼수' 못지않게 주목할 만한 부분은 바로 'ISR 부대'다. 이 전문은 2008년 말 이전 시점부터 한미 양국 사이에 한국군 ISR 부대의 아프간 파병과 관련된 논의가 있었음을 보여준다. 여기서 처음 언급된 이후, 한국의 아프간 지원 문제를 다룬 미 대사관 전문에는 주로 무인항공기를 운용하는 ISR 부대의 파병 안건이 지속적으로 등장한다.

2009년 1월 9일자 미 대사관 전문은, 김성환 청와대 외교안보수석이 스티븐스 대사에게 "한국 정부는 내부적으로 ISR 부대의 파병을 검토하고 있다. 그러나 큰 문제는 국회를 상대로 이 이슈를 어떻게 다룰 것인가이다. 어떠한 군 파병도 입법부 동의가 요구되기 때문이다"라고 말했다고 전하고 있다. 이어 2월 12일 클린턴 국무장관 앞으로 보낸 정세보고서에도 "우리는 한국군 자원이 아프간에 파병되기를 바란다. ISR 부대 파병이 현재 논의되고 있다"라는 대목이 들어 있다.

한미 양국은 겉으로는 미국이 한국군의 아프간 재파병까지 원하는 것은 아니라고 서로 입을 맞춰왔지만, 이처럼 무대 뒤에서 미국은 정찰부대 등 파병 부대의 유형까지 지목해 아프간 파병을 요구했고, 우리 정부는 미국의 요구를 숨기기에 급급했다. 실제로 ISR 부대 파병 문제는 2009년 말 아프간 지방재건팀과 경호부대 파병동의안이 확정되면서 여기에 소형 무인정찰기 부대가 포함된다는 사실이 알려지기 전까지는 공개적으로 거론된 적이 없었다.

우리 정부는 미국이 우리 군의 파병이나 과도한 재정 지원을 요구해온 사실이 국민들에게 알려지는 것 자체를 극도로 꺼렸다. 미국의 압력을 받으면서도 압력이 아닌 것처럼 보이려고 애를 썼다. 미 대사관의 전문은 한국 정부의 그런 모습도 종종 다뤘다. 2009년 9월 24일 스티븐스 대사가 국무부 부장관 스타인버그에게 보낸 전문은 그 좋은 사례다. 아프간군 신탁기금에 5억 달러를 지원하기로 결정했지만, 미국의 요구에 따라 결정된 것으로 보이게 않게 하는 포장술이 어떻게 동원되는가를 잘 보여준다.

한국 정부의 고위 관리들은 우리에게 그 지원이 결정됐고 돈은 국회 동의가 필요 없는 예비비에서 나올 것이라고 확인해줬다. 그러나 국내의 정치적 이유 때문에 한국 정부는 새로 선출된 아프가니스탄 정부로부터 지원 요구가 나오는 게 필수적이라고 믿는다. 한국은 새 아프간 대통령의 취임식에 최고위급을 보낼 예정이다. 일단 아프간 정부의 공식적 요청이 접수되면, 한국 정부는 그 지원 절차를 진행할 것이다.

앞서 국무부의 칭찬을 받은 전문의 내용처럼 아프가니스탄에 대한 지원을 포장하는 최고의 방법은 미국의 압력 때문이 아니라 아프간 국민들을 염려하기 때문에 지원하는 것처럼 해야 한다는 기법을 그대로 적용한 것이다. 2009년 10월 15일 스티븐스 대사가 한국 방문을 앞둔 게이츠 국방장관 앞으로 보낸 정세보고서에는 아프간 지원 문제를 두고 고민하는 MB의 처지가 잘 드러나 있다.

청와대는 글로벌 안보 이슈에 대해 한미 간 협력을 확대하기를 간절히 바란다. 우리는 한국 정부가 아프간에 더 많이 지원하는 것을 환영해야 한다. 그러나 아프간에서 일어난 한국의 비극적 역사 때문에 아프간 지원은 한국에서 매우 민감한 문제고, 한국 정부는 천천히 움직여왔다. 쇠고기 개방으로 큰 낭패를 본 기억 때문에 이명박 대통령은 미국의 압력에 굴복하는 것처럼 보이는 위험을 감수하기를 원하지 않는다.

MB 비서관도 "미국이 너무 세게 압박한다"고 하소연

미국으로부터 파상적인 압력을 받아도 압력을 받고 있다고 말할 수도 없고, 나아가 압력을 받은 사실조차 애써 감춰야 하는 것이 MB정부 시대의 한미관계다. 누군가는 한미동맹이라는 틀 속에서 양국이 서로 협력하고 돕는 게 뭐가 문제냐고 말할 수도 있을 것이다. 하지만 속을 들여다보면 이명박 대통령의 최측근조차 넌더리를 냈을 정도로 미국의 요구는 심한 면이 있었다. 2008년 12월 15일자 전문에는 김태효 청와대 전략비서관이 미 대사관 부대사와 만나 일종의 하소연을 한 내용이 담겨 있다.

> 김태효 비서관은 한미관계에 대해 언급하면서, 미국의 새 행정부는 한국이 필요로 하는 것에 대해 좀 더 책임 있게 대해줬으면 한다는 희망을 내비쳤다. 김 비서관은 미국은 항상 아프가니스탄과 분담금 협정, 기지 재배치 등의 문제와 관련해 한국 정부를 거세게 몰아붙였고, 한국은 책임감 있게 하려고 노력했다고 주장했다. 한국의 관점에서 보면 한국은 항상 먼저 움직이는 것처럼 보인다.

김 비서관이 미국의 거센 압박을 얘기하면서 아프가니스탄 사례를 제일 먼저 거론한 것은 미국 정부의 아프간에 대한 지원 요구가 얼마나 거셌는가를 보여준다고 할 수 있다. 청와대는 오바마 행정부가 부시보다는 낫기를 기대했는지 모르겠지만 결과적으로 오바마 행정부도 한국에 갖가지 요구와 압박을 가하는 데는 부시와 별반 다르지 않던 셈이다. MB정부 4년을 돌아보면 대규모 PRT 파견, 전투병 파병, 천문학적인 분담금 약속 등 미국이 당초 한국을 상대로 설정하고 제기해온 아프간 관련 요구는 거의 빠짐없이 다 관철되었다. MB정권은 미국의 요구를 대부분 다 들어주면서도 아프간 지원 논의 자체를 숨겼고, 미국의 압력이 있어도 없는 것처럼 가장했다. 미국의 압력에 굴복했다는 인상을 주지 않으려고 말이다. 그렇다면 미국의 아프간 지원 요구에 대해 다른 나라들은 과연 어떻게 대응했을까?

2009년 4월 1일 미 국무부가 세계 각국에 보낸 「아프간 특별기여 요청」에 대해 독일 정부가 보인 반응은 우리와는 사뭇 달랐다. 독일 주재 미국 대사관의 같은 해 4월 10일자 전문에는 미국의 각종 요구사항에 대한 독일 정부의 반응이 담겨 있다. 이에 따르면 독일도 우리와 마찬가지로 아프간군 신탁기금에 1년에 1억 달러씩 모두 5억 달러를 요구받았다. 그러나 독일은 미국의 요구액보다 훨씬 적은 5000만 유로만을 지원하겠다고 발표했다. 독일 주재 미 대사관의 전문은 그나마 이것이 독일을 상대로 따낸 주요한 성과라고 평가했다. 독일 정부는 그것도 5년이 아니라 2009년 한 해만 지원할 것이라고 결정했다. 2010년부터는 차기 정부에서 결정할 문제라는 이유에서였다.

이명박정부가 약속한 5억 달러 지원에는 MB 임기가 끝난 후인 2013년부터 2015년까지 3년치도 포함돼 있다. 독일과 비교해봤을 때 좀처럼 이해하기 힘든 결정이 아닐 수 없다. 게다가 미국의 2년에 걸친 요구에 따른 결정임에도, 미국과는 전혀 무관하며 아프간의 평화와 재건을 위한 자발적 결정인 것처럼 포장했다. 미국의 압력에 굴복한 것처럼 보이지 않으려는 '꼼수'의 전형이었다. 워싱턴의 정책결정자들도 지대한 관심을 표명할 정도로 대단한 술책이었으니 말이다. 그러나 이 '꼼수'는 전혀 예기치 못한 위키리크스의 미국 비밀 외교전문 공개로 인해 결국 이렇게 들통이 나고 말았다.

03
캠프 데이비드를 향해

'쇠고기 괴담'과 캠프 데이비드

조지 W. 부시 전 미국 대통령은 2011년 출간한 자서전 『결정의 순간』 한국어판 머리말에서 이명박 대통령과의 캠프 데이비드 만찬을 이렇게 회고했다.

이 대통령이 당선된 시점은 내 임기 말년이었지만, 우리는 유대감과 친밀한 신뢰관계를 빠르게 형성했다. 2008년 4월 로라와 나는 이 대통령 내외를 캠프 데이비드에 초청했다. 캠프 데이비드는 미국의 대통령들이 가장 가까운 동맹국 지도자들이나 가장 중요한 손님들을 초대하는 별장인데 이 대통령은 그곳을 방문한 최초의 한국 지도자였다. 우리는 생산적인 회의를 마치고 맛있는 스테이크로 저녁식사를 즐겼다. 미국산 쇠고기의 한국 수출에 관한 새로운 합의를 축하하는 적절한 방식이었다.

이날 MB 부부가 대접받은 스테이크는 미국 몬태나산 쇠고기였다. 몬태나 주는 미국산 쇠고기 주산지이고, 한국의 미국산 쇠고기 시장 완전 개방에 사활을 걸었던 곳이다. 만찬 하루 전 이뤄진 미국산 쇠고기 시장 개방 합의는 임기 마지막 해를 보내던 부시에게는 몇 안 되는 빛나는 업적이었다. 동시에 미국의 가장 강력한 로비단체 중 하나인 미국축산육우협회NCBA의 승리이기도 했다. 부시가 자서전에서 스스로 밝혔듯이 몬태나산 스테이크 만찬은 합의를 축하하는 적절한 방식이었고, 승리를 기리는 의식이었다. 주고객을 캠프 데이비드에 하룻밤 묵게 하고, 맛있는 스테이크를 내놓는 것쯤이야 별것 아닌 투자였다.

하지만 대다수 한국 사람들에겐 캠프 데이비드에서의 화기애애한 만찬 모습은 한국에서 떠돌던 어떤 괴담을 현실로 확인시켜주는 씁쓸한 장면이기도 했다. 이명박 대통령이 첫 한미 정상회담을 위해 미국으로 떠나기 전 우리 축산업계에서는 이른바 '쇠고기 괴담'이 돌았다. 그 괴담의 내용은 이 대통령이 캠프 데이비드 숙박을 대가로 쇠고기 시장을 내주고 올지도 모른다는 것이었다. 이 괴담은 신문 기사로도 소개됐는데, 『서울신문』은 「쇠고기 괴담' 현실화?」라는 기사에서 "이명박 대통령이 미국을 방문하면 선물로 미 쇠고기 수입 전면 개방을 발표할 것이다"라는 소문이 축산업계에 돌고 있다고 전했다.

이 '쇠고기 괴담' 기사가 보도된 시점은 2008년 3월 31일로 MB의 미국 방문을 보름가량 앞뒀을 때다. 당시 청와대와 농림식품부는 "미국측과의 그런 접촉이 전혀 없다"며 펄쩍 뛰었다. 하지만 과연 그랬을까? 당시 미국산 쇠고기 문제와 관련해 한미 양측 사이에 실제로는 어떤 일이 벌어지고 있었을까?

괴담 기사가 보도되기 일주일 전인 3월 25일, 미 대사관은 유명환 장

관의 미국 방문을 앞두고 한미 외무장관 회의에 대비해 정세보고서를
라이스 국무장관에게 보낸다. 이 전문에서 버시바우 대사는 라이스 장
관에게 "당신이 한 달 전 한국을 다녀간 이후에도 우리는 이명박 대통령
과 그의 팀을 상대로 미국산 쇠고기 시장을 다시 열도록 압력을 가했다"
고 밝혔다. 청와대는 쇠고기와 관련해 미국측과 접촉한 사실이 전혀 없
다고 했지만, 미국은 오래전부터 이미 이명박정권과 쇠고기 시장 개방
문제를 논의하고 있었던 것이다. 이어 버시바우 대사는 '한미 외교사'에
길이 남을 매우 중요한 사실을 보고한다.

이명박팀(청와대를 지칭하는 것을 보임—인용자)은 한국의 4월 9일 총선
전에 자신들이 쇠고기 문제로 미국과 협상하는 장면을 노출시키는 것은 정
치적으로 불가능하다고 했다. 쇠고기 문제의 정치성은 농민 유권자에게 너
무 민감한 문제이기 때문이다. 동시에 한국의 통상팀은 우리의 요구들을
충족시키는 합의를 도출해서 이 대통령의 미국 방문에 맞춰 발표될 수 있도
록 무대 뒤에서 열심히 일하고 있다.

버시바우 대사의 이 보고에서 우리는 다음 세 가지 점을 또렷이 확인
하게 된다.

첫째, MB정권이 총선을 앞두고 농민 유권자 등의 표를 의식해 미국과
의 쇠고기 개방 논의를 철저하게 은폐해왔다는 사실이다. 아마도 이런
정치적 책략을 부리지 않았다면 2008년 4·9 총선에서 여권이 그렇게 압
승하지는 못했을 것이다. 애초 '경제 살리기'와 '실용주의'를 모토로 탄생
한 정권이 출범 초기부터 별다른 경제적 실익도 없이, 검역주권을 포기

하고 쇠고기 시장을 개방하여 미국에 끌려가는 모습이 노출됐다면 유권자들의 실망감은 엄청났을 것이다. 쇠고기 협상 타결 후 전국에 번진 촛불시위는 이런 협상이 사전에 공개됐을 때 미쳤을 파급력을 똑똑히 보여준다. 하지만 실제로 촛불이 타올랐을 때는 이미 총선이 끝나고 난 뒤였다. 결과적으로 MB정권의 은폐는 대성공을 거둔 셈이다.

둘째, 한국의 통상팀이 당초부터 미국의 요구대로 가고 있었다는 점을 보여준다. 당시 협상 때 농림식품부 등 쇠고기 검역 주무부처에서는 전면 개방에 대한 반대가 많았다. 하지만 청와대와 외교통상부의 입장은 이미 정해진 것이나 마찬가지였다는 사실을 확인할 수 있다.

셋째, 한미 간의 쇠고기 개방 협상이 오로지 이명박 대통령 한 사람의 캠프 데이비드 방문에 맞춰 진행됐다는 것을 확인시켜준다는 점이다. 방향과 마감일이 정해진 협상의 결과는 불을 보듯 뻔했다.

이 전문에서 버시바우 대사는 MB정부에 대한 미국의 충만한 기대를 한껏 드러내 보였다.

이명박정부는 노무현 집권시에 우리가 상대해야 했던 정부와는 매우 다르다. 지난 월요일 한국 외교통상부는 한국이 코소보를 승인할 준비가 돼 있다는 것을 우리에게 알려왔다.* 몇 주 전 한국 정부의 유엔 대표는 북한의 인권 상황을 강도 높게 비난했다. 가까운 장래에 우리는 한국 정부가 대량살상무기 확산방지구상PSI에 사인할 것을 기대한다. 이 모든 것들은 노무현 정권의 청와대에선 일어날 수 없었던 일이다. 우리는 이명박 대통령이

---

* 실제 한국 정부는 2008년 3월 28일 코소보를 정부로 승인했다.

그의 정치적 기반을 공고히 해서, 곧 보다 더 중대한 진전을 이뤄낼 수 있을 것이라 희망한다.

대선 닷새 후부터 쇠고기 개방 논의

이명박정부의 미국산 쇠고기 시장 개방은 버시바우 대사가 명시한 '중대한 진전'의 시작점이었다. 쇠고기 협상과 관련해 이후 전개되는 상황은 놀라울 정도로 이 2008년 3월 25일자 전문 내용과 일치한다.

4·9 총선이 끝나자마자 2008년 4월 9일 농림수산식품부는 한미 양국 고위급 전문가 협의를 4월 11일부터 과천 청사 회의실에서 개최한다고 전격 발표했다. 양측은 협의 시작 일주일 만인 4월 18일 쇠고기 협상을 타결짓는다. 그리고 다음날인 4월 19일 이명박 대통령은 캠프 데이비드에서 부시와 정상회담을 갖고 저녁에 몬태나산 쇠고기 스테이크를 함께 즐겼던 것이다.

캠프 데이비드는 부시가 밝혔듯이 미국 대통령들이 가장 중요한 손님을 초청하는 곳이다. MB측으로선 부시와의 친분을 과시하고 MB의 위상을 높이는 데 더없는 장소였다. 이명박 인수위 시절부터 캠프 데이비드는 MB와 부시의 첫 정상회담을 맞이할 이상적인 장소였다. 쇠고기 시장 개방의 물밑 논의와 캠프 데이비드로 향하는 과정을 좀 더 자세히 살펴보자.

앞서 2장에서 확인됐듯이 미국은 MB 당선과 동시에 '게임플랜'을 통해 한미 FTA 비준, 한국의 미국산 쇠고기 시장 재개방, 자이툰 부대 파병 연장 등을 최우선 과제로 삼았다. 미국측이 이명박 당선자측과 접촉해 쇠고기 문제를 처음 언급한 것은 대통령선거가 끝나고 불과 닷새 뒤인 12월 24일이었다.

2007년 12월 26일자 미 대사관 비밀전문에 따르면, 버시바우 대사는 12월 24일 한나라당 박진 의원과 유종하 전 외무장관 등 MB 캠프 외교 라인 핵심 인사들과 만나 대통령 취임 전에 FTA 문제와 쇠고기 시장 개방 문제에 진전이 있기를 희망한다고 말했다. 이에 대해 MB측은 FTA 비준은 4월 9일 총선 때문에 힘들 것이며, FTA보다는 취임식 전에 쇠고기 문제를 해결하는 것이 더 현실적이라고 답했다. 흥미로운 것은 이날 회동에서 버시바우 대사가 MB측에 부시 대통령이 MB를 캠프 데이비드로 초청한다는 루머가 돌고 있으나 "백악관은 아직 아무런 결정을 내리지 않았다"라고 말한 점이다. MB측의 노력 여하에 따라 백악관의 결정이 달라질 수 있다는 뜻으로 받아들일 만한 발언이었다.

이날 대화는 MB측이 당선 초기에는 골치 아픈 미국산 쇠고기 재수입 문제가 노무현정부 임기 내에 처리됐으면 하는 입장이었음을 보여준다. 이런 입장은 실제로 얼마 뒤 이명박 당선자 본인의 입으로도 직접 확인된다.

2008년 1월 17일자 미 대사관 비밀전문은, 전날 이명박 당선자 사무실을 방문한 미 상원의원 다니엘 이노우에 일행과 이명박 당선자의 만남을 기록하고 있다. 이 전문은 "이 당선자는 쇠고기 문제가 한미 양국 간의 다른 문제들—특히 FTA 비준—의 발목을 잡고 있다는 점을 이해하고 있으며, (쇠고기―인용자) 시장은 빨리 개방될 필요가 있고 그가 취임하기 전이라도 이 문제가 해결되길 바란다는 희망을 피력했다"고 전하고 있다.

MB는 이 자리에서 "여기에 기자들이 없기 때문에 프리하게 말할 수 있다며, 자신은 미국산 쇠고기가 품질 좋고 값싸기 때문에 좋아한다고 말했다"고 한다. 그러자 버시바우 대사는 거기에다 미국산 쇠고기가 안전하기까지 하다고 거들었다. MB는 또 쇠고기 시장을 개방하는 것은 한국 소비자들에게도 좋은 일이고, 쌀 소비가 줄고 쇠고기 소비는 늘어나고 있기 때문에 한국은 더 큰 미국산 쇠고기 시장이 될 것이라고 했다. 남북통일이 되면 북한까지 미국산 쇠고기의 또 다른 수출시장이 될 것이라는 농담도 했다.

MB의 쇠고기 관련 농담은 이때가 처음은 아니다. 대선 후보 시절이던 2007년 6월 4일에도 역시 버시바우 대사와 만난 자리에서 "한우는 미국산 사료를 먹여 키우는 한 진짜 한국산이 아니기 때문에, 한우를 살리자고 강조하는 것은 물 건너간 일"이라는 농담을 던졌다. 당시의 대화를 기록한 그 이튿날 전문에 따르면, MB는 "한우농가 때문에 한미 FTA를 포기하는 일이 있어서는 안 된다"는 발언도 했다. MB의 이런 인식이 대통령이 됐다고 바뀔 리는 없었다.

버시바우 대사는 2008년 1월 17일자 전문의 논평에서, 이명박 당선자는 미국산 쇠고기가 자신이 해결해야 하는 문제가 되지 않기를 원했다고 분명히 적고 있다. MB는 쇠고기 시장 개방 문제가 노무현정부 임기 내에 처리되기를 원한 것이다. 하지만 노무현정부는 쇠고기 개방 요구에 응하지 않았고, 공은 MB 쪽으로 넘어왔던 것이다.

미국 방문 전 '개방' 요구에, "캠프 데이비드가 이상적"

이 대통령의 미국 방문을 쇠고기 시장 개방과 연계한 정황이 처음 드러난 것은 미국 대사와 MB 핵심 측근들의 2008년 1월 17일 회동에서이

이명박 대통령은 캠프 데이비드를 방문해 미국 대통령과의 친분을 과시했다. 하지만 캠프 데이비드 '숙박권'과 한국의 '검역주권'이 맞바꿔진 건 아닌지 모를 일이다. (사진 출처: 청와대 홈페이지)

다. 버시바우는 이날 MB의 '정치 멘토' 최시중 현 방송통신위원장과 당시 대통령직인수위 외교분과 핵심 인물이었던 현인택 전 통일부장관 등 2명과 만나 이 대통령의 미국 방문과 정상회담 개최 일정 등을 논의했다. 이때 대화 내용을 기록한 1월 18일자 미 대사관 전문에 따르면, 버시바우 대사는 한국이 미국산 쇠고기 수입이 재개된 이후인 4월경이 MB 방미의 적기라고 말했고, 현인택 당시 인수위원은 "이 당선자가 쇠고기 문제의 정치적 민감성을 이해하고 있으며, 그래서 미국산 쇠고기에 한국 시장을 개방한 이후에 이 당선자의 미국 방문이 이뤄질 것"이라고 답했다고 한다.

현인택 인수위원은 이 자리에서 MB와 부시의 첫 정상회담 장소와 관련해 "캠프 데이비드를 방문하는 것이 이상적일 것Hyun noted a visit to Camp David would be ideal"이라는 희망을 나타냈다. 또한 최시중 위원장은 확신에 찬 어조로 이명박 당선자가 한국 국민들뿐만 아니라 미국의 신뢰도 받고 있으며, 미국을 결코 실망시키지 않을 것이라고 말했다고 한다. 대통령 취임 한 달 전부터 미국은 MB측에 미국 방문 선결과제가 미국산 쇠고기 개방임을 알렸고, MB측은 미국을 실망시키지 않겠다며 한미 정상회담 장소로 캠프 데이비드를 바라는 밀담이 진행된 것이다.

이날 이후 미국의 쇠고기 시장 개방 압박은 더욱 거세진다. 이틀 뒤인 1월 19일자 전문에 따르면, 버시바우 대사는 이경숙 대통령직인수위 위원장과 김병국 외교안보수석 내정자를 만나 미국 정부 내에서 이명박 정부에 대한 기대가 매우 높다고 말하고, "한국은 미국 의회의 FTA 비준 분위기 조성과 이 대통령의 성공적인 방미 등을 보장받기 위해 이명박 대통령이 미국에 도착할 때에 맞춰서 미국산 쇠고기의 한국 시장 개방에 반드시 동의해야 한다"고 강조했다.

미국 대사관은 이처럼 MB 당선 직후부터 당선자 본인과 인수위 핵심 관계자들을 잇달아 접촉한 뒤 마침내 워싱턴에 한국이 이 대통령의 방미 이전에 쇠고기 시장을 개방하기로 약속했다는 전문을 보내기에 이른다. 2008년 2월 21일 미 대사관이 MB 취임식 축하사절로 방한할 예정인 라이스 국무장관 앞으로 보낸 전문은 "한국측의 조속한 FTA 비준이 우리에게 유용하긴 하지만, 우리의 가장 긴급한 우선 목표는 한국이 미국산 쇠고기 시장을 다시 여는 것이다"라고 전제하고, 그간 MB측과 은밀하게 진행해왔던 물밑 논의 결과를 이렇게 보고한다.

이명박 당선자와 그의 팀은 쇠고기 이슈의 중요성을 이해한다. 그리고 이 당선자가 4월 17일 워싱턴을 방문하기 전에 그 문제를 해결하겠다고 우리에게 확언했다. 그러나 쇠고기 문제의 정치적 민감성 때문에 4월 9일 총선 전까지는 우리와 어떤 합의에도 사인은 할 수 없다고 했다. 우리는 (이 당선자측의-인용자) 그런 제약을 인정하긴 하지만, 한미 양측이 새로운 쇠고기 수입 의정서 마련을 위한 비공식 대화를 3월 중에 시작하지 않는다면, 이 당선자의 미국 방문 이전에 쇠고기 협상을 타결 짓기에는 시간이 충분치 않다는 점을 주지시켰다.

미 대사관은 이 전문에서 쇠고기 시장을 개방하겠다는 MB측의 확언을 받았다고 본국에 보고했지만, 그 이후에도 결코 고삐를 늦추지 않았다. 2008년 3월 12일과 4월 8일자 미 대사관의 전문에는 버시바우 대사가 청와대 김병국 수석을 잇달아 만나 정상회담 전 쇠고기 시장 개방 확약을 받았다는 내용이 나온다. 그러나 미국산 수입 쇠고기의 소비자가 될 한국 국민들은 2007년 12월 24일 미국 대사관과 MB측이 처음으로 쇠고기 문제를 논의한 후 2008년 4월 18일 쇠고기 협상이 타결될 때까지 5개월 가까이 배후에서 어떤 일이 진행됐는지 전혀 알 수가 없었다. 우리 먹거리 문제를 그들만 알고 있었던 것이다.

하지만 그들도 알지 못했다.

이런 식의 밀실 졸속 협상이 초래할 결과는.

미국 대사, 촛불시위는 "왜곡된 몇몇 다큐멘터리에 근거"

2008년 5월 2일 쇠고기 협상을 규탄하는 첫 시위가 벌어졌고, 5월 4일 인터넷을 통한 이명박 대통령 탄핵 서명이 100만 명을 돌파했다. 하지만 이때까지만 해도 미 대사관은 이것이 무엇의 시작을 의미하는지 전혀 짐작하지 못했다. 버시바우 대사가 첫 시위가 벌어지기 하루 전날 국무부 부장관 앞으로 보낸 정세보고서는 미 대사관이 당시 사태를 얼마나 안이하게 보고 있었는지를 잘 보여준다.

이명박 대통령은 정상회담 하루 전 쇠고기 개방 협정에 용기 있게 동의하는 결정을 내렸다. 국제수역사무국OIE 과학 기준에 완전히 부합되게, 5년을 끌어온 논란을 해결하는 것이었다. 이 결정으로 한국 내에서 일부 공격이 있지만, 그는 전혀 흔들림이 없다.

또 친미주의자인 이명박 대통령의 당선과 4월 총선에서의 한나라당 압승으로 미국은 한미관계를 다시 활성화할 수 있는 절호의 기회를 맞게 됐다고 평가했다.

이제 정치판은 올바르게 정렬됐다. 쇠고기 문제에서 이명박 대통령은 일을 제대로 처리할 수 있다는 것을 보여줬다. 두 달 내에 그는 훨씬 우호적인 입법부를 만날 것이다.(새 국회 개원을 의미함―인용자) 그러나 무엇보다도 한국 국민들은 보다 밀접한 한미관계를 지지한다는 것을 끊임없이 보여주고 있다.

버시바우 대사는 이처럼 거듭 MB의 당선과 한나라당의 총선 승리에 환호하고, 쇠고기 시장을 개방한 이명박 대통령의 '능력'을 높이 평가했다. 하지만 이런 평가는 곧 180도 수정된다. 촛불시위가 사그라질 줄 모르고 들불처럼 전국으로 번지자 미 대사관의 승리감은 불안과 초조로 바뀌게 된다. 촛불시위의 전개 과정을 관찰하고 기록한 당시 미 대사관의 전문에는 그런 변화가 고스란히 드러나는 것은 물론 일종의 분열 증세까지 엿보인다.

대표적인 것이 촛불시위가 6주 넘게 지속되던 2008년 6월 16일 작성된 「흔들리는 이 대통령, 회복할 수 있을까?TURBULENT TIMES FOR PRESIDENT LEE: CAN HE RECOVER?」라는 전문이다. 여기서 버시바우 대사는 "대부분 진보적 시민단체나 노동자, 농민조직으로 구성된 촛불시위 주최측은, 아직 좌파 경영진이 지배하고 있는 국영 TV 네트워크가 방송한 터무니없이 왜곡된 몇몇 다큐멘터리에 근거해서, 미국산 쇠고기에 대해 오도되고 명백하게 거짓인 주장을 펴고 있다"라며 촛불시위가 마치 일부 방송과 좌파의 배후 조종을 받는 것처럼 전하고 있다. 또 "이명박 대통령이 워싱턴에 굽실거린다는 인식을 좌파와 민족주의자들이 시위 때 주요 테마로 활용하고 있다. 그러나 반미보다는 반이명박이 대다수 시위대의 주된 동인"이라고 했다. 한국 국민 다수가 쇠고기 협상이 굴욕적이었다고 느끼고 있는데도, 이를 마치 좌파가 의도적으로 조장하는 듯이 묘사한 것이다.

버시바우 대사는 또 "불행하게도 한국 국민들이 이런 주장을 믿고 있는데, 이는 이명박정권의 신뢰성이 너무 낮기 때문"이라며 MB에 대한 실망감을 감추지 않았다. 얼마 전 MB의 능력을 상찬해 마지않던 장면을 상기하면 매우 극적인 입장 선회다. 심지어 이 대통령이 CEO 본능을 발휘해 "최고 중의 최고" 인재로 내각과 청와대 참모들을 구성했다고 했으나 실은 귀족을 임명했을 뿐이라는 비웃음을 샀으며, 요직 대부분을 소망교회나 고려대 동문, 경상도 출신으로 채웠다는 한참 지나간 얘기

들을 뒤늦게 본국에 보고했다. 새삼스레 인사 스타일까지 거론하며 MB
를 맹렬히 비판한 것이다.

미 대사관이 내보인 촛불시위에 대한 두려움, MB에 대한 실망감 등
은 기본적으로 이명박정권을 통해 자신들이 이뤄내려던 우선순위 목표
들이 MB의 추락으로 인해 좌절되지 않을까 하는 우려에서 비롯된 것이
다. 미국 입장에선 MB를 더 이상 추락하게 방치할 수는 없었다.

같은 전문에서 버시바우 대사는 "이명박 대통령은 지금 악몽을 겪고
있다. 간단히 말해 그는 지금 무엇을 해야 할지 모른다"며 MB가 처한 상
황을 진단한 뒤 다음과 같이 보고했다.

> 이 대통령은 현 위기에서 탈출하기 위해 우리의 도움을 필요로 한다. 주요
> 비판자들을 달랠 수 있는 쇠고기 협상안에 동의해 그의 정치적 추락을 막아
> 야 하는 것이 우리의 첫번째 임무다. (…) 한미양국 간의 민감한 현안인 한
> 미방위비분담협정SMA이나 미군기지 반환 같은 문제는 상황이 안정될 때까
> 지 미뤄야 한다.

이 전문은 MB에 대한 기대가 급속하게 실망으로 바뀌었지만 그래도
'MB 일병 구하기'에 나서지 않을 수 없는 미국의 딜레마를 생생하게 보
여준다. 미국은 실제로 또 다른 미국의 압력으로 간주될 수 있는 이슈들
은 한동안 보류시키고, 사실상의 쇠고기 재협상도 수용했다.

하지만 MB에 대한 부정적 인식은 그 이후에도 한동안 계속되었다. 특
히 2008년 7월 21일자 미 대사관의 전문은 "이명박 대통령은 여전히 미
국에 우호적인 정책에 헌신하고 있다. 그러나 그가 주요 양국 현안을 진

전시키는 데 필수적인 자신의 권위를 다시 세우고 이미지를 향상시키는 것은 불가능해 보인다"라는 비관적인 전망까지 내놨다.

MB 지지가 미국의 이익이다

그러나 해가 바뀌고 MB의 지지율이 서서히 회복되자 이 대통령에 대한 미국의 기대도 다시 따라 올라간다. 그사이 미국 대통령은 부시에서 오바마로 바뀌었다. 매파로 분류됐던 버시바우도 떠나고 후임에 온건 이미지에다 지한파로 알려진 스티븐스가 왔다. 하지만 놀랍게도 쇠고기 협상에 항의했던 촛불시위에 대한 미국의 편견 어린 시선은 전혀 바뀌지 않았다. 오히려 훨씬 더 심해졌다.

2009년 11월 5일, 미 대사관은 오바마 대통령의 한국 방문을 앞두고 한국 상황을 정리한 브리핑 전문을 오바마 앞으로 보냈다. 스티븐스 대사는 이 보고전문에서 이명박 대통령이 미국의 쇠고기 시장 개방 압력에 '굴복했다'는 주장에 따라 정치적 타격을 받았으나 경제 위기에 대한 발빠른 대응과 아세안 정상회담 개최, G20 유치 등으로 위상을 회복했다고 주장했다. 그러면서 2008년 촛불시위를 이렇게 묘사했다.

> 쇠고기 개방 결정에 대한 대중들의 즉각적 반발이 대통령선거와 총선에서 패배해 아픔을 겪고 있던 불만에 찬 반대그룹들에 의해 파렴치하게 부추겨졌고, 이명박 대통령은 이로 인해 대통령직을 험난하게 시작했다가 최근에야 회복할 수 있었다.

촛불시위가 선거에 진 MB 반대파들이 확산시킨 것이라는 해석이다.

이 대통령은 그로 인한 정치적 피해자였지만 이를 잘 극복해냈다는 것이다. 스티븐스 대사는 적어도 촛불시위에 대해서는 전임자보다 훨씬 더 부정적인 입장을 가지고 있는 셈이다.

이와 반대로 MB에 대한 시각은 다시 우호적인 방향으로 전환됐다. 스티븐스 대사는 이 대통령이 쇠고기 이슈로 대가를 치렀지만, 여전히 미국과의 강력한 동반자 관계에 헌신하고 있다고 했다. 또 "이 대통령은 본능적으로 미국과 관련된 거의 모든 이슈에 대해서 미국을 지지하려고 하지만, 동시에 미국의 요구를 단순히 따르지는 않는다는 것을 명확하게 하려 한다"고 언급했다.

한국이 G20 의석을 갖게 된 것은 미국 덕분이라는 언급도 주목할 만하다.

> 한국은 2010년 11월 G20 정상회의 개최국으로 선출된 데 대해 엄청난 자부심을 가지고 있다. (…) 이명박 대통령은 한국이 G20의 한 자리를 차지한 것이 미국 덕분이라는 사실을 알고 있다. 그래서 G20에서 기꺼이 미국과 긴밀하게 협력하겠다는 강력한 의사를 보였다.

캠프 데이비드로 와 쇠고기 시장을 개방하면서, MB는 한국 대통령으로서 미국에게 유용한 존재임을 증명했다. 촛불시위로 인해 한동안 그 가치가 퇴색되는 듯했지만, 스티븐스 대사가 표현한 것처럼 "본능적으로 미국과 관련된 거의 모든 이슈에 대해서 미국을 지지하려" 하는 한국 대통령을 미국이 도와주지 않을 수 없었다. G20에 한 석을 마련해주는 것쯤이야 미국을 위해서도 매우 유익한 일이었으니 말이다. 스티븐스 대사가 오바마 대통령에게 보낸 이 전문 가운데 특히 흥미로운 내용은 MB를 지지하는 것이 미국의 이익이라는 대목이다.

한국이 글로벌 플레이어global player로 떠오르도록 지원해주는 것은 우리에게 이익이다. 글로벌 이슈에 대한 한국의 리더십을 인정해주는 것은 우리에게 배당금dividends을 안겨줄 것이다. 당신(오바마―인용자)의 한국 방문은 이 대통령의 향상된 위상을 지지해줌으로써, 아프간 같은 어려운 이슈들과 관련해 한국이 우리를 지원해줄 수 있게 하는 정치적 자산을 이명박 대통령에게 제공해줄 것이다.

이 보고 전문은 2009년 말 오바마 대통령 앞으로 발송된 것이지만, 2011년 말 MB의 미국 국빈 방문과 FTA 비준 정국 등 현재 한미관계를 들여다보는 데 있어 또 다른 시각을 제공해준다. 캠프 데이비드, G20, 미국 국빈 방문 등에는 항상 그들만 알고 우리는 모르는 동기가 숨어 있다는 것. 촛불시위에 대한 비판으로 시작된 스티븐스 대사의 전문은 오바마 대통령과 이명박 대통령이 왜 그렇게 애써 친한 듯한 장면을 연출하는지에 대한 궁금증도 일부 풀어주고 있는 셈이다.

'글로벌 호구'에다
'글로벌 민폐'까지

아시아에서 쇠고기 개방 폭 가장 큰 국가, 한국

주한 미 대사관의 전문을 보면, 미국은 종종 주한미군을 아시아 본토에 존재하는 유일한 자국 군사력이라고 표현하는 것을 보게 된다. 주한미군이 단순히 한반도용이 아니라는 것을 은연중에 강조하는 것이다. 미국은 자국산 쇠고기에 대한 한국 시장 완전 개방도 비슷한 맥락에서 봤다. 한국 시장을 여는 것은 미국산 쇠고기 최대 수출시장 중 하나를 다시 확보한다는 차원 못지않게 아시아 시장에 교두보를 확보한다는 의미도 컸다.

스티븐스 대사가 클린턴 국무장관에게 보낸 정세보고서(2009.2.12.)에는 이런 표현이 나온다.

지난해 여름 이명박 대통령의 미국산 쇠고기 완전 개방 결정—**주요 아시아 시장에서의 처음이자 유일한 완전 개방 결정**—에 항의한 시위는 미국의 한미 FTA 비준을 설득할 목적으로 한국 정부가 일방적으로 쇠고기를 양보했다는 인식에서 부분적으로 비롯됐다. 그럼에도 불구하고 이 대통령과 그의 내각은 미국과의 강력한 동반자 관계가 장기적 관점에서 한국의 이익이라는 것을 힘으로 계속 밀어붙였다.(강조는 인용자)

2009년 4월 14일자 미 대사관의 한 전문도 한국의 쇠고기 시장 개방의 의미를 아시아 차원에서 찾고 있다.

지난해 여름의 쇠고기 시위에도 불구하고 한국은 이제 아시아에서 미국산 쇠고기가 가장 개방된 나라다. 한국인들은 일반적으로 친미적이고, 그래서 이명박 대통령과 미국의 밀접한 관계를 받아들이고 있다.

미국이 한국의 쇠고기 개방을 아시아 차원의 시각으로 접근하는 것은, 여전히 자국산 쇠고기 수입을 엄격하게 제한하고 있는 일본이나 대만 같은 다른 주요 아시아 시장을 공략할 때 중요한 선례로 삼을 수 있기 때문이다. 실제로 미국은 이명박정부와 2008년 체결한 쇠고기 협정을 대만과 일본 등 동북아 지역 다른 국가들과의 쇠고기 시장 개방 협상 때 일종의 압박 카드로 활용했다.

2009년 5월 8일 대만 주재 미국 대사관격인 대만미국협회AIT가 본국에 보낸 비밀전문은 협회의 스티븐 영 국장과 마잉주 대만총통이 미국산 쇠고기 개방 문제 등을 두고 나눈 대화 내용을 상세히 담고 있다. 대만이 당시 수년째 지속되던 미국의 쇠고기 시장 완전 개방 압력을 버티다 못해 미국측에 2단계 개방론을 제시했으나, 미국이 한국과의 형평성 문제 등을 내세워 이를 일언지하에 거절한 내막이 여기에 자세히 기술

돼 있다.

이 전문에 따르면, 마 총통은 2009년 6월 중순까지 월령 30개월 미만의 뼈 있는 쇠고기는 개방할 수 있다는 의사를 밝혔다. 2단계 개방안이란, 내장과 분쇄육 같은 위험부위는 대만의 미국산 쇠고기 전체 수입 물량의 4% 정도에 불과하기 때문에 그것을 제외한 96%에 대해서는 우선 6월까지 개방하고, 나머지 부위는 추후에 개방 여부를 검토하겠다는 것이다.

하지만 이런 제안에 미국측은 불쾌감을 감추지 않았다. 스티븐 영 국장은 워싱턴의 정책결정자들이 쇠고기 시장을 한 번에, 완전히 개방하는 결정 대신 이런 단계적 개방 제안 소식을 듣는다면 얼마나 실망하겠느냐고 응수했다. 또 대만 정부 내에서 미국산 쇠고기 전면 개방에 반대 입장을 보이고 있는 보건장관 예칭추안의 태도를 비난하면서 "예 장관은 건강을 위해 타이완 거리에서 자전거를 타는 것이 문제 부위(내장과 분쇄육 등―인용자)를 먹는 것보다 훨씬 더 위험하다는 것을 이해하게 될 것"이라고 비꼬았다. 이에 대해 마 총통은 예 장관이 최근 여론조사 결과 대만에서 가장 인기 있는 각료로 나타났다고 말했으나, 영 국장은 예 장관의 그런 정치적 자산은 쇠고기 시장 개방 결정을 빨리 내리는 데 사용돼야 한다고 맞받아쳤다.

이 설전에서는 한국과 미국이 체결한 쇠고기 협정이 중요한 미국측 근거로 등장한다. 2단계 개방안을 받아들이면 미국이 한국과 대만에 서로 다른 기준을 적용한다는 것인데, 이는 정당화하기 어려운 문제라는 것이다. 대만은 이후에도 여러 차례 미국과 쇠고기 개방 문제를 두고 줄다리기를 벌였으나 결국 미국의 뜻대로 2009년 10월 내장과 분쇄육 등을 포함한 월령 30개월 미만의 미국산 쇠고기를 전면 수입하기로 했다. 하지만 이 결정 역시 한국의 촛불 사태 못지않은 저항을 초래한다.

이웃나라에도 민폐 끼친 '한미 쇠고기 협정'

대만 행정부도 결국 미국에 굴복하기는 했지만, 미국 외교전문을 보면 대만이 나름대로 자국민들의 건강에 대해 관심을 가지고 여론을 살피면서 최대한 미국의 압박을 피해가려 노력했다는 사실을 확인할 수 있다. 중국과 미국의 틈바구니에 낀 취약한 환경이지만, 자국민의 건강과 검역주권 등을 나름대로 지키려 한 것이다. 하지만 미국은 형평성을 내세우며 한미 쇠고기 협정이란 압박카드로 대만의 2단계 개방안이란 고육지책도 맥을 추지 못하게 한 것이다.

미국은 일본을 상대할 때도 한국과의 협정을 거론하며 쇠고기 개방 압력을 가했다. 지난 2009년 6월 5일 도쿄 주재 미국 대사관이 본국에 보낸 비밀전문은, 미 국무부 부장관 스타인버그와 일본 외무성 사무차관 야부나카의 전략 대화 자리에서 오간 쇠고기 관련 설전을 다루고 있다. 야부나카 차관은 스타인버그 부장관에게, 일본 정부는 쇠고기 문제가 정상급 수준의 논의로까지 격상되는 것을 보고 싶어 하지 않는다고 밝혔다. 또 일본의 미국산 쇠고기에 대한 수입 규제는 보호주의적 조치가 아니라고 말했다. 즉, 쇠고기 수입 문제는 대통령과 총리 차원에서 논의할 만한 이슈가 아니며, 미국산 쇠고기 규제는 일본 육우산업 보호가 목적이 아닌 자국민 건강권을 위한 것임을 분명히 한 것이다.

야부나카 차관은 또 일본 식품안전위원회가 월령 20개월 이하에서 30개월 미만으로 미국산 쇠고기 수입제한 정책을 완화하는 방안을 검토중인데, 이럴 경우 완전 개방을 허용할 때 들어올 수 있는 미국산 쇠고기 수입 물량의 80%에서 90% 정도는 커버될 수 있을 것이라고 했다. 그러나 스타인버그 부장관은 한국 정부와의 협정을 침해하는 어떠한 합의도 수용할 수 없다며, 미국은 과학에 근거한 정책을 계속 옹호할 것이라고 반론을 폈다. 쇠고기 수입 요건을 완화하겠다는 일본의 양보를 미국은 한국과의 형평성 문제를 빌미로 거절한 것이다.

이 사례들에서 2008년 한미 쇠고기 협정이 대만이나 일본이 나름의 검역주권을 미국측에 요구하는 데 하나의 걸림돌이 됐다는 사실을 확인할 수 있다. 이명박정부의 쇠고기 협정은 한국뿐 아니라 이웃 국가들에게도 민폐를 끼친 것이다.

그럼에도 불구하고 일본은 한국에 비해서는 검역주권을 나름 지켜내고 있는 편이다. 2008년 7월 2일 도쿄 주재 미 대사관이 무역대표부USTR 대표 수잔 슈왑에게 보낸 정세보고 전문에는, 미국산 쇠고기 시장 개방에 미온적인 일본 정부에 대한 미국의 답답함과 분노의 감정이 잘 나타난다. 이 전문은 2006년 7월 이후 미국산 쇠고기의 일본 시장 접근은 전혀 진전을 보지 못하고 있으며, 현재 진행중인 고위급간 조정에도 불구하고 일본을 국제수역사무국OIE 수입 규정으로 이끌어낼 실질적인 협상이 이뤄지지 않고 있다고 지적했다. 전문은 또 일본 정부가 독단적이며 정치적으로 'OIE 기준 완전 부합'을 추구하는 미국의 입장을 비현실적이라고 규정한다고 지적하면서, 일본인들은 한미 간의 쇠고기 논의에 전혀 의미를 두지 않는 반면 일본 정부는 한국을 일본 국내의 정치적 제약 사례로 보는 것 같다고 전하고 있다.

이 전문은 이어 일본의 이런 입장은 넓게 퍼져 있는 관료적 보수주의와 식품안전 문제에 대한 리더십의 결여를 상징하는 것이며, 미국산 쇠고기를 시장이 받아들이느냐의 문제와는 관련이 없는 것이라고 주장했다. 일본의 완고한 입장에 대한 미국측의 불만이 고스란히 묻어난다.

한국도 사실 이명박정부 전에는 미국산 쇠고기 완전 개방을 최대한 피해보려고 노력했다. 참여정부 시절이던 지난 2007년 9월 4일자 미 대사관의 전문도 그런 정황을 보여준다. 이 전문에 따르면, 미 대사관측이 청와대 관계자와 만나 쇠고기 문제 해결이 미 의회의 한미 FTA 수용에 필수적이라고 주장하자, 쇠고기 시장 개방은 미국측에 달려 있으며 한국이 개방을 하려고 할 때마다 미국측에서 어떤 문제(즉, 뼈 없는 쇠고기 수입만 허용하는 현행 수입규정에 위배되는 뼈나 다른 이물질이 발견된 경우)가 생기곤 했다고 대응했다. 또 미국측이 모든 월령의 미국산 쇠고기 제품을 한국이 받아들일 것을 기대한다고 하자, 청와대 관계자는 회의적인 반응을 보였다고 전했다. 청와대측은 한국이 예외 없이 OIE 기준을 단순하게 따르겠다고 갑자기 나서면 한국의 소비자나 시민단체가 의문을 갖게 될 것이라고 말하고, 그 문제는 한국에서 논란이 많은 사항이라고 강조했다.

이 전문을 보면 당시 청와대는 쇠고기 시장 개방 협상의 교착 원인을 미국측에 떠넘기기기도 하고, 시민 여론 등을 내세우기도 하면서 미국산 쇠고기 전면 수입은 최대한 막아보려 한 흔적이 보인다. 하지만 한국 정부의 이런 입장은 몇 개월 뒤 정권이 교체되면서 우리가 주지하는 바대로 180도 바뀌었다. 2003년 미국에 광우병이 발병하면서 세계 여러 나라들이 미국산 쇠고기 수입을 규제한 이후 동북아 지역 국가 가운데서는 최초로 미국산 쇠고기를 전면 개방한 국가라는 타이틀을 한국이 달게 된 것이다.

미국의 쇠고기 시장 개방 도미노 전략

미국이 대만과 한국을 주 타깃으로 삼아 어느 한 국가를 먼저 뚫은 뒤, 그것을 교두보로 다른 나라에 대해서도 미국산 쇠고기 시장 개방을 계속 관철해나간다는 일종의 도미노 전략을 세운 사실도 확인된다. 미국은 한국만이 아니라 대만에도 비슷한 정도의 압박을 가했다. 특히 주목할 만한 내용은 한국을 대만의 경쟁자로 언급하면서 대만 정부를 으르고 있는 부분이다. 영 국장은 한국도 미국 정부가 내건 호혜조건의 후보이며, 한미 FTA와 관련된 한미 양측의 이해 때문에 한국이 대만보다 앞서서 쇠고기 시장 개방에 나설 가능성이 있다는 식으로 대만의 조속한 시장 개방을 종용했다. 서로 경쟁하도록 부추긴 것이다.

미국은 이처럼 수년간 대만을 달래기도 하고 으르기도 하면서 쇠고기 시장 개방을 집요하게 요구했다. 그러나 대만은 한국보다 1년 6개월여 뒤인 2009년 10월에야 시장 개방을 허용하기에 이르렀다.

하지만 이 과정에서 한국의 이명박정부는 대만에게 일종의 반면교사 역할도 했다. 대만은 한국에서 굴욕적인 쇠고기 시장 개방에 항의하는 시민들의 시위가 잇따르자 한국 상황을 언급하며 미국의 개방 압력을 피하기 시작했다. 대만미국협회의 2008년 6월 17일자 전문은, 대만이 미국의 쇠고기 개방 압력에 대처하는 새로운 수단으로 한국의 시위 상황을 인용해, 방패로 삼았음을 보여주는 증거 중 하나다. 이 전문은 대만미국협회 스티븐 영 국장이 대만 마잉주 정권의 출범을 축하하러 빈센트 시우 부총통을 예방하면서 또 다시 쇠고기 문제를 거론하자, 양측이 한국 상황을 인용하며 벌인 설전을 기록하고 있다.

시우 부총통은 입법원(우리의 국회 격—인용자)이 행정부를 주시하고 있기 때문에 대만 행정부는 쇠고기와 관련해 어떠한 실수도 피해야 한다며 한국 사태를 언급했다. 이에 대해 영 국장은 한국과는 달리 대만은 보호해야 할 국내 육우산업이 없고 대만 사람들이 한국인들처럼 미국의 동기를 의심할 이유도 없기 때문에 (한국에서처럼—인용자) 기회주의적 정치인들에 대만 국민들이 조종당할 만큼 취약하지도 않다고 말했다. 또한 마잉주 정권은 한국의 이명박정권에 비해 더 안정적이라고도 했다. 시우 부총통은 이에 대해 마잉주 정권은 이명박정권의 실패를 답습하지 않길 원한다고 강조하고, 미국은 대만이 해법을 찾을 동안 인내심을 가져야 한다고 말했다.

대만 정부 입장에서도 쇠고기 문제에 대해서만은 한국의 이명박정권은 따라하면 안 되는 모델이었던 셈이다. 대만은 이렇게 미국의 압력을 피해나갔으나 결국 2009년을 넘기지는 못했다. 하지만 대만 사람들은 '기회주의적 정치인'들에 조종당할 만큼 취약하지 않다고 했던 미국측 주장과는 달리, 2009년 10월 23일 대만이 뼈 있는 쇠고기와 내장, 분쇄육 등의 수입을 허용하기로 결정된 이후 대만 전역에서 미국과의 합의에 반대하는 시위 행렬이 봇물처럼 터져 나왔다.

한국 외교부 국장, 대만 더 압박하라고 미국에 주문

대만 정부는 두 가지 면에서 이명박정부와는 달랐다. 동북아 시장의 교두보가 돼달라는 미국의 집요한 요구를 요리조리 잘 피해 다녔고, 미국과의 합의에 대해 국민들의 거센 비판이 제기되자 결국 민의를 받아들였다는 점이 그렇다. 대만 입법원은 미국산 쇠고기 전면 수입에 대한 항의 시위가 계속되자 10년간 광우병이 발생한 지역으로부터 소의 뼈와 뇌, 눈, 내장과 분쇄육 등의 수입을 금지하는 식품위생법 개정안을 2010년 1월 5일 만장일치로 통과시켰다. 미국과의 재협상 대신 자국의 식품위생법을 바꿔 국민들이 우려하는 부위의 국내 유입을 계속 차단한 것이다.

입법원의 이런 결정에 대해 총통부는 "입법원의 결정을 존중하며, 미국의 이해를 얻기 위해 최대한 노력할 것"이라는 성명을 발표했다. 더 나아가 대만 입법원은 여당인 국민당 의원이 제안한 "미국산 쇠고기 금수조치 해제가 국민여론을 대변하지 못했으며, 입법부와 행정부는 이번 식품위생법 개정과 관련한 어떠한 국제적 압력에도 함께 대응해갈 것"이라는 결의안도 채택했다.

그런데 2009년 말 대만의 미국산 쇠고기 반대시위와 2010년 초 대만 의회의 식품위생법 개정 과정을 매우 조심스레 지켜보던 곳이 있었다. 바로 한국 정부였다. 그리고 이 한국 정부를 미 대사관도 매우 유심히 살피고 있었다. 2010일 1월 21일자로 미 대사관이 본국에 보낸「한국 정부가 대만의 미국쇠고기 규제를 유심히 살피고 있다ROKG CLOSELY MONITORING TAIWAN RESTRICTIONS ON U.S. BEEF」라는 제목의 3급비밀 전문은 역설적으로 당시 '미국이 왜 한국을 유심히 살피고 있었는지'를 잘 보여준다.

이 전문은 △ 대만 입법원의 식품위생법 개정 이후 한국의 민주당과 민노당 의원이 미국과의 2008년 쇠고기 협정을 개정해야 한다고 주장하고 나선 것, △ 민노당 강기갑 의원이 쇠고기 수입에 제한을 가하는 방향으로 가축전염병예방법 개정안을 발의한 사실, △ 미국이 대만의 미국산 쇠고기 수입제한 조치에 동의할 경우 한국도 미국에 쇠고기 관련 재협상을 요구할 것이라는 장태평 농림수산식품부 장관의 국회 답변 등 대만 상황이 한국에 미치는 영향을 상세히 파악해 본국에 보고하고 있다. 흥미로운 것은 당시 한국 언론들이 세종시 관련 보도에 집중하면서 대만의 미국산 쇠고기 반대시위와 식품법 개정, 대만 상황이 한국에 미칠 영향 등에 대해선 별로 관심을 기울이지 않고 있는 데 대해 미 대사관이 적잖이 안도하고 있었다는 점이다.

농식품부는 보도자료를 통해 대만이 미국과의 쇠고기 협정을 개정한 것이 아니라 식품위생법을 개정해 일방적으로 수입을 금지했다는 사실을 명확히 했다. 농식품부 보도자료는 추후에 한미 양국 간 쇠고기 협정에 대해 재협상을 할 수도 있다는 여지를 남겨두는 것이었지만, 지금까지 어느 언론도 이를 기사화하지 않고 있어 다소 도움이 된다.

미국은 농식품부의 보도자료가 기사화되는지 여부까지 살펴가며 대만 상황이 한국에 미칠 파장에 대해 촉각을 곤두세웠다. 그러나 미국의 이 같은 우려는 기우에 불과했다. 이미 한국의 주류 언론은 대만의 쇠고기 파동에 관심이 없었고, 그것이 한국에 미칠 영향을 다뤄보고자 하는 생각도 없었던 것이다.

그리고 이 전문은 또한 이명박정권하의 우리 외교부 수준을 노골적으로 보여주는 내용도 기록하고 있다. 전문에 따르면, 2010년 1월 15일 외교통상부의 안모 국장은 미 대사관의 경제참사관과 만난 자리에서 한국 정부는 대만 상황의 국내 파장을 막기 위해 저강도 대응을 하고 있다고 말하고, 현재 야당이 쇠고기 문제와 관련해 행동에 나설 만한 지지를 받고 있지는 못하지만 만약 대만이 한국보다 더 까다로운 쇠고기 수입제도를 시행한다면 상황이 바뀔 것이라는 우려를 전달했다. 안 국장은 이어서 이런 우려할 상황을 차단할 방법을 미 대사관측에 주문했다.

안 국장은 대만에 대한 미국의 강력한 대응이 그런 결과를 막을 수 있을 것이라고 강조했다. 이는 또 미국산 쇠고기 수입을 더 강하게 규제하기를 원하는 한국 내 세력들의 기를 꺾는 데 도움이 될 것이라고 강조했다.

우리 외교 당국자가 미국측에 이런 말을 했다고는 도저히 믿기지 않는다. 이 전문의 대화 내용이 사실이라면, 과연 무엇이 우리 외교부를 이렇게 줏대 없이 만들었는지 안타까울 따름이다.

2008년 쇠고기 협상의 후폭풍과 전국을 뒤흔들었던 촛불시위는 이미 역사의 한 페이지가 되었다. 그러나 미국산 쇠고기 수입 개방을 둘러싸고 미국과 한국·대만·일본 등 동북아 국가 사이에서 벌어진 각축과 그 무대 이면을 기록한 미국 외교전문들은 과연 국가와 정부가 왜 존재해야 하는지, 국민에 의해 선출된 정권이 가장 먼저 고려해야 할 가치는 무엇인지, 그리고 유권자들은 어떤 지도자를 뽑아야 할지를 다시 한번 고민하게 만들고 있다.

UAE 원전, '신화'와 '실화' 사이

〈KBS 뉴스 속보〉, 원전 신화의 막을 올리다

2009년 12월의 마지막 일요일 저녁, KBS 1TV에는 〈도전골든벨〉 연말 특집 프로그램 '2009 왕중왕'이 나오고 있었다. 방송 시작 15분여, 출연 학생들이 멋진 춤을 선보일 때 갑자기 정규방송이 끊기고 화면에 〈KBS 뉴스 속보〉 타이틀이 떴다. 시청자들은 연말에 또 무슨 일이 터졌는가 하고 잔뜩 긴장했다. 하지만 화면 속 아나운서는 400억 달러 규모의 아랍에미리트연합UAE 원전 최종사업자 선정 발표가 임박했다면서 아부다비 현지에 나가 있는 청와대 출입기자를 불렀다. 화면엔 '한국, 47조 원 UAE 원전사업 수주'라는 굵직한 자막이 내걸렸고, 기자는 조금 전 우리 기업이 사업자로 선정됐으며 양국이 계약에 서명했다고 보도했다. 기자는 이어 이명박 대통령이 어제 전격적으로 아부다비 현지를 방문해서 막판 정상외교를 통해 원전 수주를 최종 확정지었다고 했다. 이 대통령이 모하메드 왕세자와 여섯 차례나 통화를 하는 등 수주를 지원했다고 덧붙였다. 맹목적인 'MB어천가'와 '원전 신화'의 시작이었다.

그날 저녁 9시 뉴스는 KBS와 MBC 모두 원전 수주 소식과 이명박 대통령의 원전 수주 특별회견으로 시작됐다. 한국의 9시 메인뉴스 시간에 맞춰 아부다비 현지에서 특별회견을 하는 청와대의 기술도 놀라웠다. 이틀 뒤 월요일 아침 신문도 원전 수주 기사로 도배됐다. 『조선일보』는 1면부터 무려 4개 면이 원전 기사로 채워졌다. 다른 주류 신문도 비슷했다.

방송사 메인뉴스의 원전 수주 리포트는 12월 27일 이후에도 계속됐는데 KBS는 3일간 15건, MBC는 8건의 기자 리포트를 9시 뉴스에 내보냈다. KBS는 뉴스도 모자라 2010년 1월 5일에는 황금시간대에 〈한국형 원전, 세계로〉라는 급조한 특집 프로그램까지 내보냈다. 원전 수주 관련 MB 치적 선전이 신문과 방송을 뒤덮으면서 이명박 대통령의 지지율은 1년 8개월 만에 50%대를 돌파했다.

그런데 이처럼 한국의 대다수 주요 신문·방송이 원전 신화와 MB 찬양에 열을 올리고 있을 무렵, 유명환 당시 외교통상부 장관은 미 대사 스티븐스와 만나서는 이명박 대통령이 UAE 원전사업자 선정 하루 전 아부다비로 날아가 수주를 확정지었다는, 청와대와 언론이 합작해 만든 '정설'과는 사뭇 다른 얘기를 한다. UAE 원전은 MB가 아부다비 현지로 가서 사업자 선정과 조인식을 지켜보고 수주 관련 특별회견을 위성 생방송하기 한 달여 전인 2009년 11월에 이미 사실상 확정됐다는 충격적인 내용이다. 유 장관과 스티븐스 대사의 대화가 기록된 미국 전문을 자세히 들여다보자.

UAE 원전 수주, MB 발표 한 달 전에 사실상 확정

미 대사관이 2010년 1월 4일 본국에 보낸 3급비밀 전문은, 이명박 대통령의 UAE 원전 수주 발표 사흘 뒤인 2009년 12월 30일, 유명환 장관이 캐슬린 스티븐스 주한 미 대사를 단독으로 오찬에 초청해 한-UAE 간 원전 계약에 대해 설명한 내용을 5개 항목으로 상세하게 담고 있다.

스티븐스 대사는 이 전문에서 "유 장관은 한국에 400억 달러 규모의 핵발전소 계약을 주기로 한 UAE의 결정은 그가 11월에 UAE를 방문하는 동안 사실상 확정된 것이라고 주장했다. 그러나 UAE는 공식 발표 전에 이명박 대통령의 방문을 기다렸다"라고 썼다. 본래 청와대는 이명박 대통령이 2009년 11월 초 UAE측으로부터 사실상의 거절 통보를 받았다는 유명환 장관의 보고를 받고 직접 수주전에 나섰다고 밝혔다. 이 과정에서 UAE 실권자인 모하메드 왕세자와 여섯 차례나 통화하는 등 탁월한 외교력으로 결국 계약을 따내게 됐다며 MB의 치적을 대대적으로 선전한 것이다.

청와대는 UAE측으로부터 잠정적으로 한국과 계약하기로 했다는 의사를 통보받은 것도 12월 15일이라고 했다. 이 같은 청와대의 브리핑은 2009년 11월에 이미 수주가 실제 확정됐다는 유명환 전 장관의 발언이 담긴 미국 비밀전문의 내용과는 정면으로 배치되는 것이다.

필자가 위키리크스가 공개한 미국 외교전문 파일 가운데 UAE 주재 미국 대사관이 본국에 보낸 원전사업자 선정 관련 전문들을 검색한 결과, 유명환 전 장관의 발언과 부합하는 내용의 전문을 확인할 수 있었다. 아부다비 주재 미국 대사 리처드 올슨Richard G. Olson이 본국에 보낸 두 건의 비밀전문은 일관되게 한국의 KEPCO 컨소시엄의 수주가 유력하다는 전망을 담고 있다. 이는 프랑스 아레바Areva사에 열세를 보이던 한국이 막판 뒤집기에 성공했고, 그 뒤집기의 이면에는 이명박 대통령

다 차려진 밥상에 숟가락 하나 더 얹기. 이것도 실력? 아니면 쇼? (사진 출처: 청와대 홈페이지)

의 역할이 있었다는 청와대와 언론의 선전이 허황된 것이었단 사실을 잘 보여준다.

올슨 대사는 2009년 11월 10일자 3급비밀 전문에서 UAE 수주 향배를 전망하면서 미국 제너럴일렉트릭과 일본 히타치 컨소시엄은 한국의 입찰가에 비해 50% 이상 높아 사실상 경쟁력이 없고, 한국이 수주할 가능성이 높지만 프랑스가 원전 계약 외의 협력관계를 제시하면서 역전을 노리고 있다고 분석했다. 실제로 막판 뒤집기를 시도한 쪽은 오히려 프랑스였던 것이다. 올슨 대사는 자국 기업인 제너럴일렉트릭 컨소시엄의 수주를 지원하기 위해 모하메드 왕세자의 측근을 만나 로비활동을 폈다고 한다. 하지만 그 측근은 한국 KEPCO와 제너럴일렉트릭의 입찰가가 너무 차이가 나서 이를 극복하기는 불가능할 것이라고 올슨에게 말했다는 것이다. 또 프랑스 아레바사가 제시한 가격도 제너럴일렉트릭보다 약간 싼 정도여서 가격 경쟁에서 한국을 이기는 것은 힘들다고 했다. 특히 아레바사의 경우 최근 기술적 문제와 더불어 납품기한에서도 문제점을 노출했다고 지적했다.

아레바사가 지닌 단 하나의 유리한 점은 정치적인 것밖에 없다. 최근 영국과 프랑스, 핀란드 원전 규제 당국으로부터 제기된 아레바의 기술에 대한 우려는 중국과 핀란드에서 야기된 납기 문제와 결합해 UAE 원전 입찰에서 프랑스측의 치명적 결함이 될 것으로 보인다. 그러나 프랑스가 원전 건설에다 다른 정치적 지원을 연계해 제안했다는 모하메드 왕세자의 최근 발언이 한국의 수주 확정 여부에 새로운 의문을 던지고 있다.

올슨 대사가 아레바가 지닌 단 하나의 유리한 점이 정치력밖에 없다는 것은 프랑스 사르코지 대통령이 UAE측에 원전 건설 이외에 정치·군사적 지원을 제공하겠다고 제안한 것을 말한다. 그런데 프랑스의 이 같은 수주 전략은 프랑스측이 공공연히 말한 게 아니라 모하메드 왕세자가 한국 관계자를 불러 넌지시 알려준 것이다. 이것은 UAE측이, 가격경쟁력 등에서 한국이 압도적이기는 하지만 프랑스가 이런 제안을 해왔으니 한국 정부도 신경을 쓰라는 암시를 준 것으로 보인다. 즉 한국으로부터 원전 수주와 연계해 군사 측면의 지원을 얻어내기 위해 일종의 전략을 구사한 것으로 추정된다. 실제로 한국은 뒤늦게 군사협력 등의 지원을 약속하게 된다.

한국 KEPCO 컨소시엄은 2009년 11월 당시뿐 아니라 수주전 초기부터 사실상 계속 선두를 달렸다. 아부다비 주재 미국 대사관이 2009년 8월 19일 본국에 보낸 비밀전문에 따르면 한국이 오래전부터 선두를 달리고 있었고, 2009년 5월의 1차 심사 때도 7개 입찰사 가운데 1위를 차지한 것으로 나타났다. 이 전문들을 종합해보면 결국 한국 KEPCO 컨소시엄에겐 처음부터 끝까지 이렇다 할 경쟁상대가 없었다는 것이다. 아부다비 주재 미국 대사관의 비밀전문들은 MB가 UAE 원전사업자 선정 발표 전날 아부다비로 간 것은 막판 뒤집기를 통해 수주를 확정지으러 간 것이 아니라 '차려진 밥상 위에 숟가락 얹기' 쇼를 하기 위해 간 것이라는 추측에 상당한 신빙성을 부여해주고 있다.

새롭게 드러난 이면 합의들

2009년 11월 16일자 아부다비 주재 미국 대사관의 비밀전문은, 12월 10일을 기한으로 3개 컨소시엄에 최종 입찰 기회를 다시 주겠다는 UAE 원자력공사ENEC측의 발표를 전하고 있다. 올슨 대사는 UAE측이 입찰 기한을 여러 차례 넘기면서 결과 발표를 계속 미뤄오다 또 다시 최종 입찰 기회를 주는 것은 3개 컨소시엄의 경쟁을 통해 입찰가를 낮춰보겠다는 속셈이라고 분석하기도 했다. UAE 원전 수주 결과가 발표된 직후인 12월 28일 아부다비의 미국 대사관이 본국에 보낸 비밀전문에는, 제너럴일렉트릭과 히타치 컨소시엄이 최종 입찰가를 100억 달러대 이상 낮춰 냈으나 여전히 한국 KEPCO에 비해 82%나 높았다는 UAE측 관계자의 말이 인용되어 있다.

이 전문은 또 UAE측이 한국 KEPCO와 UAE 원자력공사의 자본금으로 충당되지 못하는 원전건설 사업비 60억 달러에 대해선 상업금융을 조달할 것이며, 한국의 수출신용기관이 프로젝트 파이낸스PF를 제공할 것이라는 관계자의 말도 전하고 있다. 미국 정부는 2011년 들어서야 한국 국내에서 논란이 됐던 막대한 규모의 원전수출 금융지원 문제를 이미 당시에 인지하고 있었던 것이다.

한편, 앞서 소개한 2010년 1월 4일자 미 대사관의 전문은 유명환 장관이 스티븐스 대사에게 한-UAE 간 군사협력 협정도 언급한 것으로 기록하고 있다. 전문에 따르면, 유 전 장관은 "군사협력 협정은 비밀이고 국회의 비준을 필요로 하지 않는다. 그러나 한국은 UAE에 군사 관련 훈련을 제공할 것이며, 주로 한국 내에서 행해지겠지만 한국군 예비역 장교가 UAE에서 할 수도 있다"라고 말했다. 또 유 장관이 "소수의 예비역 장교를 UAE에 보내거나, UAE 장교들을 한국에 데려와 훈련시키는 정도는 국회의 개입이 필요하지 않으므로 이 같은 교류가 비밀리에 조용하게 진행될 수 있을 것이라고 설명했다"고 전했다. 이런 군사협력은 수주 확정 당시에는 제대로 알려지지 않았던 조건이다.

어떻든 위키리크스가 공개한 UAE 원전 관련 전문은 수주전에 뛰어든 한국 컨소시엄이 처음부터 가격과 납기의 신뢰도 측면에서 다른 경쟁사들을 압도하고 있었다는 사실을 보여준다. 이런 우위는 사업자로 선정될 때까지 흔들리지 않았다. 프랑스가 정치·군사적 지원으로 막판 반전을 노렸다고는 하지만, 이런 정황은 오히려 UAE가 한국을 상대로 더 많은 것을 받아내는 데 활용되는 정도였다. 하지만 당시에는 이런 사실들이 전혀 알려지지 않았고, '막판 뒤집기'라는 청와대의 그럴듯한 각색만 먹혀들었다.

우리 주류 언론들은 12월 26일 UAE 현지를 방문한 이명박 대통령이 모하메드 왕세자 등 현지 실력자들과 막판 담판을 통해 원전을 따낸 것처럼 MB의 업적을 부풀렸고, 이 대통령 스스로도 귀국 후 곳곳에서 자신의 '치적'을 내세우며 언론의 'MB어천가'를 즐겼다. 심지어 2010년 1월 4일 신년연설에서는 "지난 12월 27일 원자력 수출 협정이 체결되던 날, 부르튼 입술 사이로 '대한민국 국운이 열리고 있구나' 하는 말이 절로 흘러 나왔습니다"라며 스스로 '부르튼 입술'을 자랑했다. 그러나 위키리크스가 공개한 미국 외교전문들로 인해 MB의 원전수주 '신화'는 '쇼'에 가까웠다는 '실화'가 드러나고 말았다. 하지만 수출금융지원 문제나 특전사 파병 약속 문제 등은 아직도 그 진상이 명확히 드러나지 않았다. 다음 정부에서 꼭 진상이 규명되어야 할 MB 의혹 사건 중 하나가 아닐 수 없다.

제3장

무대 뒤

01

MB식 자원외교의 허상

볼리비아 '리튬', 개발인지 괴발인지…

2010년 8월 17일자 『조선일보』는 이명박정권이 이뤄낸 자원외교의 '승리'를 감격어린 제목과 함께 1면 톱기사로 보도했다. 「볼리비아 리튬 개발권 코리아가 먼저 따냈다」라는 굵직한 제목 아래 '中·日 등과 경쟁 이겨, 기본합의서 조정만 남아', '볼리비아 대통령 곧 방한' 등의 작은 제목을 달아 우리가 중국과 일본을 물리치고 볼리비아의 리튬 자원을 먼저 확보했다는 것을 강조했다. 이 기사의 본문은 이렇게 시작된다.

> 정부가 이달 말 세계 최대 리튬lithium 매장국인 남미의 볼리비아와 리튬 개발과 기술 협력을 위한 기본합의서framework agreement를 체결할 것으로 16일 알려졌다. 리튬은 전기자동차와 휴대전화, 노트북 등에 사용되는 2차전지의 원료로, 차세대 핵심 자원으로 각광받고 있다.

제목은 볼리비아의 리튬 개발권을 따냈다고 했지만, 본문은 엉뚱하

**볼리비아 리튬 개발권
코리아가 먼저 따냈다**

中·日 등과 경쟁 이겨
기본합의서 조정만 남아
볼리비아 대통령 곧 訪韓

정부가 이달 말 세계 최대 리튬(lithium) 매장국인 남미의 볼리비아와 리튬 개발과 기술 협력을 위한 기본합의서(framework agreement)를 체결할 것으로 16일 알려졌다. 리튬은 전기자동차와 휴대전화, 노트북 등에 사용되는 2차전지의 원료로, 차세대 핵심 자원으로 각광받고 있다.

관련기사 A6면

해발 3700m 고지에 있는 볼리비아 우유니 호수엔 540만t의 리튬이 매장돼 있는 것으로 알려져, 리튬 개발권을 두고 한국, 일본, 프랑스에 이어 브라질과 중국까지 가세해 치열한 경쟁을 벌이고 있다.

정부 당국자는 이날 "이달 말 예보 모랄레스 볼리비아 대통령이 방한해 이명박 대통령과 정상회담을 갖고 리튬 개발 문제를 최종 협의할 것"이라며 "한국의 리튬 개발 참여를 보장하는 내용의 기본합의서 문구(文句)를 양국이 마지막으로 조율하고 있다"고 말했다.

리튬 추출을 위한 자체 기술이 없는 볼리비아는 한국의 리튬 개발을 위한 기술과 함께 한국식 경제 발전 모델의 전수를 원하는 것으로 알려졌다. 일본이나 프랑스의 경우 막대한 자금을 제공하며 리튬 개발권을 따내려 하지만, 좌파 성향의 현 볼리비아 정부는 자원 착취를 우리의 제국주의 이력이 있는 국가들과의 리튬 협력에 미온적인 것으로 전해졌다. 정부는 최근 현지에 기술진을 파견해 볼리비아 정부를 상대로 우유니 호수 연수를 활용한 리튬 추출기술 설명회를 가졌다.

모랄레스 대통령은 이번 한국 방문 때 리튬 개발권을 두고 우리와 경쟁 중인 일본이나 중국은 방문하지 않는다. 정부 관계자는 "기본합의서에 서명하게 되면 리튬 개발에서 경쟁국에 비해 우위를 점할 수 있다"고 말했다.

→ 리튬

알칼리 금속의 하나다. 리튬을 주원료로 하는 리튬이온전지는 작고 가볍지만 많은 전기 에너지를 저장할 수 있어 휴대전화, 노트북, 전기자동차 등에 사용된다. 전 세계 리튬의 70%가 칠레·볼리비아 등 남미에 매장돼 있어 선진국에서 이를 확보하기 위해 치열한 경쟁을 벌이고 있다.

정우상 기자 imagine@chosun.com

국내 주류 언론들은 이른바 자원외교의 성과가 대단한 것처럼 보도했지만, 실상은 그와 다른 경우가 많았다. (조선일보 2010년 8월 17일자)

게 "기본합의서를 체결할 것으로 알려졌다" 정도다. 뭔가를 확실하게 체결한 것도 아니고 "알려졌다"는 것이다. 그것도 '계약'이 아니라 '기본합의서'라고 한다. 제목과 내용이 뭔가 맞지를 않는다.

아니나 다를까 『조선일보』 기사가 나간 직후 지식경제부는 「'볼리비아 리튬 개발권 코리아가 먼저 따냈다' 제하 보도에 대한 해명」이라는 보도자료를 내놓았다. 기사가 나간 당시는 볼리비아를 방문한 광물공사 등이 '증발자원 개발과 산업화 추진 양해각서'의 체결을 볼리비아측에 제안한 단계이고, 구체적 내용은 협의 결과에 따라 결정될 것이라고 했다. 개발권을 따내기는커녕 단지 양해각서MOU 체결을 제안해둔 상태라는 것이었다.

같은 날 저녁 KBS 〈뉴스9〉도 톱뉴스부터 2꼭지나 할애해 볼리비아 리튬 소식을 다뤘다. 첫 리포트는 이렇게 시작된다.

(앵커)세계 최대 매장량을 보유한 볼리비아의 리튬을 우리나라가 선점할 청신호가 켜졌습니다. 볼리비아 정부가 우리와 양해각서 체결을 검토하고 있습니다. 현지에서 ○○○ 기자입니다.

(기자) 끝없이 펼쳐진 눈부신 소금사막, 해발 3600미터 안데스 산맥 위에 호수가 말라 염분이 쌓인 우유니 소금호수입니다. 끝없이 펼쳐진 이 소금

호수의 면적은 경기도와 비슷합니다. 이 소금호수 밑에는 세계 리튬 매장량의 절반이 묻혀 있습니다. 리튬은 전기자동차의 핵심인 2차전지의 원료로 각광 받으면서 매년 수요가 20%씩 늘고 있습니다. 때문에 세계 각국이 리튬 확보를 위해 볼리비아에서 치열한 경쟁을 벌여왔는데 우리나라는 가격 경쟁력과 친환경 기술을 앞세워 유리한 위치를 차지했습니다. (…) 우리 정부는 이달 말쯤 모랄레스 볼리비아 대통령 방한 때 합작회사 설립 등의 내용을 담은 양해각서 체결을 추진중입니다.

KBS는 『조선일보』처럼 리튬 개발권을 따냈다는 식으로까지 과장하지는 않았다. 하지만 기자가 볼리비아 현지까지 가서 우리가 곧 리튬을 다른 경쟁국가에 앞서서 확보할 것 같다는 보도를 내보냈다. 이어진 리포트는 리튬이 얼마나 중요한 자원인지를 다시 강조했다.

당시는 양국 사이에 '리튬 개발권'과 관련한 계약 체결 논의가 있었던 것도 아니고, 우리 광물공사가 볼리비아측에 막연한 내용의 양해각서를 체결하자고 제안한 상태에 불과했다. 그런데 한국에서 제일 큰 신문과 방송사는 왜 그렇게 대대적으로 '리튬 개발권'을 따냈다거나 곧 확보할 것 같다는 보도를 내보냈을까?

볼리비아 리튬은 '형님', 즉 한나라당 이상득 의원이 이른바 '자원외교'를 한다면서 가장 심혈을 기울였던 아이템 중 하나였다. 대통령의 형으로서 막대한 정치적 영향력을 막후에서 행사한다는 비난 여론 때문에 그는 2009년에 더 이상 정치에는 관여하지 않고 자원외교에 전념하겠다고 밝힌 바 있다. 이 의원은 그 이후 남미·중동 등을 다니며 '자원외교'에 열중하는 모습을 보였다. 그래서 볼리비아에만 무려 여섯 차례나 갔다고 한다.

미국 대사에게 자원외교 자랑한 '형님'

미 대사관의 2010년 2월 11일자 전문에는, 이상득 의원이 미국 대사를 만나 자신이 지난 6개월 동안 볼리비아 리튬을 확보하기 위해 얼마나 공을 들였는가를 자랑스레 설명한 내용이 담겨 있다. 전문 발송 이틀 전인 2월 9일 이 의원과 오찬 회동을 했던 스티븐스 대사가 정리한 그날 대화 내용이다.

이상득 의원은 최근 여섯 달 사이에 볼리비아를 세 번이나 방문했다. 가장 최근에는 에보 모랄레스 대통령의 두번째 취임식에 참석하기 위해서였다. 한국의 전지산업을 위해 볼리비아 리튬 자원(이 의원에 따르면 세계 최대의)의 한국 몫을 확보할 목적이었다. 볼리비아 모랄레스 대통령은 이 의원에게 서울에서 이명박 대통령을 만날 수 있게 해달라고 부탁했다. 이 의원은 그 요청을 한국 정부에 전달했는데, 미국과 볼리비아의 껄끄러운 관계를 감안할 때 결과가 어떻게 나올지는 알 수 없다고 했다. 이 의원에 따르면, 자신이 모랄레스 대통령이 이해하지 못하고 있던 리튬 시장에 대해 한 시간 동안 설명을 해준 뒤 두 사람은 친한 사이가 됐다고 했다. 그 결과 그는 리튬 시장 개발을 목적으로 한 태스크포스를 설립하기 위해 볼리비아와 MOU를 체결했다고 했다.

마치 리튬 시장에 대해 무지한 볼리비아 대통령을 자신이 교육시켰고, 그래서 MOU까지 체결했다는 뉘앙스다. 하지만 볼리비아 주재 미국 대사관이 리튬 산업에 대한 볼리비아 정부의 입장을 정리해 본국에 보고한 전문을 보면, 이 의원이 스티븐스 대사에게 했다는 말이 상당히 과장된 것임을 잘 알 수 있다.

볼리비아 주재 미국 대리대사 존 크리머가 「볼리비아—리튬 자력 생산 방향으로 나가BOLIVIA—MOVING FORWARD WITH LITHIUM PRODUCTION ON ITS OWN」라는 3급비밀 전문을 국무부에 보낸 2009년 12월 14일은 이 의원이 볼리비아를 방문했을 때와 시기가 비슷하다. 이 전문은, 볼리비아 정부가 우유니 소금호수에서 2차전지 원료인 리튬을 추출해 제조하는 공정을 외국 자본의 개입 없이 독자적으로 추진한다는 방침을 명확히 했다고 보고하고 있다.

볼리비아 정부는 외국 투자자의 지원이나 개입 없이 리튬 탄산염을 생산한다는 방침을 고수하고 있다. 볼리비아 계획개발부의 과학기술국장은 우리에게 "볼리비아 정부는 리튬 탄산염을 생산하는 과정까지는 볼리비아 정부가 전적으로 소유할 것"이라고 말했다. 볼리비아는 자력으로 리튬 탄산염을 생산하지만, 볼리비아 내에서 그것으로 전지를 만들거나 전기차를 생산하기 위해 외국 자본이 투자하는 것은 환영한다고 했다. 다만 볼리비아 정부가 대주주가 돼야 한다는 조건에서다. 볼리비아의 광업부 장관도 최근 "리튬 자원의 채굴은 볼리비아 정부와 국영기업이 통제할 것이며, 우리 정책은 이 분야의 기술에 경험이 있는 외국과 합작을 하는 것인데, 볼리비아가 지분의 과반을 소유해야 한다. 볼리비아는 과거 500년간 해왔던 것처럼 천연자원을 그대로 수출하는 방식은 더 이상 되풀이하지 않는다는 것을 세계가 알 필요가 있다"라고 말했다.

이 전문은 볼리비아 정부가 리튬자원 개발과 생산 과정에서는 외국 자본의 투자를 절대 허용하지 않고, 리튬전지 생산이나 전기자동차 생산과 관련한 볼리비아 현지공장 설립의 경우엔 외국 자본의 투자를 받아들이겠다는 입장을 확고히 세웠다는 것을 보여준다. 즉, 볼리비아가 사회주의자인 모랄레스 집권 이후 리튬 같은 핵심 자원을 철저히 국유화하고, 더 이상 해외 자본에 착취당하는 일은 반복하지 않겠다는 의지를 재확인했다는 것이다. 이를 볼 때 한국 언론이 '리튬 개발권'을 따냈다거나 선점했다는 식으로 보도한 것은 현지 정세와는 상당히 다르다는 사실을 알 수 있다.

이상득 의원이 리튬 시장을 이해하지 못하는 모랄레스 대통령에게 한 시간 동안 리튬 시장에 대해 설명한 뒤 MOU를 체결했다고 스티븐스 대사에게 말했다는 것도 황당하기는 마찬가지다. 볼리비아 주재 미국 대사관의 전문에 따르면 모랄레스는 이미 리튬 산업이 볼리비아의 미래를 좌우할 수 있는 핵심 산업이라는 점을 인식하고, 정부가 직접 3억5000만 달러를 투자해 2013년까지 연간 10만 톤의 리튬 탄산염을 생산하기로 했다. 이에 따라 2008년 우유니 호수에 시범 공장을 설립했고, 2009년 10월 리튬 첫 생산 기념행사에 모랄레스가 직접 참석하기도 했다. 이처럼 리튬 관련 산업을 볼리비아의 국가기간산업으로 정해 중점 관리하고 있는 모랄레스 대통령를 상대로 "모랄레스 대통령이 이해하지 못하고 있던 리튬 시장에 대해" 자신이 한 시간 동안 설명을 해줬다는 대목은 보기에 따라 참 민망하기까지 하다. 이 의원은 또 스티븐스 대사에게 모랄레스 대통령과 MOU를 체결했다고 말했는데, 이 의원이 2009년 8월 볼리비아를 방문했을 때도 우리 언론들은 양국 기업들이 MOU를 체결한 것으로 보도했다.

대통령 경제협력특사로 남미를 방미중인 한나라당 이상득 의원이 모랄레
스 볼리비아 대통령과 만나 양국 간 경제·자원 협력방안에 관해 협의했습
니다. (…) 이후 두 나라 관련 회사는 차세대 자동차 동력원으로 주목받고
있는 리튬의 공동연구와 개발을 위한 양해각서를 체결했습니다. 이 특사
일행은 지난 9일부터 브라질과 페루, 볼리비아 등 남미의 자원 부국을 잇따
라 방문하고 있습니다. (KBS 뉴스, '이상득 경협특사, 볼리비아 방문 자원외
교', 2009.8.15.)

그런데 이상득 의원이 2011년 8월 발간한 『자원외교특사─자원을 경
영하라』에는 당시 볼리비아에 동행한 지식경제부 자원담당국장에게
MOU 체결 사실을 절대 홍보하지 말라고 당부했다는 내용이 있다.

손에 무언가라도 들려 있으니 조금이나마 수지맞는 장사를 한 느낌이었다.
그러나 나는 긴장을 풀지 않았다. "아직 안심할 단계는 아닙니다. 그러니 한
국에 돌아가서도 이 내용을 절대 홍보해서는 안 됩니다." 흔히 대통령특사
라 하면 외국에 나가 각 나라 정상들과 악수하는 모습을 사진에 담느라 바
쁘다. 한마디로 실질적인 이득을 얻어내기보다 언론홍보에 더 신경을 쓴다.

하지만 어찌된 영문인지 이 의원이 남미를 순방하여 자원외교 성과를
내고 있다는 언론보도가 이처럼 잘만 나왔다.

볼리비아 리튬 관련 양해각서 체결은 이후에도 계속 이어진다. 볼리

비아의 모랄레스 대통령은 2010년 8월 26일 한국을 방문해 이명박 대통령과 정상회담을 가졌다. 다음은 이날 KBS 〈뉴스9〉의 정상회담 관련 리포트다.

> (앵커) 우리나라와 볼리비아가 정상회담을 갖고 차세대 핵심 소재인 리튬을 공동 개발하기로 합의했습니다. ○○○ 기자가 보도합니다.
> (기자) 이명박 대통령이 방한 중인 에보 모랄레스 볼리비아 대통령과 정상회담을 가졌습니다. 볼리비아는 차세대 전지의 핵심 소재인 리튬 매장량이 전세계의 47%를 차지하는 자원 부국입니다. 양국은 오늘 정상회담을 계기로 '리튬 개발에 관한 양해각서'를 체결했습니다. (…) 청와대는 볼리비아와의 협력 체제를 구축함으로써 앞으로 막대한 경제적 파급 효과를 거둘 수 있을 것으로 기대하고 있습니다.

KBS 〈뉴스9〉은 이어 '이슈 앤 이슈' 코너를 통해서도 '세계는 희소 금속 전쟁중'이라는 제목으로 리튬 등 희소 자원의 중요성을 집중적으로 보도했다. '리튬 개발에 관한 양해각서'를 체결했다는 것 자체가 별 구체성도, 구속력도 없는 모호한 성격의 행위지만 청와대가 미래 자원 전쟁에서 우위를 점할 수 있는 또 하나의 개가를 올렸다는 분위기를 대대적으로 띄우기에는 괜찮은 소재였다.

『조선일보』 8월 27일자도 한-볼리비아 간 정상회담 소식을 이렇게 보도했다.

> 이명박李明博 대통령과 에보 모랄레스Morales 아이마 볼리비아 대통령은

26일 청와대에서 정상회담을 갖고 볼리비아 우유니Uyuni 호수에 매장된 리튬 개발 및 산업화 연구에 한국 기업이 참여한다는 데 합의했다. 볼리비아가 정상회담을 통해 우유니 호수 리튬 개발에 외국 기업의 참여를 허용한 것은 한국이 처음으로, 지금까지 한국과 함께 일본·프랑스·중국 등이 리튬 개발권을 두고 경쟁을 벌여왔었다.

『조선일보』는 기사 제목을 「리튬 개발 양해각서 획기적 내용」이라고 달고, 기사 본문에서도 한국 기업이 세계 처음으로 우유니 리튬 개발 사업에 참여했다고 보도했지만, 웬일인지 이 기사는 10면으로 밀렸다. 열흘 전 「볼리비아 리튬 개발권 코리아가 먼저 따냈다」라며 1면 톱으로 거창하게 보도한 것과 비하면 온도차가 확연하게 느껴질 만큼 이 기사를 홀대한 것이다. 그때나 정상회담 보도 때나 마치 리튬 개발권을 따낸 것처럼 과장된 기사를 쓰긴 했지만, 막상 정상회담 때 뚜껑을 열고 보니 별 실체가 없다는 것을 『조선일보』도 알아챘기 때문일 것이다.

KBS의 보도 태도도 마찬가지다. 8월 17일에는 9시 메인뉴스 톱부터 2꼭지를 할애해 대대적으로 리튬 선점 가능성을 보도했지만, 정작 정상회담 소식은 〈뉴스9〉에서 16번째, 17번째 꼭지로 밀린 것이다.

KBS와 『조선일보』의 과대포장 보도

KBS와 『조선일보』의 대대적인 보도 이후 1년 가까이 지나도록 한국 기업이 실제 개발에 참여했다는 소식은 들려오지 않았다. 그러다가 1년 만인 2011년 7월 30일 KBS는 〈뉴스9〉에서 다시 「볼리비아 리튬 개발권 확보…경쟁국 따돌려」라는 제목의 특파원 리포트를 내보냈다.

(앵커) 차세대 에너지원으로 주목받고 있는 리튬전지 확보에 탄력이 붙게 됐습니다. 우리나라가 중국을 제치고 볼리비아와 리튬 공동 개발에 합의했습니다. 볼리비아 라파스에서 ○○○ 특파원이 전해왔습니다.

(기자) 끝없이 펼쳐진 볼리비아의 우유니 소금사막. 리튬 매장량 540만 톤, 세계 매장량의 절반이 넘는 볼리비아의 리튬 개발권을 확보하기 위해 세계 각국이 치열한 쟁탈전을 벌여왔습니다. 자원민족주의를 앞세워 굳게 빗장을 걸어 잠궜던 볼리비아가 차세대 에너지의 핵심인 리튬배터리 사업에서 최초로 한국을 전략적 파트너로 인정했습니다. 양해각서를 체결한 두 나라는 다음 달 공동 태스크포스를 출범시키고, 리튬전지 부품인 양극재 등을 생산할 합작회사를 볼리비아 현지에 설립하기로 합의했습니다.

제목에는 '리튬 개발권 확보'라고 되어 있는데 기사 내용은 여전히 '양해각서'를 체결했다는 것이다. 양해각서 내용도 그저 태스크포스 출범과 리튬전지 부품 합작회사 설립에 관한 것이다. 이런 내용이 '리튬 개발권 확보'라는 제목으로, 즉 '형님'의, 나아가 MB정권의 자원외교가 결실을 맺은 것처럼 포장하기에 가장 적합한 표현으로 둔갑돼 뉴스에 나온 것이다. 사실 리튬전지 부품 제조를 위한 현지 합작회사를 설립하기로 했다는 것은 앞서 소개한 크리머 대리대사의 전문 내용과 정확하게 맞아떨어진다. 그 전문에서 언급했듯, 볼리비아는 리튬 개발과 생산은 독자적으로 하되, 볼리비아 내에서 리튬으로 2차전지를 만드는 합작공장 설립에는 외국 자본에 문호를 얼마든지 개방하겠다는 정책(볼리비아의 지분 과반 이상 확보 조건)을 세운 바 있다. 그런데 KBS 뉴스는 전지회사 합작 설립 양해각서를 가지고 다시 '리튬 개발권 확보'라고 포장하는 과장 보도를 한 것이다.

당시 한국광물자원공사 및 포스코 컨소시엄과 불리비아 국영 광업기업 꼬미볼 사이의 합작 회사 설립 양해각서 체결 소식을 보도한 다른 대다수 언론의 기사 제목은 이랬다.

「한국-볼리비아 리튬 배터리 사업 합작 추진」(연합뉴스)

「한국-볼리비아 리튬 배터리 사업 합작 추진」(YTN)

「한국·볼리비아 리튬 배터리 합작」(매일경제)

「한국·볼리비아 리튬 배터리 합작 양해각서」(경향신문)

「한국·볼리비아 손잡고 리튬 배터리 생산한다」(국민일보)

당시 연합뉴스는 「韓, 볼리비아 리튬전지 사업서 뭘 노리나」(2011. 7.31.)라는 해설기사를 통해 한국과 볼리비아가 리튬전지 합작회사를 설립하기로 한 양해각서의 의미와 한계를 한국 언론 중에서는 그나마 정확하게 분석했다.

한국광물자원공사와 포스코는 29일 볼리비아 정부와 맺은 리튬전지 공동사업 양해각서에 따라 내달 볼리비아 정부와 태스크포스TF를 구성해 사업 추진을 위한 실무작업에 들어가며, 이후에는 양국 간 컨소시엄이 볼리비아에 들어선다. (…) 하지만 한국이 '블루칩' 자원으로 떠오른 리튬 확보에는 직접 뛰어들지 못한 채 전지 사업 분야에만 국한됐던 이유는 뭘까. 그 배경은 볼리비아 정부의 광물자원 정책에 있다. 볼리비아 정부는 지난해 리튬산업 전략을 발표하면서 리튬 개발은 국영회사만이 할 수 있도록 규정을 강화하면서 리튬전지 사업에만 외국 기업에 문을 열어줬다. 이런 탓에 한국과 중국 등 각국 기업은 리튬 개발에는 얼굴조차 내밀지 못한 채 리튬전지 사업에만 뛰어들었고, 그나마 리튬 추출에서 고급 기술을 가진 한국은 볼리비아 정부의 리튬전지 사업파트너로 최종 낙점되는 성과를 낼 수 있었다.

이상의 정황들로 미뤄볼 때, 볼리비아 리튬을 놓고 한국과 불리비아의 정상회담을 배경으로 해서 MB의 자원외교 성과를 한껏 부각하기 위해 모종의 기획이 있었지만, 기획 추진 세력이 볼리비아의 광업정책을 제대로 이해하지 못한 탓에 김빠진 쇼에 그치고 만 듯하다. 이 대목에서 2009년 볼리비아 주재 미국 대사관의 리튬 관련 전문 내용을 조금 더 살펴보자.

프랑스, 일본, 한국 기업 모두 볼리비아 리튬 분야에 대한 투자에 막대한 관심을 가지고, 볼리비아 정부와 접촉하고 있다. 그러나 그들 모두 어떠한 투자를 하건 시장 조건이 충족돼야 하는데, 볼리비아의 현 투자 규제 정책하에서는 투자를 진행할 만한 가치가 없다고 말했다. 일본 대사관의 경제담당 직원은 우리에게 볼리비아 정부가 일본측에 전지를 만드는 특허 기술을 공짜로 전수해줄 것을 원하지만 일본은 그럴 생각이 없다고 말했다.

이명박정권은 여러 도덕적 결함에도 불구하고 '경제 살리기' 구호로 집권했다는 사실을 의식해서인지 '자원외교'에 유달리 신경을 썼다. 자신들이 잘 할 수 있고, 또 생색내기에도 좋은 분야라고 생각했던 것 같다. 물론 자원외교 그 자체는 결코 비난받을 일이 아니고, 적극 장려해야 할 국책사업이라는 것은 의문의 여지가 없다. 단지 그 수행 방식과 지나친 포장이 문제다. MB정권은 너무 자주 실체도 없는 사업을 자원

외교 성과라고 과대 포장했고, MB정권과 이해를 같이 하거나 정권에 종속된 언론들은 '자원외교' 업적을 극적으로 포장해주는 '프로파간다 기관' 역할을 자임했다. UAE 원전 수주에서 봤듯이 '숟가락 얹기'도 흔히 동원된 수법이었다. 카자흐스탄의 발하쉬 석탄화력발전소 사업도 그런 사례 중 하나다.

발하쉬 발전소 수주의 비밀

2011년 8월 25일 KBS 〈뉴스9〉는 이명박 대통령의 중앙아시아 3개국 순방 성과를 다음과 같이 보도했다.

(앵커) 한국과 카자흐스탄이 경제협력하기로 뜻을 모았습니다. 그 규모가 우리 돈 8조7000억 원에 달합니다. ○○○ 기자입니다.

(기자) 이명박 대통령이 오늘 나자르바예프 대통령이 주재하는 공식 환영식에 참석해 카자흐스탄 의장대를 사열했습니다. **이 대통령 방문을 계기로 한국과 카자흐스탄 정부는 한국기업 컨소시엄이 카자흐스탄의 발하쉬 석탄화력발전소 건설 사업권을 확보하도록 하는 협정을 체결했습니다.** 또 LG화학은 아티라우 석유화학단지를 건설하고 이 회사를 카자흐스탄 국영기업과 합자 형태로 운영한다는 사업계획서에 서명했습니다. 두 사업은 각각 40억 달러 규모로, 전체 규모는 우리 돈으로 8조7000억 원에 달합니다.

(녹취) 이명박(대통령): "오늘 서명을 함으로써 앞으로 성공적인 추진이 될 것이고, 우리 한국 기업들이 성공적인 수행을 해나갈 뿐만 아니라 우리 정부도 깊은 관심을 갖고 협력을 하겠습니다."(강조는 인용자)

하지만 흥미롭게도 이런 보도가 나오기 2년도 전에 한전과 삼성 컨소시엄이 발하쉬 발전소 건립사업 우선협상대상자로 선정됐다는 기록이 있다. 다음은 2009년 3월 31일 카자흐스탄 주재 미국 대사관이 본국에 보낸 한 전문 중 '한국 기업 발전 분야에 투자'라는 소제목 부분이다.

한전은 3월 25일 삼성C 및 삼성T와 구성한 컨소시엄이 카자흐스탄 동부에 위치한 발하쉬에 건립될 예정인 25억 달러 규모의 화력발전소 사업의 우선 협상 대상자로 선정됐다고 발표했다. 이 컨소시엄은 2014년까지 1200에서 1500메가와트급 화력발전소 건립을 완료하기로 하고 2010년 샘룩-에네르고Samruk-Energo와 공식 계약을 완료할 계획이다.

2011년 8월 이명박 대통령이 카자흐스탄을 방문해 확보했다는 발하쉬 화력발전소 건설 사업권은 이처럼 이미 2년 5개월 전에 한국 기업들이 사실상 수주한 것이었다. 카자흐스탄 주재 미국 대사관이 2009년 6월 17일자로 작성해 본국에 보낸 「카자자흐스탄: 중국과 사업하기 KAZAKHSTAN: DOING BUSINESS WITH CHINA」라는 제목의 전문에는 이 사업이 당초 중국 기업에 가기로 돼 있었으나 한국 기업이 수주하게 됐다는 내용도 들어 있다. 이 전문은 카자흐스탄 주재 미국 대사관 경제담당 직원이 중국 대사 자문관과 만나 나눈 대화를 기록한 것이다.

그는(중국 대사 자문관—인용자) 중국 기업이 발하쉬 석탄화력발전소 같은 수지맞는 프로젝트 수주에 실패했다고 말했다. 그는 처음에 그 사업은 중국 기업에 오기로 약속됐었는데, 결국 한국의 한전과 삼성에 가고 말았다.

사실 이 사업과 관련해 김쌍수 한전 사장과 지성하 삼성물산 상사부문 사장은 전문에 나온 것처럼 2009년 3월 25일 카자흐스탄 현지에서 발하쉬 발전소 사업 관련 기본협약서에 서명까지 하고 우선협상대상자로 선정됐다는 사실을 발표했었다. 한전은 또 당시 보도자료를 통해, "발하쉬 발전 사업은 카자흐스탄의 구舊 수도 알마티로부터 북서쪽 370km 지점, 발하쉬 호수 남서부 연안에 1200~1500메가와트(MW)급 석탄화력발전소를 건설하여 운영하는 사업으로 추진되는 대규모 프로젝트"라고 밝힌 바 있었다.(오마이뉴스, 「MB가 카자흐스탄 발전소 수주했다고?」, 2011.8.26.)

그런데 청와대는 이명박 대통령의 2011년 중앙아시아 순방 성과를 홍보하기 위해 이 2년 5개월 전의 25억 달러짜리 발하쉬 발전소 사업도 실적에 슬쩍 포함시킨 것이다. 그래서 순방 성과는 총 40억 달러짜리로 포장됐고, KBS 메인뉴스는 "한국과 카자흐스탄이 경제협력을 하기로 뜻을 모았습니다. 그 규모가 우리 돈 8조7000억 원에 달합니다"라고 호들갑을 떨었다.

MB정권 들어서 우리 사회에서 가장 저급해진 현상 가운데 하나가 매사를 돈으로 따지게 됐다는 것인데, 심지어 대통령의 해외순방 성과마저도 돈으로 따지게 된 현실을 카자흐스탄 에피소드에서 볼 수 있다. 또한 한국 주류 저널리즘에는 이미 사실 확인 기능 같은 게 없어져 버렸다는 슬픈 현실도 덤으로 확인할 수 있다.

정권 실세와 가까운 미얀마 가스전, A5 광구

MB정권의 자원외교에는 이처럼 '부풀리기'나 '숟가락 얹기'는 물론,

이 못지않게 각종 잡음과 의혹도 잠복해 있다. 'KMDC'라는 신생 기업이 미얀마의 가스전 개발권을 따냈다는 기사가 2011년 1월 주로 경제지를 중심으로 일제히 보도되었다.

> 자원탐사개발 기업인 KMDC가 미얀마 해상의 4개 광구에 대한 탐사개발권을 따냈다. 이번에 획득한 A5는 대우인터내셔널의 미얀마 가스전인 A3에서 남쪽 직선거리로 100㎞가량 떨어져 있으며, 상업 생산 가능성이 높은 곳으로 알려졌다. KMDC는 지난 20일(현지시간) 미얀마 수도 네피도의 에너지부에서 계약 체결식을 가졌다. 미얀마 유전탐사 개발 경험이 있는 현지 유전 전문기업 BOC와 합작 형태로 공동 개발을 진행하는 방식이다. 이날 행사에는 룬티 에너지부 장관 등 20여 명의 미얀마 정부 정·재계 인사와 조병제 미얀마 주재 대사, 한나라당 소속 신영수·김선동·이한성 의원 등이 참석했다. (한국경제, 2011.1.24.)

첫 보도에서는 KMDC가 설립된 지 1년도 안 된 자본금 16억5000만 원의 신생회사이고, KMDC 이영수 회장이 MB 선거캠프 출신이며, 2010년 12월 '왕차관'인 박영준 지경부 차관과 함께 미얀마에 가서 에너지부 장관을 만났다는 사실 등은 물론 드러나지 않았다. 하지만 그 이후 이 회장이 17대 대선 당시 MB 캠프 외곽 사조직이었던 '국민성공 실천 연합'의 대표를 지냈다는 사실이 알려지면서 갖가지 의혹이 꼬리를 물었다. 2011년 10월 국정감사에서는 KMDC가 우회상장 수법으로 주가 조작을 시도한다는 의혹이 제기됐다. 또 KMDC가 개발권을 따냈다는 미얀마 A5광구가 사실 경제성이 없는 '빈 광구'라는 의혹도 나왔다.

그런데 필자가 확인한 결과 이 미얀마 A5광구는 미얀마 주재 미국 대사관이 본국에 보낸 전문에서도 모두 세 차례 등장한다. 특이한 것은 이 A5광구에 대한 생산물분배계약PCS을 미얀마 실세의 친인척이 확보한 후 탐사개발 사업파트너가 계속 바뀌고 있다는 점이다. A5광구가 처음 등장하는 것은 2008년 9월 19일 미얀마 주재 미국 대사관이 본국에 「산업부 장관 가족, 연줄로 이권 챙기다INDUSTRY MINISTER'S FAMILY BENEFITS FROM CONNECTIONS」라는 제목의 3급비밀 전문이다. 산업1부 장관의 아들이 소유하고 있는 UNOG와 IGE라는 기업에 대한 보고에서 'A5'가 나온다.

'UNOG'와 'IGE' 모두 미얀마의 석유와 가스 분야에서 사업을 벌이고 있다. 2007년 3월 이 두 회사는 말레이시아 회사와 함께 미얀마 국영 석유가스공사MOGE와 A5 및 M1 해저 광구에 대해 30년간 생산물분배방식의 계약을 체결했다. 이 회사들은 아직 해저 탐사 작업을 시작하지 않고 있다. 대우의 시추 담당 매니저는 이 회사들 모두 시추 경험이 없기 때문에 아마 그들의 생산물분배계약을 중국 기업에 팔아넘길 것이라고 추측했다.

정권 실세의 아들들이 소유한 IGE 등이 'A5' 개발권을 확보해두고도 실제 탐사는 하지 않고 있다는 것이다. A5광구는 2009년 4월 17일자 미얀마 주재 미국 대사관 전문에 다시 나타난다. 이 전문은 「미얀마 해양 가스 부문 업체 목록WHO'S WHO IN BURMA'S OFFSHORE GAS SECTOR」이라는 제목으로 현재 미얀마에서 사업중인 가스 관련 업체 현황을 정리하고 있다. 홍미로운 것은 2007년 3월 미얀마 실세 아들 기업과 함께 'A5'

와 'M1'에 대해 생산물분배방식의 계약을 체결했던 말레이시아 기업이 한 해 전인 2008년에 'A5'에 대한 사업권을 포기했다는 대목이다. 또 'A5' 가 매물로 나와 여러 업체가 입찰에 참여하고 있다는 내용도 들어 있다.

이어 두 달 뒤인 2009년 6월 5일자 미얀마 주재 미국 대사관의 전문은 'A5' 탐사개발권의 변동 과정에 대해 보다 자세한 설명을 하고 있다. 이 전문은 미얀마 법에 따르면 가스개발 업체 간 파트너 계약이 취소될 경우 해당 광구는 미얀마 국영 석유가스공사MOGE가 회수해서 새로 입찰에 부치게 되는데, 'A5'의 경우는 미얀마 에너지부 장관이 MOGE에 압력을 넣어 산업1부 장관의 아들이 소유하고 있는 IGE가 해당 광구에 대한 권리를 계속 유지할 수 있게 됐다고 했다. 또 이런 특혜를 받은 후 IGE 가 인도 기업을 사업파트너로 끌어들이는 데 성공했다고 덧붙였다. 실제 시추 작업은 없이 사업 파트너만 계속 변경되고 있는 것이다.

그런데 1년여 후 이 돌고 돌았던 'A5' 광구에 대한 탐사개발권을 2010년 12월 박영준 차관과 함께 미얀마 에너지부 장관을 만나고 온 KMDC 회장이 그 흔한 양해각서 체결도 없이 바로 따냈다는 것이다. 미얀마 'A5' 광구의 경제성은 더 두고 봐야겠지만 미얀마 현지에서나 한국에서나 실세들과 가까운 광구인 것은 분명해 보인다. 미얀마 'A5'는 카메룬 다이아몬드 광산 주가조작 의혹 사건과 함께 차기 정권에서 진상 규명이 필요한 MB시대 자원외교의 또 다른 유산이 아닐 수 없다.

02
파병의 경제학

담배가 수출 1위, '놀라운 교역 패턴'

지난 2008년 10월, 이라크 바드다드 주재 미국 대사관의 경제참사관 마이클 도드만은 현지 한국 대사관을 방문해 정광용 참사관과 한-이라크의 경제관계에 대해 담소를 나눴다. 이날 두 사람이 나눈 얘기는 얼마 뒤인 11월 11일자 3급비밀 전문 「한-이라크 경제관계, 안전이 여전히 문제IRAQ-KOREA ECONOMIC RELATIONS—SECURITY STILL A CONCERN」에 담겨 본국으로 보내졌다. 이 전문에서 도드만은 정 참사관으로부터 놀라운 얘기를 들었다며 '놀라운 교역 패턴'이라는 소제목 아래 그 얘기를 이렇게 옮겨놓고 있다.

정 참사관은 다른 나라에서는 일반적으로 미국 담배가 시장을 지배하지만, 이라크에 한국이 가장 많이 수출하는 품목은 담배라고 겸연쩍게 말했다. 그는 한국 담배가 워낙 싸기 때문에 미군 PX에서 미국 담배를 살 수 있는 한국 외교관들도 일반 상점에서 한국 담배를 구입하는 것을 더 선호한다고 했다. 정 참사관은, 이라크인들이 미국 담배 피우는 모습을 보이기를 꺼려하는 것 같다고 추측했다. 담배 다음으로 한국이 이라크에 많이 수출하는 품목은 중고차인데, 2년 이상 된 중고차 수입을 금지하는 새 규정이 생기면서 수입물량은 줄고 있다고 했다.

IT와 자동차 강국인 한국의 이라크 수출 1위 품목이 담배라는 사실은 바그다드 주재 미국 외교관도 놀라게 했을 법하다. 이 작은 에피소드는 2003년 서희·제마 부대를 시작으로 2004년 자이툰 부대까지 미국, 영국에 이어 세계에서 세번째로 많은 병력을 이라크에 보낸 한국이 실제로 현지에서 차지하고 있는 위상을 상징적으로 보여준다. 파병의 이익이 고작 '담배팔이' 정도에 그친 것이다.

전문은, 안전문제 등의 이유로 이라크 내에서 한국 기업이 활동하고 있는 곳은 쿠르드 자치정부 지역이 거의 유일하다는 정 참사관의 말도 전하고 있다. 쿠르드 지역에서는 한국석유공사 컨소시엄이 쿠르드 자치정부와 8개 원유 광구 개발권 계약을 체결하고 사업을 추진하고 있으며, 이를 위해 2008년 9월 1일 아르빌에, 9월 27일에는 술래이마니아에 사무실을 열기도 했다는 것이다. 정 참사관이 도드만에게 말한 이 사업은 다름 아니라 이명박정부가 '한국형 자원외교'의 대표적 성과라며 대대적으로 선전했던 쿠르드 프로젝트였다. 이는 석유공사와 국내 7개 건설사로 구성된 한국 컨소시엄이 21억 달러 규모의 도로·교량·상하수도 시설 등을 건설해주는 대가로 쿠르드 자치정부로부터 8개 유전에 대한 생산물 및 지분을 양도받는 일종의 '자원-SOC 간 패키지 계약'이다.

이 사업은 당초 2007년부터 민간기업 차원에서 추진된 것이지만, 이명박정부가 인수위 시절부터 관심을 갖고 정권 차원의 실적으로 부각시켰다. 미 대사관의 2007년 12월 26일자 전문에는, 이명박 대통령 당선자의 외교안보 브레인들과 버시바우 대사가 자이툰 부대 파병 연장 문제를 논의하던 중 이 쿠르드 유전개발 사업을 거론하는 대목이 나온다.

유종하 전 장관은 이명박 당선자가 이라크 자이툰 부대 파병을 2009년까지 계속하는 방안을 지지한다고 말했다. 현재 한국 기업들이 쿠르드 지역에서 에너지 자원을 개발하는 계약을 타결 지으려 하고 있는데, 한 건은 사인을 했고, 나머지 두 건은 작업중이라고 했다. 성공적으로 경제성 있는 계약을 따내는 것은 이라크에 한국군을 주둔시키는 '실용적pragmatic' 이유를 제공해준다. 그래서 이명박 당선자는 이라크 파병이 미국을 위해서가 아니라, 한국의 이익을 위해서라고 주장할 수 있다. 박진 의원은 이라크 파병연장동의안(2008년도 주둔—인용자)이 대통합민주신당의 반대에도 불구하고 12월 27일이나 28일에 통과될 것 같다고 했다.

이명박정부는 이처럼 인수위 시절부터 이 쿠르드 사업의 다목적 효과에 주목하고 있었다. 단순한 국익 차원에서뿐 아니라 파병 연장의 명분, 그리고 이 전문에 언급되지는 않지만 MB의 자원외교 성과로도 써먹을 수 있는 재료였던 셈이다. 하지만 이 사업은 당초부터 근본적인 문제를 안고 있었다. 이라크 중앙정부를 배제하고 쿠르드 자치정부와 추진한 사업이라는 점에서 말이다. 따라서 이라크 중앙정부와 언제든 갈등을 빚을 수 있는 여지가 잠복해 있었다. 그리고 문제는 예상보다 빨리 표면화됐다.

쿠르드 프로젝트, MB식 부풀리기의 시작

2008년 1월 1일자 미 대사관 전문은, 쿠르드 석유개발 프로젝트에 참여하고 있는 SK에너지가 이라크 국영 석유마케팅회사인 SOMO로부터 쿠르드 자치정부와의 계약을 취소하지 않으면 2008년 1월 1일자로 SK 측에 원유 공급을 중단하겠다는 협박을 받은 사실을 다루고 있다. SK에너지 두바이 지사가 SOMO의 위협 전화를 받았다는 사실을 한국 산업자원부로부터 확인했으며, 외교통상부 등이 이라크 중앙정부의 진의를 확인하기 위해 부심하고 있다는 내용이었다. 외교통상부의 한 당국자는, 이라크 중앙정부가 입장을 굽히지 않는다면 한국 정부는 쿠르드 사업 참여 기업들과 사업 철수 방안을 논의할 수밖에 없다고까지 말했다는 것이다. 흥미로운 점은 이 전문 마지막의 논평이다.

> 한국이 이라크 북부에 군대를 보낸 동기 가운데 하나는 이라크 개발에 한국 기업들을 항상 참여시키기 위한 기회를 창출하는 것이었다. 바지안 Bazian(쿠르드 유전지역 중 하나—인용자) 계약은 가장 주된 성과 중 하나였다. 놀랍게도 SOMO의 위협을 다룬 숱한 언론 보도들은 이라크 아르빌의 자이툰 부대 파병 연장을 지지하는 한국 정부의 결정에 아무런 영향을 미치지 못했다. 국회는 12월 28일 파병 1년 연장을 승인했다.

이 논평은 미 대사관이 한국의 이라크 파병 동기 중 하나를 경제적 이해관계로 파악하고 있음을 확인해준다. 게다가 2003년 파병 이후 5년여 만에 겨우 가시화된 경제적 이익 성취 가능성이 이라크 중앙정부의 개입으로 인해 무산될 위기에 처했는데도, 한국 정부와 국회가 너무 쉽게 또 다시 파병 연장을 결정한 데 대해 놀라움마저 표시하고 있다. 쿠르드 프로젝트에 차질이 생겨 자이툰 파병 연장에 걸림돌이 되지 않을까 우려했으나 파병연장동의안이 무난하게 통과돼 의외라고 생각한 것이다.

이 전문에서 한국 외교부 당국자는 이라크 중앙정부가 계속 반대하면 쿠르드 프로젝트를 취소할 수밖에 없지 않겠느냐는 입장을 내비쳤지만, 한국기업 컨소시엄은 사업 강행을 결정한다. 그리고 2008년 2월 쿠르드 자치정부 총리가 한국을 방문해 4개 광구 개발 계약을 체결하고, 이명박 당선자를 예방하면서 이 사업은 본격적으로 MB정부의 치적으로 포장된다. MB정권의 '핵심관계자'를 여럿 배출한 『동아일보』가 여기에 적극적으로 나섰다.

이 신문은 2월 14일자 1면 머리기사로 「8억~10억 배럴 규모 쿠르드 유전 따냈다」를 실었고, 이튿날에도 1면에 「쿠르드 유전 4곳 개발 두 달 내 최종계약」이라는 제목의 기사를 게재했다. 같은 날 경제면에는 드디어, MB '자원외교의 결실'이라는 언급도 등장했다.

이번 쿠르드 유전 확보는 이명박 차기 정부의 자원외교가 처음으로 결실을 거둔 사례라는 분석도 있다. 실제로 한국 컨소시엄이 이번에 쿠르드 지역에서 유전을 확보하게 된 배경에는 인수위에 자문위원으로 참여하고 있는 하찬호 주이라크 대사의 공로가 큰 것으로 알려졌다. 이 때문에 인수위는 새 정부가 표방하는 자원외교가 첫 결실을 거뒀다는 자평을 내놓고 있다. 자원과 지역개발을 한데 묶은 '패키지 외교'의 성공사례를 만들었다는 것이다.

며칠 뒤인 3월 1일에 나오기는 했지만, 『중앙일보』도 자원외교 선전에 동참했다. 쿠르드 계약의 숨은 주역이라는 제프리 존스 전 주한미국 상공회의소 회장의 인터뷰를 통해 MB 치적을 홍보했는데, 기사 제목도 「"MB가 쿠르드 유전 따낸 셈"」이었다.

이 쿠르드 유전개발 사업은 2008년 2월 MOU 체결 때만 해도 '4개 광구'였는데 6월 최종 계약 때는 '8개 광구'로 늘어났다. 규모도 20억 배럴 유전 확보에다 107억 달러의 사회간접자본 건설공사 수주로까지 확대됐다. 「사상 최대 유전계약…고유가에 '단비'」(세계일보, 2008.6.26) 등의 제목을 달고 쿠르드 프로젝트는 또다시 대대적으로 보도됐다. 『동아일보』는 「쿠르드 대박」이라는 제목을 달았고, 『조선일보』도 「초대형 유전개발권 따내」라는 기사로 따라왔다.

하지만 이 사업은 실적이 지지부진해지면서 점차 사람들의 기억에서 사라져갔다. 그리고 3년여가 지난 2011년 가을, 다시 뉴스의 전면에 등장했다. 이번엔 사상 최대의 유전 대박이 아니라 사상 최대의 쪽박으로.

한국석유공사가 이라크 북부 쿠르드 자치지역에서 추진해온 유전개발 사업이 실패로 끝나는 바람에 계약금과 탐사비용 등 모두 4억 달러(약 4400억 원)를 고스란히 날리게 됐다. 5개 광구 중 네 곳을 시추한 결과 원유가 아예 없거나 매장량이 극히 적은 것으로 드러났고, 나머지 한 곳도 경제성이 낮아 투자비를 회수할 가능성이 없다는 것이다. 쿠르드 유전 개발은 이 정부가 출범 초기부터 자원외교의 대표적인 성과로 내세웠던 프로젝트다. 이명박 대통령이 2008년 2월 당선자 시절에 가장 먼저 만난 외국 지도자가 쿠르드 자치정부 총리였다. 정부는 우리나라 연간 원유 소비량의 두 배가 넘는 19억 배럴의 원유 확보와 함께 쿠르드 지역 사회기반시설SOC 건설사업에

"쿠르드 유전 개발" 성급한 인수위

4개광구 탐사 MOU체결 배후 역할

李당선인 첫 자원외교 성과 '축배'

이라크 관계 무시 '한건주의' 비판

SK에너지, 이라크서 원유반입 중단

이라크 정부 "쿠르드와 계약 파기해야"

이명박 인수위는 의욕적으로 쿠르드 유전 개발을 추진했지만, 경제성과 이라크 내부 사정을 잘 따져보지 않고 무대포식으로 달려들어 결국 '쪽박'으로 끝나고 말았다. (경향신문 2008년 2월 15일자)

참여하는 '일석이조'의 효과를 거뒀다고 자랑했다. 그러나 2008년 2월 양해각서MOU를 체결할 때부터 사업 타당성을 둘러싼 논란이 적지 않았다. 경제성이 워낙 떨어져 국제 석유 메이저들이 관심을 보이지 않는 지역이라는 지적이 나왔고, 이라크 중앙정부가 인정하지 않는 사업이어서 나중에 분쟁을 빚을 수 있다는 우려가 끊이지 않았다.(조선일보, 「4억 달러 날리고 끝난 쿠르드 油田 개발사업」, 2011.9.17.)

사실 이 쿠르드 유전개발 사업과 관련해 대다수 전문가들은 이라크 중앙정부 승인 없는 자치정부와의 독자 사업은 '소탐대실'이 될 것이라고 경고했었다. 하지만 MB정부의 첫 자원외교 성공사례로 선전되면서 초기의 여러 이상 신호에도 불구하고 강행됐고, 결국 비극적 결말을 맞고 만 것이다. 더구나 이 사업은 그 자체의 실패로만 끝난 게 아니라 이라크 중앙정부와의 관계를 악화시키는 주요인으로도 작용했다. 이런 문제에 대해 MB정부는 2009년 2월 탈라바니 이라크 대통령이 방한함으로써 껄끄러운 관계가 해소됐다고 주장했다. 하지만 이때 이라크 대통령의 방한과 한-이라크 정상회담은 또 다른 기만극의 시작이었다.

정상회담 성과 포장, '설익은' MOU 발표

2009년 2월 24일, 청와대는 보도자료를 통해 이명박 대통령과 탈라바니 이라크 대통령의 정상회담에서 양국 정상이 이라크의 남부 바스라 지역 유전개발과 우리의 SOC 건설을 연계하는 35억 달러 규모의 사업에 합의하고 양해각서에 직접 서명했다고 밝혔다. 이번에도 MOU였다. 특히 청와대측은 보충 브리핑을 통해 "이번에 합의된 유전개발은 20억 배럴 규모"라면서 "대개 유전개발에 합의해도 탐사와 시추 등으로 시간이 걸리는데 이미 석유가 생산되고 있는 '생산광구'를 계약했다는 데 의미가 있다. 앞으로 진행될 우리 기업의 유전·가스전 개발 입찰에 선점 효과가 기대된다"고 발표했다. 이미 석유가 나오고 있는 유전인 만큼 수혜가 바로 이어질 것처럼 말한 것이다.

하지만 정상회담 이틀 뒤인 2월 26일 미 대사관이 본국에 보낸 3급비밀 전문 내용은 청와대의 발표와는 사뭇 달랐다. 우리 외교통상부 중동과장이 미 대사관측에 해준 말은, 청와대가 합의 내용을 "설익은 상태에서prematurely" 배포했다는 것이다.

곽 과장은 한국이 발전소 등 35억5000만 달러에 달하는 인프라를 이라크에 건설해주는 조건으로 20억 배럴가량의 바스라 지역 유전개발권을 확보했다고 발표한 청와대의 보도자료는 정상회담 전에 초안이 작성된 것이며, 설익은 상태로 배포됐다고 우리에게 말했다.

정상회담 성과를 담은 보도자료가 정상회담이 열리기도 전에 이미 초안이 마련돼 있었으며, 특히 정상회담 성과도 구체적 합의에 이르지 않은 채 발표됐다는 것이다. 그 이유는 무엇일까?

곽 과장은 단순히 두 대통령이 2월 24일 열린 한 시간 동안의 우호적 회담에서 합의의 구체적인 사항까지 논의할 시간이 없었으며, 대신 세부사항은 5월에 바그다드에서 열릴 장관급 회의에서 결론 내는 것으로 합의했다고 말했다.

양국 정상이 시간이 없어 구체적인 사항까지는 논의를 하지 못했는데, 보도자료는 합의가 구체적으로 이뤄진 것처럼 작성해 배포했다는 것이다. 또 곽 과장은, 탈라바니 대통령이 우리측에 한국인들의 이라크 여행제한 조치를 완화시켜줄 것을 요청했으나 이 대통령은 검토해보겠다며 확답을 하지 않았다고 했다. 그러나 전문에서 주한 미 대사 스티븐스는 당시 자신과 만났던 이라크 외무부 부장관 아바위가 여행제한 조치 완화를 한국 정부가 약속했다고 말했다며, 두 정부의 입장이 엇갈리고 있는 상황을 적시하고 있다. 정상회담 결과에 대해서는 청와대 보도자료와는 반대로, 두 나라가 서명한 양해각서는 양측 모두에 구체적인 성과물을 약속하지는 않았다는 평가였다. 전문 마지막에 남긴 스티븐스 대사의 논평이다.

> 곽 과장은 이라크 대통령의 방문을 긍정적으로 해석하려 했지만, 한국 국민들은 정상회담 전에 초안이 작성돼 청와대에 의해 보도자료로 배포된 경제협력 MOU가 결론이 난 것이 아니라는 점을 안다면 실망할 수밖에 없을 것이다. 그럼에도 불구하고 탈라바니 대통령이 대규모 대표단을 이끌고 서울에 왔다는 것은, 최근 종료된 이라크 파병 활동을 통해 한국이 구축해놓은 관계를 토대로 양국이 협력할 수 있다는 징표다.

그러나 스티븐스 대사의 긍정적인 전망과는 달리 정상회담 한 달여 뒤 이라크 정부는 쿠르드 자치정부와 쿠르드 유전개발 프로젝트를 계약했던 한국석유공사 및 SK에너지 등을 유전개발 입찰에서 제외시켰다. 또 이 전문에 언급됐듯이, 양국 정부는 양국 정상 간의 양해각서를 장관급 후속 협의를 통해 마무리 지으려 했으나 이 또한 흐지부지되고 말았다. 이라크 바스라 유전의 석유를 당장이라도 실어올 것 같았던 청와대 보도자료는 또다시 공수표가 되고만 것이다.

스티븐스 대사는 논평에서 한국의 이라크 파병 기여가 한-이라크 관계에 긍정적인 토대가 될 것이라고 했지만, 그럴 기미는 그 후에도 별로 보이지 않았다. 사실 한국이 이라크에 대규모 병력을 보낸 것은 미국이나 한국 자신의 이해관계 때문이었지, 이라크를 위한 것이 아니라는 정도는 이라크측도 잘 알기 때문이다. 참여정부 시절이나 MB정부 시절이나 항상 우리 정부는 이라크나 아프간에 파병을 할 때마다 국익을 내세웠다. 미국의 압력 때문에 파병을 할 수밖에 없는 상황에서도 정부는 한국의 국제적 위상 제고와 경제적 이익을 명분으로 내세웠다. 자국 젊은이들을 명분 없는 전쟁터에 내보내면서 주판알을 두드렸던 것이다. 2007년 말 이명박 대통령 당선자의 핵심 참모들이 미국 대사를 앞에 두고 쿠르드 유전개발 계약을 거론하면서 자이툰 부대 파병 연장의 명분이 생겼다고 말한 것은 이런 저급한 계산의 대표적 사례가 아닐 수 없다. 그것을 '실용적'이라고 말하면서 말이다.

한국 국방장관도 몰랐던 '자이툰 부대 철수' 결정

2004년 우리 정부가 쿠르드 지역에 자이툰 부대를 보낼 때, 한국 사회는 극심한 찬반양론에 시달렸다. 파병 목적이나 정당성을 두고 수많은 논란이 제기됐다. 자이툰 부대의 출국을 막기 위해 수백 명의 시위대들이 서울 성남공항 앞에서 농성을 벌이기도 했다. 그런데 2008년 말 자이툰 부대가 4년여의 파병 활동을 마치고 돌아올 때는 너무나 조용했다. 조용했다는 것은 철수 결정이 갑자기 이뤄졌고, 철수할 것인가 연장할 것인가, 철수 시점은 적합한 것인가 등에 대해 우리 정부나 국회 내에서 아무런 논의가 없었다는 것이다. 우리가 아무런 논의를 하지 않았다기보다는 논의할 권리조차 부여받지 못했다는 것이 더 정확한 말일 듯하다. 그저 미국으로부터 철군해도 좋다는 통보를 일방적으로 받았기 때문이다.

우리 정부가 자이툰 부대 철수를 공식적으로 발표한 것은 2008년 9월 19일이다. 국방부 관계자는 발표 당시 "미국이 자이툰 부대의 파병 연장을 요청하지 않고 있고, 다른 동맹국들도 철군을 준비하고 있는 상황"이라는 설명을 덧붙였다. 그렇다면 자이툰 부대의 철군은 과연 언제 확정된 것일까? 필자가 미국 외교문서를 검색해본 결과 적어도 2008년 9월 11일 이전에 미국측이 '자이툰 부대가 더 이상 이라크에 주둔할 필요가 없다'고 우리 정부에 통보한 사실을 확인할 수 있다.

2008년 9월 17일자 미 대사관 전문은 우리 국방부가 자이툰 부대 철수를 공식 발표하기 8일 전인 9월 11일, 미국 국방부 동아시아 담당 부차관보 데이비드 세드니와 한국과장 커트 통이 외교통상부 장호진 북미국장을 만나 자이툰 부대 철군 통보와 관련된 사항을 논의한 사실을 담고 있다. 이 전문은, 장 국장이 미국측의 철군 통보를 접하고 "그 뉴스를 환영하면서도 어떻게 그 결정이 내려졌는지에 대한 대중들의 질문을 어떻게 처리할 것인지에 대해 초조해하는 것처럼 보였다"라고 전했다.

당시 세드니 부차관보 등은 제19차 한미안보정책구상회의 참가차 서울에 와 있었다. 세드니와 장 국장의 만남을 기록한 3급비밀 전문을 통해 한국군의 이라크 파병이 어떤 과정을 거쳐 종료되는지 좀 더 살펴보자.

한국군의 이라크 주둔은 올해(2008년−인용자) 말 이후 더 이상 필요 없다고 루트 장군이 NSC 한국 대표에게 통보한 것과 관련해, 외교통상부 장호진 국장은 언제 이라크 정부가 그것을 공식 발표할 계획인지 물었다. 미 국방부 한국과장 커트 통은 미 국무부 아태담당 차관보 크리스토퍼 힐이 결정 내용을 9월 9일 워싱턴의 한국 대사관에 전달했으며, 버시바우 대사가 같은 내용을 9월 10일 한국 국방부 장관에게도 전달했고, 9월 11일 늦게 이명박 대통령에게도 전달될 것이라고 말했다. 통은 또 공개 발표 여부는 이라크 정부에 달렸고, 아마 바그다드에서 나올 것이라고 설명했다.

'미국의 일방적 통보'란 인상을 주지 않는 게 최우선?

위 전문에 따르면, 자이툰 부대가 2008년 말 이후로는 더 이상 이라크에 있을 필요가 없다는 통보는 2008년 9월 9일 미 국무부가 주미 한국 대사관을 통해 처음 전달했다는 것이다. 이에 대한 한국 정부의 반응은 어땠을까?

장 국장은 한국 정부의 두 가지 기본적 관심사항을 열거했다. 1) 한국 정부는 철군 통보 소식에 당황하지 않는다. 그리고 2) 발표의 핵심은 미국(이라크 정부가 아닌)이 일방적으로 한국군은 이라크에서 떠나야 한다는 결정을 내렸다는 인상을 주는 것을 피하는 것이다.

이라크 철군 문제에서도 우리는 한국 정부의 뿌리 깊은 행동 패턴을 다시 확인할 수 있다. 바로 "미국에 끌려간다는 인상을 피해야 한다"는 기본 원칙 말이다. 한국측의 이런 입장에 대해 세드니 부차관보는 다음과 같이 대답했다고 한다.

앞으로 이라크에서 연합군의 주둔은 미국이 아닌 이라크가 결정할 문제다. 여기서 핵심은, 이라크에서의 진전이 미국과 동맹국이 병력을 감축해도 되는 상황을 가능하게 했다는 것이다. 이것은 우리 모두의 성취이다. 세드니는 한국의 기여에 대해 사의를 표했다. 미 대사관의 정치군사담당수석은 한국이 올 연말까지 자이툰 부대를 철수하기로 이미 결정한 상태이기 때문에(국회가 2008년까지의 파병 연장 법안을 통과시킨 상태이기 때문에), 이라크 정부의 발표는 한국의 입장을 존중하는 형태가 될 것이라고 말했다.

그러나 우리 외교부 당국자는 뭔가 불안한 듯이 다시 질문을 던졌다.

장 국장은 왜 어떤 나라들, 특히 에스토니아 같은 나라는 이라크에 계속 주
둔하도록 요청을 받았는데, 다른 나라들은 왜 그렇지 않은가라고 물었다.
세드니 부차관보는 그런 결정들은 이라크 정부의 필요에 근거해 내려진 것
이라고 대답했다. 그런 결정들은 이라크 정부의 안보적 요구에 따른 것이
며, 자신은 이라크 정부를 대변하지 않는다고 했다. 장 국장은, 한국은 이라
크 파병부대가 성공해서 돌아오는 것이 기쁘다고 하면서도, 있을지도 모르
는 모든 부정적인 정치적 왜곡들에 대비해야만 한다고 말했다. 장 국장은
당초 첫 파병 때부터 반대하던 사람들이 그런 비판을 할 것이라고 했다. 세
드니는 다시 한국의 기여에 대해 미국 정부의 감사와 존경을 표했다.

미국측은 이라크 자이툰 부대 철군 관련 얘기를 끝낸 뒤, 우리 외교부
측에 바로 아프가니스탄 얘기를 꺼냈다.

세드니는 이어 회의가 끝난 후 장 국장과의 개별 대화에서, 미국은 한국이
아프가니스탄에 좀 더 많은 지원을 해주기를 바란다고 했다. 세드니 부차
관보는 아프간에 대한 한국 내의 정치적 민감성을 알고 있다면서, 장 국장
과 외교부가 한국의 아프간 지원에 대해 한국 국민들이 받아들일 수 있는
방안을 찾아봐달라고 제안했다.

이날 한국 외교부측과의 면담에 앞서 버시바우 대사와 세드니 부차관
보 일행은 9월 10일 한미안보정책구상회의가 끝난 직후 이상희 국방부

장관을 만나 이라크 정부가 발표 예정인 이라크 주둔 연합군 감축 계획 관련 문건을 전달했다. 여기엔 자이툰 부대의 완전 철수 계획도 포함돼 있었다. 이 자리에서도 미국 대사는 자이툰 부대가 영예롭게 임무를 마쳐 이라크와 미국 국민들이 감사한다는 말을 전했다. 또 비군사적인 분야의 기여를 기대한다는 말도 빼놓지 않았다. 버시바우와 세드니 일행의 이상희 국방장관 면담 내용은 2008년 9월 17일 작성된 또 다른 미 대사관 전문에 기록돼 있다. 이 전문에 따르면, 이상희 장관도 미국의 철군 통보에 대해 여러 가지 질문을 했다고 한다.

> 국방부 장관은 이라크 정부의 결정과 관련해 일련의 질문을 던졌다. 이라크의 미군 감축 계획은 확정됐는가? 미군의 추가 감축 계획이 있는가? 유엔 위임통치가 종료되면 미군 지휘 관계는 어떻게 되는가? 연합군 내에서 2009년에도 계속 주둔 요청을 받은 나라의 기준은 무엇인가? 버시바우 대사가 말한 비군사적 지원은 무엇을 의미하는가? PRT인가?

우리 국방부 장관도 어떤 나라는 계속 주둔해달라는 요청을 받았는데, 우리는 더 이상 필요 없으니 그냥 가라는 통보를 일방적으로 받은 것이 뭔가 찜찜했던 모양이다. 이상희 장관의 질문에 세드니 부차관보는 장 국장에게 그랬듯이 각 나라 병력의 이라크 주둔 지속 여부는 이라크 정부의 안보 필요성에 따라 결정된 것이라는 '당연한' 답변을 했다. 하지만 미국이나 이라크가 자이툰 부대의 주둔이 더 이상 필요하지 않다고 생각해 내부적으로 철군 결정을 내렸더라도, 그런 통보를 하기 전에 최소한 부대를 파견한 우리 정부와 상의는 하는 것이 상식적이지 않을까? 그러나 이 전문을 보면 그런 상식은 통용되지 않는 것처럼 보인다. 우리 외교부 북미국장과 국방부 장관까지 이라크 철군 기준이 무엇인지 미 국방부 부차관보에게 물어볼 정도니 오죽할까?

숱한 논란과 국론 분열 끝에 이라크로 떠난 자이툰 부대에는 연인원 2만 명 가까운 우리 젊은 병사가 배속됐었고, 천문학적인 관련 예산이 들었으며, 4차례에 걸친 파병연장결의안이 뒤따랐다. 그러나 이라크 파병은 지속 여부에 대한 결정 과정에 우리 국방장관까지도 배제된 채 갑작스런 미국의 철군 통보로 그 임무가 끝나게 된 것이다. 우리 정부로서도 파병 연장을 원했을 리는 없었겠지만 이런 식의 결정에 상당히 당혹감을 느꼈을 법하다. 당시 이상희 장관은 세드니 일행과의 면담에서 이라크 철군 문제와 관련해 이런 말을 남겼다.

이상희 장관은 만약 한국 정부가 앞으로 (미국으로부터—인용자) 어떤 다른 곳에 재파병을 요청받는다면, 한국 정부는 모든 세부사항을 알 필요가 있으며 그 문제에 대해 상세한 논의를 요구할 것이라고 말했다.

미국은 우리에게 이라크에서 떠나도 좋다고 통보한 뒤 바로 아프가니스탄을 지원하라고 파상적인 압박을 가하기 시작했다. 이런 과정에서 우리 정부의 이라크와 아프간 전략은 미국의 압력을 받았다는 인상을 피하는 것이 우선이었다. 두번째는 국익이라는 명분을 그럴듯하게 내세우는 것으로, 주로는 유전 확보 등 자원외교의 형태로 포장됐다.

수시로 수십억, 수백억 달러짜리 MOU 체결 소식이 대통령 얼굴과 함께 발표됐다. 하지만 금방이라도 대단한 결실을 가지고 올 것만 같았던 그 숱한 MOU들이 제대로 실현된 적은 별로 없었다. 명분 없는 전장에 우리 젊은이들을 보내는 대가로 이득을 취하겠다는 사고방식 자체도 터무니없는 것이지만, 그렇게 떠들던 경제적 이익이라는 것도 대부분 정권의 치적 과시용에 불과했다는 사실 앞에서 우리는 '파병의 경제'를 따졌던 과거를 뒤늦게라도 반성해야 한다.

미국 대사는 무기 브로커?

세계 3위 무기수입 대국에서 2012년은 1위로?

이명박정부가 임기 마지막 해인 2012년에 무려 14조 원 가까운 엄청난 규모의 무기도입 사업 계약을 체결한다고 한다. 3차 차기전투기F-X 사업에 8조2905억 원, 아파치급 대형 공격헬기AH-X 도입에 1조8384억 원, KF-16 전투기 성능개량사업에 1조8052억 원, 고高고도무인정찰기 HUAV에 5002억 원 등을 쓸 예정이다. 14조 원이라면 언뜻 감이 잘 오지 않는다. 이 정도 규모라면 역대 무기도입 액수와 비교할 때 어느 정도 수준일까?

국방기술품질원의 자료에 따르면 우리나라는 2006년부터 2010년까지 5년 동안 모두 74억300만 달러, 우리 돈으로 8조 원 넘는 무기를 외국에서 수입했다. 같은 기간 111억3900만 달러어치를 수입한 인도와 77억2400만 달러어치를 수입한 중국에 이어 세계 세번째 규모다. 그런데 2012년 한 해 동안에만 2006년부터 2010년까지 5년간의 무기도입 규모를 두 배 가까이 초과하는 규모의 사업 계약을 체결한다는 것이다.

한국의 연도별 무기도입 액수는 2006년 17억4500만 달러, 2007년 18억3900만 달러, 2008년 18억200만 달러, 2009년 8억8600만 달러, 2010년 11억3100만 달러로 나타났다. 2006년부터 2008년 동안의 무기 수입 규모가 컸던 것은 노무현정부가 추진했던 '국방개혁 2020'에서 추진한 방위력 증강 사업 때문으로 보인다. 하지만 이명박정부 출범과 함께 '국방개혁 2020' 계획이 전면 수정되고 국방예산 증가율이 둔화되면서 2009년과 2010년에는 무기 수입 규모가 크게 줄어들었다. 대규모 무기 도입 사업이 예산문제로 계속 연기돼왔기 때문이다. 그런데 이명박정부는 막판에 지난 5년을 합친 것보다 훨씬 많은 규모의 무기도입 계약을 진행하겠다고 한다. 왜 그런 것일까?

여기서 우리는 앞서 다뤘던 미국 대사관의 2008년 1월 9일자 보고서 「2020 비전」을 다시 한번 살펴볼 필요가 있다. 미 대사관이 이명박 대통령 당선 직후 인수위 시절에 작성해 본국에 보고한 이 보고서의 제2편 '동맹 전략적 동반자 관계의 관점에서 이명박정부에 개입하기 PART II: ENGAGING THE LEE ADMINISTRATION ON A NEW "ALLIED STRATEGIC PARTNERSHIP"'에는 한국과 미국의 새로운 전략적 동반자 관계에서 미국이 취할 수 있는 일곱 가지 이익이 제시됐다. 이 가운데 하나가 바로 대한국 무기 판매였다.(82쪽 참조)

미국은 MB의 당선을 보고 한국에 본격적인 친미 정권에 들어섰다며 환호하면서, 반도에서 미국의 이익을 극대화할 절호의 기회가 생겼다고 생각했다. 실제로 미국은 이명박정권 출범 초기부터 미국산 쇠고기 시장 전면 개방 등 이전 정권에서 풀지 못했던 숙원 사업들을 하나씩 관철해나가기 시작했다. 하지만 뜻대로 풀리지 않는 분야가 있었다. 바로 무기 판매였다. 이명박정부가 초기에 각 정부부처 예산을 일률적으로 10% 감축하도록 방침을 내려 국방예산도 삭감되었기 때문이다. 물론 미국을 염두에 두고 시행한 것은 아니었지만, 이는 미국산 무기 수입에 직접적인 영향을 미치는 문제이기에 미국은 이 조처를 마음에 들어하지 않았으며, 기회 있을 때마다 이명박정부의 국방예산에 대한 우려를 표명했다.

2008년 4월 8일 당시 주한 미 대사 버시바우는 이명박 대통령과 조지 W. 부시 대통령의 첫 정상회담을 앞두고 김병국 당시 청와대 외교안보수석을 만나 회담 의제 등을 논의하면서 국방예산 감축 문제를 언급했다. 다음은 두 사람의 대화 내용을 기록한 2008년 4월 8일자 전문 내용이다.

> 이명박정부의 국방예산 10% 감축 정책은 한국의 국방 능력을 훼손하고 국방개혁 2020 계획을 위협한다는 버시바우 대사의 우려에 대해 김병국 수석은 모든 정부부처가 10% 예산 절감을 지시받았다고 말했다. 절감된 예산은 새로운 생산적 프로젝트에 사용될 것이라고 했다. 그러나 아직 무엇을 얼마나 감축할 것인가는 아직 결정되지 않았고, 예산 감축 지시는 기본적으로 모든 정부 지출은 적절해야 한다는 이명박 대통령의 요청에서 비롯된 것이라고 했다. 김 수석은 한국의 주적은 없다는 국방개혁 2020 계획의 핵심 가정은 옳지 않은 것이기 때문에 그 계획은 전체적으로 수정돼야 한다고 했다. 북한은 주적이고, 국방 계획도 이 새로운 안보 독트린을 반영해야 한다는 것이다.

김병국 수석은 이 대화에서 북한 주적 개념을 제시하면서 참여정부가 수립한 국방개혁 2020 계획을 그대로 추진할 의사는 없다는 것을 분명히 한 것이다. 또 국방예산 감축에 대한 미국의 우려도 달리 고려할 의사가 없다는 점을 우회적으로 나타냈다. 이명박정부는 이처럼 참여정부의 방위력 증강 사업을 폐기하고, 북한을 주적으로 명확히 규정해 이에 집중하겠다는 방침을 세웠다. 물론 나중에 일어난 연평도 포격 사태나 천안함 사건을 봤을 때 이명박정부의 이런 신 안보 독트린은 결과적으로 완전한 실패로 귀결됐다. 어쨌든 버시바우 대사는 이날 김병국 수석과의 회동에서 국방예산 감축 계획이 한국의 미국산 무기 수입에 위축 효과를 가져올 것이라는 우려는 직접 전달하지 않았다. 하지만 미국 정부 기관끼리 오간 문서에서는 이날 회동에 앞서 이미 이 문제에 대한 구체적인 논의가 담겨 있었다.

글로벌 호크 등 한국 판매 차질 우려

버시바우 대사는 이명박정부가 출범하고 한 달 위인 2008년 3월 25일, 유명환 외교통상부 장관의 방미를 앞두고 워싱턴에서 유 장관과 만날 예정인 라이스 국무장관에게 장문의 정세보고서를 보낸다. 이 전문은 한미 양국 국무장관 회담에서 라이스 장관이 유명환 장관에게 당부해야 할 사항들을 주로 담고 있다. 여기엔 한미동맹과 관련해 이런 대목이 있다.

이명박정부는 한미동맹을 다시 살리겠다고 약속했으나 어떻게 하겠다고는 말하지 않았다. 당신은(라이스 장관을 말함―인용자) 유명환 장관에게 구체적인 것들을 말하라고 촉구해야 한다. 그리고 막대한 국방예산 감축은 미 의회에 문제를 야기할 수 있다는 것을 경고해야 한다.

MB정부의 국방예산 감축이 미국 의회에서도 문제가 될 수 있다고 유 장관에게 경고하라는 것이다. 버시바우 대사는 이어 라이스 장관에게 한국의 국방예산 감축 문제를 보다 상세하게 언급한다.

유명환 장관은 동맹의 관리는 비용의 분담이라는 것도 또한 직접적으로 들어야 할 필요가 있다. 이명박 대통령은 한국 국방부 장관에게 올해 국방예산을 10% 절감하라고 계속 지시했다. 이는 미화 30억 달러에 해당되고, 이 가운데 9억 달러는 군 현대화 프로그램의 신규 및 지속 사업에서 나오는 것이다.(이 액수만큼의 사업비 감축을 의미―인용자) 이것이 최종 예산안에 반영된다면, 이 국방예산 감축은 한국군 국방개혁 2020 계획의 완수를 지연시키거나 계획에 중대한 수정을 요할 것이다. **국방예산 감축은 또한 한국이 미국산 무인정찰기인 글로벌 호크 같은 새로운 시스템을 획득하는 것을 가로막을 것이다.** 한국 국방부 정보원에 따르면 국방부 예산은 이제 GDP의 2.5% 수준으로 떨어질 것 같다고 했는데 이는 노무현정부 때보다 낮은 수치다.(강조는 인용자)

미국은 이때 이미 내부적으로는 글로벌 호크 같은 자국산 무기 시스템의 한국 판매가 어려워질 것을 걱정하고 있었던 것이다. 당시 버시바우 대사는 이 전문에서 국방예산 감축과 관련한 청와대 내부 기류를 한 에피소드를 통해 매우 생생하게 라이스 장관에게 보고한다.

이상희 국방장관이 3월 12일 이명박 대통령을 만난 이후 한국 국방부는 태풍이 불어 닥칠 것이라는 점을 감지했다. 그날 회동 때, 대통령의 한 비서관이 국방장관에게 예산 감축이 있을 것이고, 적절한 계획을 세워야 한다고 노골적으로 말했다. **그 비서관은 국방장관에게 청와대는 국방부 장난감을 위해 수표를 써주지 않을 것이라고 퉁명스레 경고했다.** 이 대통령은 이에 대해 아무 말도 않고, 앞만 계속 쳐다보고 있었는데, 그의 비서관이 하는 모든 말에 동의한다는 표시였다. 당신은(라이스 국무장관을 말함—인용자) 국방예산의 심대한 감축은 한미동맹에 대한 미국 의회의 이미 시들해지는 지지에 더 부정적인 영향을 초래할 것이라는 점을 유명환 장관과 논의해야 한다.(강조는 인용자)

미 대사관은 이어 2개월 뒤인 2008년 5월 30일 「국방개혁에 대한 2009년도 한국 국방예산의 함의THE 2009 ROK DEFENSE BUDGET IMPLICATIONS FOR DEFENSE REFORM」라는 제목의 3급비밀 전문을 통해 이명박 정부의 예산 10% 감축 정책에도 불구하고 한국의 국방예산이 2009년에 7%가량 증가할 것을 보인다고 본국에 보고했다. 하지만 최종 예산안은 6월말 제출되는데, 국방개혁 2020과 2009년 국방예산은 궁극적으로 전시작전통제권OPCON 환수라는 이슈를 둘러싼 한국 내의 힘겨루기의 향방에 따라 결정될 것 같다고 분석했다. 미 대사관은 이 전문에서 전시작전통제권 환수 반대론자들이 한국군의 전시작전통제권 운용에 필요한 정보감시정찰ISR 시스템 도입을 지연시키기 위해 예산감축의 필요성을 이용한다는 견해를 소개하기도 했다. 특히 김병국 당시 청와대 외교안보수석이 글로벌 호크 같은 방어시스템의 도입을 반대하는 것은 노무현정부의 2012년 전시작전통제권 환수 합의를 훼손하기 위한 것이란 주장도 전했다. 이 전문들을 종합해보면 2008년 상반기에 미국은 참여정부와 합의한 2012년 전시작전통제권 이전 계획을 명분으로 한국군의 독자 감시정찰 능력 획득에 필요한 글로벌 호크 같은 무기 시스템을 판매하려 했고, 청와대는 이미 전시작전통제권 환수 연기를 상정해두고서 글로벌 호크 도입을 최대한 미루려고 한 것이다.

여기서 우리가 주목해야 할 부분은 미국이 한국에 판매하려고 한 글로벌 호크다. 2012년 이명박정부가 도입 계약을 체결하려는 무기사업 목록 중에는 고고도무인정찰기HUAV가 들어 있는데, 이 고고도무인정찰기가 바로 글로벌 호크이다. 책정 예산은 5002억 원이다. 『경향신문』이 국회 국방위원회 전문위원실의 「2012년 방위사업청 소관 예산안 검토 보고서」를 입수해 보도한 기사에 따르면 국방위원회 관계자는 "고고도무인정찰기 도입사업 예산은 당초 예상 사업비의 2배를 넘을 것으로 보여 사업 자체를 재검토해야 한다"고 밝혔다. 방위사업청은 당초 이 사업에 5002억 원을 책정했지만, 2011년 중순부터 미국측이 제시한 판매가격은 9422억 원으로 두 배 가까이 치솟았다고 한다. 일부에서는 글로벌호크의 4조 1세트 도입가격을 1조2000억 원대로까지 추정하고 있다. 미국이 개발비용 3000억~4000억 원을 추가로 요구하고 있다는 것이다.

4년 전 미국이 사달라고 요청할 때는 미적거리다가 도입 사업비가 두세 배 오른 2012년에 와서야 도입 계약을 체결하겠다는 이유는 무엇일까? 과연 이 글로벌 호크 사업에는 어떤 비밀이 숨어 있는 것일까?

2008년 초부터 글로벌 호크 구매 압력

지난 2009년 5월 한국의 주류 언론 대다수가 미국이 우리나라에 글로벌 호크 판매 의향을 공식 확인했다는 기사를 일제히 내보냈다.

정부의 한 소식통은 22일 "미국은 이달 14일 워싱턴에서 열린 제22차 한미 안보정책구상회의에서 글로벌 호크를 한국에 판매키로 결정했다는 입장을 공식적으로 전달했다"고 밝혔다. (…) 이번 SPI 회의에서 미측은 "한국의 거듭된 판매 요청에 따라 글로벌 호크를 판매하기로 결정했다"면서 "글로벌 호크를 한국에 판매하기로 결정한 것은 한미동맹의 신뢰를 보여주는 좋은 본보기"라고 강조한 것으로 전해졌다. (연합뉴스, 「美 "글로벌 호크 한국 판매" 공식 확인」, 2009.5.22)

미국이 글로벌 호크의 판매 불가를 고수한 것은 노무현정부 시절 껄끄러웠던 한미관계가 주된 원인이었다. (…) 하지만 한국에서 정권이 교체된 뒤 동맹 복원에 나서자 미국의 태도가 달라지기 시작했다. 지난해 7월 제18차 SPI에서 '판매 가능' 의사를 처음으로 밝혔고, 같은 해 10월 로버트 게이츠 미 국방장관이 "글로벌 호크의 한국 판매에 우호적"이라고 언급한 데 이어 이번에 최종 판매 결정을 내린 것이다. (동아일보, 「美 "한국에 글로벌 호크 팔겠다" 공식 확인」 2009. 5. 23)

2009년 5월에 왜 갑자기 미국이 글로벌 호크를 한국에 팔겠다고 공식 확인했다는 기사가 쏟아져 나왔는지는 알 수 없다. 한미 간 군 당국자의 회담 내용은 그 특성상 우리 군이나 외교안보라인에서 정보를 흘리지 않는 이상 언론이 확인하기 힘든 것이다. 또한 기사를 보면 핵심은 글로벌 호크가 아니라 이명박정부에 대한 미국의 신뢰가 높다는 것을 선전하려는 데 있다는 생각이 들 정도다. 그러나 안타깝게도 이 기사의 내용들은 사실이 아니다. 미국은 이미 보도 시점인 2009년 5월보다 훨씬 이전부터 글로벌 호크 판매 의사를 그저 내보인 정도가 아니라, 강도 높게 구입을 압박해왔다.

이 기사들과는 달리 실제 물밑에서는 글로벌 호크를 둘러싸고 어떤 일이 있었는지 살펴보자. 노무현정부 말기인 2007년 12월 7일 미 대사관은 「한국에 글로벌 호크 판매 지원SUPPORT FOR GLOBAL HAWK SALE TO SOUTH KOREA」이라는 제목의 3급비밀 전문을 보낸다.

한국의 글로벌 호크 시스템 획득은 미국의 국익과 향후 한미동맹의 유지를 위해 필수적이라고 우리 대사관은 평가한다. 북한의 군사력과 활동, 의도에 대한 정확한 상을 유지해온 우리의 능력이 50년 이상 한미동맹을 성공적으로 이끈 열쇠다.

한국 언론들의 황당한 기사와는 달리 미국은 이미 2007년에 한국에 글로벌 호크를 파는 것이 미국의 국익이라고 평가한 것이다. 미 대사관은 그 이유를 다음과 같이 설명하고 있다.

미군과 한국군은 북한의 위협에 대한 효과적 억지력에 어떠한 틈도 보이지 않고 2012년에 전시작전통제권을 이전하기 위해 긴밀하게 협조하고 있다. 이것은 한국 정부가 반드시 정보감시정찰 능력을 향상시켜야 한다는 것을 의미한다. 그러기 위해 한국 정부는 2012년까지 고고도무인정찰비행기 시스템인 RQ-4 글로벌 호크 4대와 1기의 완벽한 지상 통제 시스템의 구매에 관심을 보여왔다.

미 대사관은 또 이 전문에서 한국의 글로벌 호크 획득은 전시작전통제권 환수에 대비한 한국군의 정보감시정찰 능력 향상뿐 아니라 미 태평양사령부를 위해서도 필요한 사업이라고 지적했다. 왜냐하면 태평양사령부의 동북아 지역 감시정찰 임무에 투입된 U-2기가 2012년까지 퇴역하고 글로벌 호크로 대체될 예정인데, 그러면 미군의 한반도 지역 정찰 능력이 불충분해지기 때문에 한국군이 직접 운용하는 글로벌 호크의 정보가 필요하다는 것이다. 미국 입장에서는 2012년 전시작전통제권 이전뿐만 아니라 미 태평양 사령부의 정보감시정찰 능력 보강을 위해서도 한국이 글로벌 호크를 배치하는 일이 절실했던 것이다. 즉, 노무현 정부가 미워서 판매를 거부하고, 이명박정부가 예뻐서 판매를 허용하는 차원의 문제가 아니었다.

하지만 이명박정부가 2012년 전시작전통제권 환수를 기피하고, 글로벌 호크 도입에 미온적인 태도를 보이자 미국은 불편한 심기를 감추지 않았다. 2008년 4월 8일 이명박정권 출범 이후 처음으로 열린 제17차 한미안보정책구상회의는 미국측 대표인 미 국방부 동아시아 담당 부차관보 데이비드 세드니가 한국의 글로벌 호크 도입 계획 중단을 성토하는 것으로 시작됐다. 당시 회의를 기록한 미 대사관의 4월 28일자 미 대사관 2급비밀 전문이다.

국방부 동아시아담당 부차관보 데이비드 세드니는 한국 정부가 정보감시 정찰 시스템인 글로벌 호크 도입 활동을 갑자기 중단한 데 대해 미국측의 심각한 우려를 표했다. 그는 전제국 한국 국방부 국방정책실장에게 워싱턴에서 열린 제 16차 SPI 회의 때 전 실장이 그 이슈에 대해 강력한 의사를 표현하고, 미국 정부가 한국에 글로벌 호크를 판매하도록 자신에게 최대한 도와달라고 했던 사실을 상기시켰다.

세드니 부차관보는 이어 한국이 이런 식으로 일을 하면 앞으로 한국의 요청이 있을 때 그것을 즉각 처리하기가 힘들어진다고 압박했다. 이에 대해 전제국 국방부 국방정책실장은 한국 정부가 글로벌 호크 도입을 재검토하기로 한 결정은 2012년 전시작전권 환수와는 관련이 없는 문제이며, 시스템을 도입하기 전에 예산 등을 검토하기 위해서라고 해명했다. 또 한국 정부가 글로벌 호크 도입을 "취소한 것은 아니며 검토 중"이라고 했다. 세드니 부차관보는 이에 대해 오늘 당장 확답은 하지 못하더라도 SPI 회기 중에 한국이 글로벌 호크를 적당한 시점에 도입할 의사가 있다는 것을 보여달라고 요구하기까지 했다.

이 회의 기록을 보면 2007년 하반기부터 2008년 초까지 한국 정부가 미국과 글로벌 호크 도입을 심도 있게 논의했다는 것을 알 수 있다. 그러다가 갑자기 구매 의사를 철회할 수밖에 없었던 우리 국방부도 입장이 꽤나 난처했을 것이다. 하지만 이명박정권 입장에서는 보수 쪽 표를 얻기 위해 전시작전통제권 환수 연기를 공약했고, 정권의 안정적 운영을 위해 그쪽 눈치를 보지 않을 수 없었다. 문제는 전시작전권 환수를 연기할 경우 글로벌 호크 시스템을 당장 도입할 필요가 없어진다는 데 있었다. 하지만 글로벌 호크 판매 문제를 둘러싸고 미국은 지속적으로 한국을 압박했다. 2008년 12월 16일자 미 대사관의 전문은 하루 전 조지프 윤 미 대사관 부대사와의 오찬 회동에서 청와대 김태효 대외전략비서관이 미국이 아프간과 방위비분담, 글로벌 호크 같은 문제를 가지고 한국을 너무 세게 압박만 한다고 하소연하기까지 한 사정을 기록하고 있다. 미국의 압박이 얼마나 심했으면 이런 말까지 했을까.

글로벌 호크? 글로벌 호구!

그러나 해를 넘겨 2009년에도 압박은 계속된다. 미국은 2009년 3월 2일 서울에서 열린 제21차 한미안보정책구상회의에서도 한국측에 글로벌 호크 구매를 종용한다. 다음은 회의 내용을 담은 2009년 3월 20일자 미 대사관 2급비밀 전문 가운데 글로벌 호크 부분이다.

미 국방부 동아시아담당 부차관보 세드니는 7개월 전 한국 정부에 글로벌 호크의 가격과 구매 가능성에 대한 요청서를 제출하도록 권유한 사실을 언급했다. 세드니는 한국이 글로벌 호크를 획득하면 완전한 시스템을 갖추는 첫 국가가 되기 때문에 동맹의 강고함을 가시적으로 보여주는 것이 될 것이라고 말했다. 세드니는 한국이 가격과 가능성에 대한 요청서를 2009년 5월에 열릴 차기 SPI 회의 전까지 다시 제출할 것을 촉구했다. 이에 대해 전제국 국방부 국방정책실장은 한국은 원래부터 고고도무인정찰기와 중고도무인정찰기 도입을 원했다고 대답했다. 그는 한국이 글로벌 호크를 필요로 하며 도입을 원한다는 사실을 명확히 했다. 하지만 현재의 경제적 어려움과 주요 프로그램에 대한 검토 지속으로 아직 글로벌 호크 도입 일정을 정하지는 않았다고 했다.

미 대사관은 이로부터 6개월 뒤인 2009년 9월 24일 미 국무부 부장관 스타인버그의 방한을 앞두고 보낸 정세보고서에서 한국이 글로벌 호크에 대한 견적을 공식 요청해왔다고 보고했다.

미국은 2009년 7월 한국 정부로부터 미국이 생산한 무인정찰기 글로벌 호크의 도입과 관련해 가격과 구매 문의 요청서를 공식적으로 접수했다. 만약 한국이 2010년 중순 글로벌 호크를 도입하기로 결정한다면, 2013년 내에 인도하지는 못할 것 같다.

이 당시만 해도 글로벌 호크 1대의 가격은 4500만 달러 선, 우리 돈으로 600억 원가량이었다. 전력 운용에 필요한 4대 1조를 구입하는 데 2400억 원 정도가 소요될 것으로 추산됐다. 하지만 불과 2,3년 사이에 미국측의 판매 가격은 급속도로 올라가 앞서 언급했듯이 2012년에는 사업 예산만 5000억 원을 넘어섰다. 그러나 2011년 미국의 제안 가격은 이미 9000억 원대로 치솟았고 실제 시스템을 도입하는 데는 최고 1조2000억 원이 들 것이라는 전망까지 나왔다. 이명박정부는 2008년 상반기에 미국이 글로벌 호크를 사라고 요청할 때 충분히 유리한 조건에서 가격 협상을 벌일 수 있었는 데도 불구하고 실익도 없는 전시작전권 환수 연기에 매달리다가 기회를 놓치고 만 것이다. 그렇다고 글로벌 호크 이외의 대안을 제대로 마련한 것도 아니었다. 그리고 이제 임기 마지막 해에 몇 배나 뛴 가격으로 글로벌 호크를 구입하려는 움직임을 보이고 있다.

왜 그동안 구매 압박을 잘 버텨오다가 임기 말년에 천문학적인 액수의 미국산 무기를 도입하는 계약을 마무리 지으려 하는지는 알 수 없다. 다만 어떤 밀약 등 말 못할 사정이 있었으리라는 추정만 해본다. 2012년에 이명박정부가 정말로 글로벌 호크를 비롯해 14조 원에 달하는 무기 도입 계약을 체결할지는 좀 더 두고 봐야 한다. 국회 국방위원회에서도 분명하게 반대 입장을 보이고 있기 때문이다. 이명박정부가 계약을 체결하더라도 주된 도입 예산은 차기 정부 몫이 된다.

한국의 주류 언론들은 한미동맹 복원과 이명박정부에 대한 신뢰 때문에 미국이 글로벌 호크를 한국에 판매하기로 했다는 어이없는 기사를 쏟아냈다. 그러나 실상 미국은 한국 정부의 사정은 아랑곳하지 않고 가능한 모든 기회를 활용해 자국산 무기의 판매에 열을 올렸을 뿐이다. 글로벌 호크 도입 사업의 이면은 미국이 한국 정부에 품고 있다는 '신뢰'의 진짜 모습을 잘 보여준다.

보잉 '피스아이' 위용의 이면

2011년 9월 21일 대다수 한국 언론들은 우리 공군의 공중조기경보통제기 E-737 '피스아이Peace Eye' 1호기 인수 사실을 대대적으로 보도했다. 2006년 11월 미국 보잉사가 사업자로 선정된 이후 5년 만에 실전 배치된 것이다. 2011년 12월 13일에는 피스아이 2호기가 군에 인도됐다. 피스아이는 기체에 장착된 레이더를 통해서 조기경보, 항공기 통제의 임무를 수행하는 방공 통제소로 한반도 전역에서 천여 개 표적을 동시 탐지할 수 있다고 한다. 지난 2006년 시작돼 2012년 완료되는 공중조기경보통제기 도입 사업에는 모두 2조 원의 사업비가 투입됐다. TV 뉴스 화

위키리크스 문건을 통해 미국이 노골적으로 한국 정부에 미국산 무기 구입을 종용했다는 사실이 드러났다. 2조 원의 예산을 들여 도입한 조기경보기 피스아이도 그 대표적 사례다. (사진 출처: 보잉 사 홈페이지)

면에 비친 피스아이의 위용은 보는 사람들을 감탄케 했다. 하지만 피스아이의 도입 이면에도 어김없이 미 대사관의 로비와 압력이 있었다. 공중조기경보통제기 사업을 둘러싸고 미국의 보잉사와 이스라엘 IAI사 사이에 치열한 수주 경쟁이 펼쳐졌던 2006년 상황으로 가보자.

지난 2006년 4월 21일 주한 미 대사 버시바우는 당시 외교통상부 장관이었던 반기문과 오찬 회동을 갖고 한미 간 주요 현안들에 대한 의견을 교환했다. 미 대사관은 다음 날 「반기문 장관과 회동: 북한, 환경 문제 조정, 보잉 지지, FTA AMBASSADOR'S MEETING WITH FM BAN: NORTH KOREA, ENVIRONMENTAL MEDIATION, BOEING ADVOCACY AND FTA」라는 제목의 전문에 두 사람의 대화를 상세히 기록해 본국에 보냈다. 전문에 있는 "보잉 지지BOEING ADVOCACY"라는 대목이 눈길을 끈다. 다음은 전문에 담긴 버시바우 대사의 발언록이다.

버시바우 대사는 한국의 EX 획득 사업에서 미국 정부는 보잉 E-737 공중조기경보통제기AWACs를 강력하게 지지한다고 말했다. 보잉은 미국 정부의 독점적 지지를 계속 누려왔다. 보잉 시스템은 동맹이 필요로 하는 부분을 충족시킬 수 있는 필수적 수준의 무기체계 상호운영성Interoperability을 제공한다. 우리가 지휘 관계를 조정하는 방향으로 움직이고 있기 때문에, 한국이 가능한 최선의 지휘통제 능력을 갖추는 것은 더욱 중요하다.

미국 대사가 자국 사기업의 대변자로 나선 것이다. 그가 내세운 핵심 판매 포인트는 역시 앞서 미국의 「2020 비전」 전문에서도 봤듯이 '무기체계 상호운용성Interoperability'이었다. 버시바우 대사의 노골적인 보잉 지지에 대해 반기문 당시 장관은 가격 경쟁력 문제를 언급하며 즉답을 피해갔다.

반기문 장관은 가격 경쟁력이 큰 요인으로 남아 있다고 했다. 그는 보잉의 경쟁사 기종이 훨씬 싼 가격을 제시하고 있는 것으로 안다고 했다. 반 장관은 경쟁사가 해당 시스템을 한 번도 생산한 적이 없다는 것과 지휘통제 문제와 관련된 대사의 주장을 받아 적었다.

버시바우 대사는 일주일 뒤 송민순 당시 청와대 외교안보정책실장을 만나 역시 점심을 먹으며 보잉사의 조기경보기를 구매하라고 압박했다. 당시 회동을 보고한 미국 전문은 "버시바우 대사는 보잉의 공중조기경보통제기를 미국 정부는 강력하게 지지한다고 강조하면서 EX 획득 사업과 관련해 송 실장을 압박했다"고 전하고 이에 대해 "송 실장은 한국 정부가 방산 장비 획득 방식을 새롭게 적용했는데, 효율적이고 투명한 무기 도입을 위한 것이라고 대답했다"고 기록하고 있다. 버시바우 대사는 그러나 보잉사 판촉 활동을 멈추지 않았다. 2006년 6월 23일에는 윤광웅 당시 국방부 장관을 만나 한국 정부가 보잉의 경쟁사 편을 드는 것 같다고 압박했다. 두 사람의 대화를 기록한 2006년 6월 25일자 전문이다.

버시바우 대사는 조기경보기 도입 사업의 일정과 규정이 계속 보잉 경쟁사에게 유리한 방향으로 바뀌고 있다며 실망과 우려를 표했다. 한국은 전시 작전통제권을 환수하려 하기 때문에 최선의 시스템을 갖출 필요가 있다고 했다. (…) 버시바우 대사는 한국 정부가 적시에 올바른 결정을 내려야 한다고 촉구했다.

전문에 따르면 버시바우 대사의 압박에 윤 장관은 다음과 같이 답했다.

윤 장관은 무기체계 상호운용성을 충분히 이해하고 있으며 자신은 항상 미국 시스템에 긍정적으로 기울어져 있다고 말했다. 그러나 한국의 무기 구매 과정이 이제 모두 공개적이고 투명하게 됐고, 국방부는 구매 결정에 별 재량권이 없다고 했다. 공중조기경보통제기 도입 사업도 일부 민간인 전문가들 때문에 복잡해졌는데, 그들은 북한에 비교할 만한 시스템이 없기 때문에 한국도 그런 복잡한 시스템을 구입할 필요가 없다고 주장한다고 했다. 윤 장관은 버시바우 대사의 지적 사항은 이해하지만 자신이 위원장인 방위사업추진위원회에는 회의적인 민간인 전문가들이 포함돼 있다고 말했다.

이날 회동이 있고 한 달여 뒤인 2006년 8월 3일 제6차 방위사업추진 위원회가 개최됐다. 논의 결과 미국 보잉사의 E-737이 이스라엘 IAI 엘타사의 G-550을 누르고 새로 도입될 공중조기경보통제기로 선정됐다. 선정 한 달 후 버시바우 대사는 다시 윤광웅 국방부 장관을 만난다. 두 사람의 회동을 기록한 2006년 9월 8일자 미 대사관의 전문은 윤 장관이 보잉사 기종을 선정하기는 했지만 도입 가격과 관련해 보잉과 이견이 있다며 버시바우 대사에게 불만을 토로한 사실을 기록하고 있다. 전문에 따르면 윤 장관은 "한국 국방예산과 보잉의 현 가격이 맞지 않는다며 한국은 이 사업에 더 이상 추가적인 지출은 할 수 없는 입장에 있다"라고 주장했다. 버시바우 대사는 한국 정부가 보잉을 선정해줘서 기쁘다고 말하면서 국방부가 직접 보잉과 협상을 해서 합의에 도달하기 바란다고 말했다. 하지만 가격 상승의 책임은 한국에 떠넘겼다.

> 버시바우 대사는 한국 정부가 보잉 하청업체의 가격은 7월 1일까지만 보장되기 때문에 (그 안에 계약을 하지 않으면—인용자) 판매 가격이 올라갈 것이라는 경고를 받았다는 사실을 윤 장관에게 상기시키고 불행하게도 한국 정부는 구매 결정에 매우 오랜 시간을 소요했다고 말했다. 버시바우 대사는 협상을 계속 하라고 촉구하고, 이 프로젝트가 잘 되는 것을 빨리 보고 싶다고 덧붙였다.

미국 대사의 보잉 판촉 전략

보잉사의 E-737 피스아이는 이런 과정을 거쳐 2011년 말 한국 공군에 차례로 인도됐다. 우리가 겉으로 보는 피스아이의 위용 뒤에는 이처럼 미국 대사의 무기 브로커 뺨치는 치열한 판촉 활동이 있었다. 이제 버시바우 대사가 2006년 3월 한국의 조기경보기 사업자 선정이 본격화될 때 본국에 보낸 전문을 살펴보자. 이 전문은 보잉사의 수주를 위한 미 대사관의 전략 계획서라고 불러도 무방할 정도다. 미 대사관이 2006년 3월 16일 본국에 보낸 전문은 제목이 아예 「보잉의 조기경보기 사업 지지 ADVOCATING BOEING'S EX BID」이다. 이 전문은 서두에 "공중조기경보통제기 사업의 최근 전개 상황과 관련해, 이 메시지는 미 대사관의 평가와 향후 방안에 대한 제안을 제공한다"라고 전제하고, 보잉의 수주를 위해 자신들이 전개하고 있는 활동 상황과 계획 등을 상세하게 서술하고 있다. 먼저 이 전문은 미국 정부가 보잉을 지지하고 있기 때문에, 미 대사관은 보잉이 한미 양국의 안보 이해를 충족시킬 수 있는 무기체계 상호운용성을 제공한다는 것을 강조하는 등 지속적이고 열정적으로 보잉의 수주를 위해 노력하고 있다고 했다. 특히 대사관의 보잉 지지 노력과 메시지는 보잉코리아와의 긴밀한 협력 속에서 진행된다고 보고했다. 미 대사관은 자국 기업을 위한 선의의 지원 노력을 넘어서서 한국 정부에 대한 로비를 보잉 한국지사와 협력하여 공동으로 실행하고 있는 것이다.

이 전문은 또 미 대사관이 보잉을 지지하기 위해 대사관의 각 단위별로 업무 분장을 하고 로비 대상을 분담했다는 사실도 알려준다. 대사는 국방부 장관과 외교통상부 장관 등 한국 정부의 고위 관리들을 맡는데, '모든 적절한 기회at every appropriate opportunity'를 활용하겠다고 돼 있다. 또 실무 단위에서는 미 합동군사고문단JUSMAG 소속 직원과 정치, 군사 담당관 등이 각각 자신들의 한국측 상대를 맡아서 접촉한다는 계획을 세우고 보잉 지원 활동을 펴고 있다고 했다. 특히 미 합동군사고문단은 한국의 무기도입 주무 기관인 방위사업청을 집중적으로 담당한다고 보고했다. 미 대사관은 그러나 보잉 지지를 공개적으로 언급하는 것은 삼갔다.

> 우리 대사관은 모든 적절한 기회마다 한국의 핵심 관리들을 상대로 강력한 보잉 지지 활동을 지속할 예정이다. 하지만 이 시점에서 (보잉을 지지한다는—인용자) 공개적 언급이나 언론을 통한 지지는 도움이 되지 않을 것이라고 믿는다. 우리는 조기경보기사업 입찰에서 기본적인 결정권을 가지고 있는 방위사업청에 우리 노력을 집중할 것이다.

미 대사관은 또 한국측 접촉 상대를 만났을 때 그들을 설득할 아홉 가지 논점을 만들어 활용했다. 예를 들어 미국 무기 구매를 강요할 때 전가의 보도처럼 활용하는 한미 간 무기체계 상호운용성이 그런 논점 중 하나다. 이처럼 미 대사관은 치밀한 계획과 집요한 로비를 통해 자국 기업인 보잉사의 E-737 한국 판매를 관철시켰다. 미국 대사관이 자국 기업을 위해 로비전을 펼치는 행태를 비난만 할 수는 없지만, 한미관계의 비대칭성을 감안할 때 미 대사관의 이런 파상적 압박에 비해 한국 정부의 대응 능력은 너무 미약했다. 이것은 노무현정부 때나 이명박정부 때나 한국 정부의 변하지 않는 약점이었다.

04

호놀룰루에서의 백기 투항

MB의 느닷없는 자랑 "방위비분담금 동결했다"

이명박 대통령은 2010년 7월 12일 방송된 제43차 라디오연설을 통해 2주 전 캐나다 토론토에서 개최된 G20 정상회의와 한미 정상회담의 성과를 자랑했다.

사랑하는 국민 여러분, 저는 토론토 G20 정상회의에 참석하는 한편으로, 미국과 일본, 중국과 개별 정상회담을 가졌습니다. 특히 한미 정상회담에서 전시작전통제권 전환 시기를 조정하기로 합의하고, FTA 문제에서 진전을 본 것이 큰 성과였습니다. (…) 전작권이 전환되는 2015년 12월까지 충분한 전쟁 억지력을 갖춰 전작권 전환에 차질이 없도록 할 것입니다. 방위비분담도 전혀 늘어나지 않습니다. 2009년 발표된 한미 방위비분담협정에 따라, 5년간 방위비는 동결됩니다.

지금 와서 봤을 때 FTA에서 진전을 본 것이 큰 성과였다는 이 대통령의 말은 그만의 착각이거나 거짓인 것으로 드러났다. 이 연설이 나오고 몇 달 후 우리 정부는 결국 재협상을 절대 하지 않겠다던 말을 뒤집고 미국의 요구에 따라 재협상 테이블에 나갔으며, 자동차 부문 등에서 더 큰 양보를 해야만 했다. 전시작전통제권 환수를 2012년에서 2015년으로 연기한 것은 과연 큰 실익이라고 볼 수 있을까? 오히려 앞서 봤듯이 우리 군이 갖춰야 할 독자적인 정보감시정찰 자산 등의 도입 시기가 지연되면서 관련 비용의 증가만 초래하는 것이 아닌가 하는 우려도 있다. 정부가 국회에 제출한 2012년도 무기도입 계약 예정 금액이 단군 이래 최대인 14조 원에 육박하는 것을 보더라도 이런 우려는 현실화되어가고 있다.

이 대통령이 이날 라디오 연설에서 전시작전통제권 환수 일정 조정에 덧붙여 1년 6개월 전에 합의된 방위비분담협정을 새삼스레 들고 나와, "방위비분담은 전혀 늘어나지 않았습니다"고 주장한 것도 부담 증가와 관련한 우려를 불식시키기 위한 것으로 보인다. 하지만 과연 이 주장은 사실일까? 이 대통령이 5년간 방위비가 동결된다고 자랑할 만큼 그 협정은 잘 된 것이었을까? 이 질문에 상세한 답을 찾아 나서기 전에 우선 당시 협상에 참여한 우리측 대표가 협상을 마무리한 뒤 "우리가 얻은 것은 아무것도 없다"고 한탄했다는 사실을 미리 알아두자. 사실 2009년 발효된 현행 방위비분담협정은 쇠고기 개방과 함께 MB 정권이 출범 첫해에 미국에 갖다 바친 가장 큰 선물 중 하나라고 해도 과언이 아니다.

한미방위비분담협정Special Measures Agreement, SMA이란 '주한미군지위협정SOFA' 제5조 "주한미군 주둔경비는 미국 쪽이 전액 부담한다"에 예외를 두는 특별협정으로, 우리 정부는 1991년부터 이에 근거해 주한미군 주둔 비용의 일정 부분을 부담해왔다. 한미 양국은 1991년 이후 보통 2,3년 단위로 이 협정을 맺어왔다. 하지만 이명박정부는 임기 첫해인 2008년 새로운 SMA 협상에 들어가 사상 처음으로 5년간 유효한 협정을 체결했다. 그런데 MB가 마치 큰 업적이나 낸 것처럼 자랑한 이 협정은 사실 미국이 요구한 것이었다.

호놀룰루 협상장에서 무슨 일이?

2009년 발효된 현행 SMA 협정은 2008년 7월 21일 미국 워싱턴에서의 제1차 협상을 시작으로 같은 해 11월 19일과 20일 하와이 호놀룰루에서 열린 6차 협상까지 4개월에 걸친 줄다리기 끝에 타결됐다. 호놀룰루에서 열린 1박2일간의 막판 협상은 양측이 한 치의 양보도 하지 않는 가운데 팽팽하게 진행되다가 첫날 밤을 고비로 양상이 달라졌다. 한국측 협상 대표단이 그때까지 굽히지 않았던 입장들을 대부분 철회하고 사실상 백기 투항해버린 것이다. 과연 호놀룰루의 SMA 협상 첫 날 밤에 무슨 일이 있었던 것일까? 미 대사관이 2008년 12월 2일 작성한 「한미방위비분담협정 합의U.S.-ROK SMA (AD REF) AGREEMENT」라는 제목의 3급비밀 전문은 이 궁금증을 상당 부분 풀어준다. A4 용지 12쪽 분량의 이 전문에는 협상 과정이 매우 상세하고, 드라마틱하게 묘사돼 있어서 마치 협상장을 중계방송을 통해 보는 듯한 느낌을 준다. 특히 그동안 우리가 결과만 알았지 그 과정은 제대로 알 수 없었던 국제 협상의 생생한 현장을 가감 없이 드러내 보인다. 먼저 이 전문은 요약 부분에서 한미 양측의 합의 내용을 간략하게 정리하고 있다.

- 협정 기간 5년(2009~2013)

- 비인적주둔비용NPSC으로 5년간 총 4조 원가량 분담

- 매년 소비자물가지수CPI 연동 인상. 상한선은 4%

- 군사건설 지원 중 설계 및 감리 예산 12%는 현금으로 제공

- 군사건설 지원 중 나머지 88%는 2011년까지 단계적으로 현물지원으로 전환

- 현물 건설 프로그램 이행 9대 지침 합의

- 방위비분담협정 기금의 연합토지관리계획LLP 전용 허용 및 계획 완료 기한 불특정

- 용산기지이전계획YRP 및 연합토지관리계획LLP 완료 위해 최대한 노력 경주

이 합의내용들을 보면 우선 협정의 유효 기간이 5년이고, 해마다 소비자물가지수 인상률만큼 분담금을 증액하기로 한 것을 알 수 있다. 그런데 MB는 방위비 분담이 조금도 늘어나지 않는다고 주장한 것이다. 노무현정부 때는 2년 단위로 방위비분담협정을 맺었다. 특히 2005년~2006년도 협정을 위한 협상 때는 2004년도 분담금 7469억 원보다 8.9% 감액한 6804억 원을 분담금으로 책정했다. 2007년~2008년도 협정 분담금은 7255억 원으로 전년도에 비해 6.6% 올랐지만 여전히 2004년보다 214억 원 적은 액수였다. 참여정부는 전반적 경제 상황이나 해외 파병 등으로 인한 부담 등을 고려해 미국과의 협상에서 방위비분담금 규모를 탄력적으로 조정하려 노력했다. 이 때문에 미국측은 이명박 정권이 출범하자 방위비분담협정 자체를 아예 5년 이상 안정적으로 유지하면서, 분담금을 해마다 소비자물가지수 이상으로 증액하는 방안을

추구한 것이다.

실제로 미 대사관은 이명박 대통령이 당선자이던 시절 이미 그런 목표를 세웠다. 1장에서 살펴봤듯이 미 대사관이 미국 정부의 '게임플랜' 기조하에 이명박정부를 상대로 관철할 목표를 제시한 2008년 1월 9일자 「2020 비전」 전문에는 아래와 같은 대목이 있다.

> 주한 미국 대사관은 '이명박 당선자에 개입하기 위한 정부 부처간 게임플랜the inter-agency Game Plan'을 전폭적으로 지지하면서, 이명박 대통령과 부시 대통령의 첫 정상회담에서 의제로 추구해야 할 핵심 요소들을 다음과 같이 제안한다.
>
> (…)
>
> •미군기지 이전 및 전시 작전통제권 이양을 일정에 따라 추진한다는 확고한 약속 표명
> •인건비 제외 주둔비용 분담비율을 50대50으로 하는 5년 유효 방위비 분담금 협상 약속

MB가 대통령에 취임하기도 전에 미국은 이미 MB와 부시의 정상회담 때 방위비분담협정의 유효 기간을 5년으로 한다는 약속을 받아낼 목표를 세웠으며, 이를 호놀룰루 협상에서 이뤄낸 것이다. 또 이 협상에서 방위비분담금을 2사단 이전 사업에 사용할 수 있도록 공식적으로 인정해준 것은 10년을 끌어온 주한미군의 숙원을 풀어준 것이기도 하다. 이제 호놀룰루 SMA 협상을 다룬 미국 비밀전문을 통해 미국이 본격적으로 자신들의 목표를 관철하는 과정을 살펴보자.

협상 첫째 날 오전

협상 과정을 담은 위의 전문은 2008년 11월 19일 아침, 한미 양측 대표단의 조찬 회동에서부터 이미 "험난한 출발rocky start"이 예고됐다고 기록하고 있다. 한국측 조병제 외교통상부 협상대표와 미국의 잭슨 맥도날드Jackson McDonald 국무부 협상대사가 아침을 함께 하면서도 현물지원 건설 프로그램in-kind construction program을 둘러싼 하자 해결 방식을 둘러싸고 논란을 벌인 것이다.

이어 한 시간 뒤인 19일 오전 9시, 공식적인 협상이 개시됐다. 맥도날드 대사는 △ 새 SMA 협정의 총 분담금액 △ 한국이 지원하는 미군 군사건설을 종전 현금에서 현물지원으로 바꾸는 양식 △ 연합토지관리계획LLP, 즉 미 2사단 등 미군기지 이전 사업의 완료 기한 등을 의제로 제시했다. 조병제 대표는 우선 미국측의 의제에 동의하고, 한국의 입장을 밝혔다. 3년간 유효한 협정을 맺는다. 첫해 분담금은 2008년 분담금 수준에서 동결하고, 둘째와 셋째 해는 GDP 디플레이터GDP deflator(명목 GDP를 실질 GDP로 나눈 값으로, 국가경제의 물가수준을 나타낸다)에 따라 분담금을 증액한다. 또 군사건설 지원 방식은 현금에서 현물지원으로 100% 전환한다. 미군기지 이전 사업은 2014년까지 마무리해야 한다. 이상이 한국의 핵심 주장이었다.

맥도날드 대사는 한국의 요구를 곧바로 거부하고, 분담금 규모에 대한 시각차가 큰 만큼 첫해 금액은 당초 미국이 제안했던 8510억 원에서 8350억 원으로 낮춰 수정 제안한다고 했다. 하지만 그 이후 증액은 GDP 디플레이터가 아닌 소비자물가지수 상승률에 따라야 한다고 주장했다. 맥도날드 대사는 이어 초반부터 비장의 무기를 꺼내 들었다. 그는 이명박 대통령이 한미동맹을 강화하겠다고 천명한 사실을 거론하면서 한국 입장에서 볼 때 방위비분담금 기여를 늘리는 것보다 한미동맹 강화를 더 잘 보여줄 수 있는 방법은 없다고 지적했다. 그는 한국은 미군기지 이전을 2014년까지 마무리하길 원하지만 그것은 비현실적이라고 말하고, 특히 한국이 방위비분담금을 줄이려고 하기 때문에 평택에 2사단 시설을 건축하는 것이 늦어지고 있다고 말했다.

한국측 대표는 맥도날드 대사에게 그런 식으로 말하지 말아달라고 요청하고, 미군기지 이전 사업이 지연되는 이유가 한국의 방위비분담금 때문이라고 말하는 것은 공정하지 못하다고 반박했다. 조병제 대표와 부대표인 국방부의 최익봉 소장少將은 한국이 미국측에 이미 많은 선물을 줬다고 말했다. 최 소장은 특히 새 방위비분담협정이 한국 국회에서 무난히 통과하게 하려면 미국이 좀 더 도와줘야 한다고 주장했다. 맥도날드 대표는 이에 대해 한국이 지원하는 군사건설을 현금지급 방식에서 현물제공 방식으로 전환하겠다는 한국측 요구를 미국이 받아들인 것도 바로 국회통과를 돕기 위한 것이라고 반박했다. 그러나 그는 분담금 동결은 워싱턴이 결코 받아들일 수 없는 사항이라고 강조했다.

주한미군, 방위비분담금 1조 넘게 쌓아둬

여기서 첫날 오전 협상의 쟁점이 된 소비자물가지수와 GDP 디플레이터의 차이 및 한국이 지원하는 군사건설의 현물지원 전환 요구의 배경을 간략하게 살펴보자. 미국이 소비자물가지수 인상률에 따라 방위비분담금을 올리자고 한 이유는 소비자물가지수가 한국이 제시한 GDP 디플레이터보다 평균 인상률이 다소 높기 때문이다. 인상률 폭이 1,2%

만 차이가 나도 전체 방위비분담금은 100억 원 이상 차이가 날 수 있기 때문에 양측은 기준을 어느 것으로 정할 것인가를 두고 치열하게 다툴 수밖에 없었다.

군사건설 지원의 현물 전환 문제는 먼저 방위비 분담금의 지출 구조를 알아야 이해를 할 수 있다. 국회 국방위원회 자료를 보면, 2009년 발효된 현행 SMA 이전에는 방위비분담금이 △ 주한미군에 고용된 한국인 노무자 인건비 △ 미군시설 등의 군사건설 △ 연합방위증강사업CDIP △ 군수지원 등 4가지 분야에 투입됐다. 2009년 발효된 새 협정에선 연합방위증강사업이 군사건설 항목에 통합됐다. 2006년 기준으로 볼 때 미군이 한국으로부터 방위비분담금을 받아서 가장 많이 지출한 분야는 인건비로 전체 지출의 46%였다. 이어 군사건설에 38.9%를 지출했고, 다음이 군수지원, 연합방위증강사업 등의 순이었다. 한국인 노무자에 대한 인건비 지출은 모두 현금으로 제공되는 것이 당연했지만, 군사건설 지원에도 한국이 미군에 현금을 지급하면서 문제가 생겼다. 주한미군사령부가 늘 주둔비가 부족하다면서도 군사건설 명목으로 받은 돈을 대부분 쓰지 않고 은행에 예치해 이자놀이까지 하고 있다는 보도가 나온 것이다. 지난 2007년 한 월간지가 미국이 방위비분담금 중 군사건설 지원 명목으로 받은 현금을 실제 군사건설에는 제대로 사용하지 않고, 미국이 전액 부담하기로 합의한 2사단 이전 사업에 사용하기 위해 은행에 쌓아두고 있다는 사실을 폭로했다. 2000년대 초부터 당시까지 축적된 금액만 8천억 원 가량에 이르렀고, 주한미군사령부는 이 자금을 운용해 해마다 이자 수익 수백억 원을 본국에 송금해왔다는 것이다.(신동아, 2008년 4월호와 5월호)

주한미군 주둔비가 부족하다며 매번 한국에 방위비분담금 대폭 인상을 요구해온 미국이 이처럼 천문학적인 뒷돈을 쌓아놓았고 이자놀이까지 했다는 것은 쉽사리 용납되기 힘든 일이었다. 우리 정부도 2008년 10월에 주한미군이 사용하지 않고 쌓아둔 금액이 1조1193억 원에 이른다고 인정했다. 주한미군은 이 돈은 미 2사단 기지 평택 이전 사업 등에 투입하기 위해 예치한 돈이라고 해명했지만, 2004년 체결된 연합토지관리계획LLP 개정협정에는 미 2사단을 비롯한 서울 이북 지역 미군기지의 이전 사업은 미국측 부담으로 추진한다는 내용이 명시돼 있다. 이 때문에 방위비분담금이 미 2사단 이전사업 비용에 들어가는 것은 협정 위반이라는 정치권과 시민사회단체의 반발이 있었고, 국회도 분담금 예산이 미군기지 이전 비용에 쓰이는 것은 문제가 있다며 이에 대한 개선방안을 강구할 것을 정부에 촉구하기도 했다.

이런 상황 때문에 이명박정부는 2008년 7월 시작된 새 방위비분담협정 체결을 위한 협상에서 군사건설 지원을 현금 대신 현물로 하겠다는 안을 들고 나온 것이다. 하지만 미국 입장에서도 한국 정부가 이제까지 쌓아둔 방위비분담금을 미군기지 이전 비용으로 전용하는 것을 공식적으로 인정해준다면, 굳이 현물 제공 방침을 마다할 이유가 없었다. 또 기지건설 공사가 궤도에 오른 만큼 한국의 현물지원 방식을 충분히 감시 감독할 권한과 각종 안전장치만 확보하면 미국으로서도 밑지는 장사는 아니었다. 이제 호놀룰루의 SMA 협상은 바로 이 현물지원에 대한 미국의 감시감독권 및 안전장치 보장 요구를 둘러싼 양측의 공방으로 이어졌다.

미국 대표단, 현물지원 9대 지침 제안

11월 19일 오전에 계속된 협상에서 맥도날드 대사는 현물지원 프로그램과 관련해 미국이 제안한 9대 지침을 한국이 동의한다면 미국도 현금에서 현물로의 전환을 기꺼이 받아들이겠다고 했다. 우선 설계와 감리 관련 예산은 계속 현금으로 달라고 요구했다. 이는 전체 군사건설 지원 중 12% 정도를 차지하기 때문에, 현물지원은 전체 건설 지원의 88%가 될 것이라고 했다. 조병제 한국측 대표도 이에 동의했다. 다만 3년의 협정 유효 기간 내에 이 88%를 완전히 현물로 전환해야 한다고 했다. 그러자 맥도날드 대사는 5년간 유효한 협정을 체결하되 1년차에 30%, 2년차에 45% 등 순차적으로 현물 전환을 늘려가서 5년차에 설계와 감리비용을 뺀 88%를 현물로 전환하자고 제안했다. 조 대표는 이에 대해 협정 유효 기간을 5년으로 하는 것에는 논의의 여지를 남겨두겠으나 3년 안에 현물 전환을 마무리해야 한다는 것이 한국의 최종안이라고 했다.

양측은 일단 이 문제는 덮어두고 미국이 제안한 9가지 지침을 차례로 살펴보기 시작했다. 6개는 서로 이견이 없음을 확인했다. 문제는 7번째 지침으로, 낙찰 차액을 다른 프로젝트에 전용하겠다는 미국측 요구였다. 한국의 최 소장은 한국 법률상 낙찰 차액을 다른 사업에 전용하는 것은 문제없지만 동일 회계연도 이내에서만 가능하다고 설명했다. 그러자 미국측 대표단인 팬터 장군은 예외 없는 법이 어디 있느냐고 되받았다. 8번 지침은 7번과 관련되는 것인데 당해 연도에 군사건설과 관련한 사업의 미집행 예산이 생기면 다음 회계연도로 이월할 수 있도록 한다는 것이다. 한국측은 미집행 예산이 최대한 발생하지 않도록 해야 하지만 사실 다음 회계연도로 넘길 수는 있다고 하면서, 그렇지만 한국 법률은 낙찰 차액의 경우 차기 이월을 허용하지 않고 있다고 말했다. 양측은 이 문제를 더 논의한 끝에 낙찰 차액은 동일 회계연도 안에서 다른 사업에 전용이 가능하도록 하고, 만약 해당 사업이 그 회계연도 내에 마무리되지 않을 경우 차기로 이월할 수 있다는 식으로 정리했다. 오전 협상은 이처럼 밀고 당기기를 반복한 끝에 미국이 요구한 현물지원 프로그램 관리 지침 9건 중 8번까지 검토를 마무리하고 막을 내렸다.

협상 첫째 날 오후

점심 후 전체 회의가 속개됐다. 오전에 검토하지 못했던 군사건설 현물지원과 관련한 9가지 지침 중 마지막 지침인 '출구the off ramp' 방식이 논의됐다. 맥도날드 대사는 "한국의 현물지원에 대해 정례 점검 체계를 갖추고, 품질이나 공기工期 차원에서 중대한 문제가 생길 경우에는 현금을 제공받아 사업을 마무리 지을 수 있는 안전장치가 필요하다"고 했다. 그는 또 "미국이 현물 전환을 받아들이는 것은 위험을 부담하는 일이며, 결국 주한미군에게 가장 중요한 것은 미군 시설이 미국의 기준에 맞게 정해진 기한 내에 완공되는 것"이라고 강조했다. 조병제 대표는 미국측에 9번째 지침의 표현을 손질하기 위해 실무 그룹을 구성하자고 제안했으나 맥도날드 대사는 이전에도 실무 그룹을 구성한 적이 있으나 서로 이견이 너무 커 실패하고 말았다며 조 대표의 제안을 거절했다. 그러자 조 대표는 다시 한 번 9번 지침을 읽어달라고 부탁했다. 맥도날드 대사가 다시 읽자 최 소장은 "오케이, 국방부는 동의함OK. MND approves"이라고 했다. 이 전문 내용이 정확하다면 외교통상부 소속의 우리 협상단 대표가 미국측에 이의를 제기하고 있는 와중에, 국방부에서 나온 부대표가 한국 협상단의 일원이 아니라 마치 국방부 대표로 나온 듯한 발언을 한 것이다.

양측의 협상은 이후 현물지원과 관련한 9가지 지침들을 방위비분담협정에 어떻게 담아낼 것인가로 넘어갔다. 조 대표는 미국이 현물 관련 9가지 지침을 SMA 협정문 안에 포함시키겠다고 하자 크게 놀랐다. 맥도날드 대사는 "9가지 지침이 법적인 구속력을 갖춰야 한다고 주장하고, 그것은 지침들이 협정문 본문이나 부록에 포함돼야 한다는 것을 의미한다"고 말했다. 조 대표가 그런 얘기는 처음 듣는다고 답하자, 맥도날드 대사는 미국이 그 지침들에 대한 국가 대 국가 간 합의를 확보하고자 한다는 것을 조 대표도 처음부터 알고 있었다고 반박했다. 그는 조 대표가 새 방위비분담협정에 한국측이 요구한 현물지원 방식을 명시하기를 원하는지 물었다. 조 대표가 명시돼야 한다고 말했다. 맥도날드 대사는 그렇다면 현물지원 관련 조문 옆에 그와 관련된 이행 지침이 함께 표기되는 것이 본질적으로 공정한 것이 아니냐고 따졌다. 조 대표는 방위비분담협정의 이행약정IA(국방부와 주한미군이 서명하는 것이다. 반면 SMA 본협정문은 외교통상부 장관과 주한 미 대사가 서명한다)도 법적 구속력이 있는 것이라고 주장했다. 맥도날드는 "현물지원 건설 프로그램을 규율하는 지침들이 방위비분담협정 내에 함께 명기되지 않는다면, 미국측은 현물지원 건설 방식에 대한 수용의사를 취하하고, 이전의 현금 기준 시스템으로 복귀할 수밖에 없다"고 으름장을 놓았다.

조 대표는 미국측 입장을 생각한 후 만약 현물지원과 관련해 미국이 요구한 집행 지침들을 협정문에 첨부하더라도 최대한 간결하게 하자고 요구했다. 이에 대해 미 국방부 팬터 장군은 이미 간결한 서술문으로 정리한 것이라고 대응했다. 조 대표는 한국 국회가 그것을 정밀 검토할 것이 염려된다고 했다. 주한 미 대사관의 정치군사수석인 울프는 방위비분담협정의 이행약정은 국회에 보고하지 않아도 되는지 물었다. 조 대표는 이행약정도 보고해야 한다고 답했다. 울프는 어차피 국회에 보고되는 것인데 SMA 이행약정에는 들어가도 되는 내용들이 SMA 협정문에는 들어가서는 안 되는 이유가 뭔지 물었다. 맥도날드 대사는 "기술적 세부사항은 이행약정에 넘기는 것이 맞지만 현물지원 방식에 대한 집행지침은 기술적 세부사항 이상의 것이며, 방위비분담협정의 군사건설 방식을 근본적으로 바꾸는 것이기 때문에 매우 중요한 것"이라고 재차 강조했다.

이날 양측의 논의를 보면 한국 대표단은 군사건설 현물 전환 이후 그 통제권을 미국에 완전히 넘기고, 또한 미국이 필요하다면 현물지원에서 다시 현금지원을 요구할 수도 있게 돼 있는 지침 내용들을 우리 국회가 상세하게 아는 것을 원하지 않았음을 알 수 있다. 반면에 미국은 최대한 이것들을 법적 구속력을 갖는 형태로 협정문에 포함시키려 했다. 뒤에서 자세히 이야기하겠지만 결국 이 현물지원 관련 지침은 국제 조약과 같은 효력을 지니되 국회의 비준 동의 절차는 피해가는 교환각서에 담기게 된다.

이어진 협상에서 한국은 한국 내의 정치적 압력 때문에 어쩔 수 없다며 미국측이 2014년까지 연합토지관리계획LLP를 마무리한다는 것을 방위비분담협정에 명문화하자고 요구했다. 맥도날드 대사는 이 요구를 거절하고, 더 이상의 지연 없이 최대한 노력하겠다는 표현으로 대체하자고 했다. 미국측은 LLP 완료는 건설 기술적인 문제인데 한국이 자꾸 정치적 문제로 몰아간다고 불평했다. 호놀룰루에서의 첫날 협상은 여기까지였다.

첫날 밤 청와대와 협상단의 전화 교신

팽팽했던 공식 협상이 끝나고 미국의 주최로 양측 대표단이 참석한 만찬이 열렸다. 미 대사관의 전문은 이날 만찬장의 모습을 묘사하면서 '미국 주최 만찬장에서의 교착 상태'라는 소제목을 붙였다. 전문에 따르면 이날 만찬은 조병제 대표가 한국의 여러 가지 국내 정치적 문제들을 해결해야 하므로 미국에게 좀 더 도와달라고 간청하는 것으로 끝났다고 한다.("It ended with Ambassador Cho once again pleading for more U.S. assistance.") 만찬이 끝나가면서 양측이 교착상태에 도달했음이 분명해졌다. 대표단에 참여한 한국 외교통상부의 한 과장은 내일 아침에 2일차 협상이 열리느냐고 묻기까지 했다. 이날 저녁 만찬 회동이 끝날 때까지의 분위기는 이랬다. 하지만 다음날에도 협상은 이어졌고, 한국측의 대응 기조는 완전히 바뀌어 있었다. 밤사이 무슨 일이 있었던 걸까? 이 전문은 한국측 부대표였던 최익봉 소장이 뒤에 미 대사관 관계자에게 털어놓았다는 얘기를 다음과 같이 기록하고 있다.

최 소장은 나중에 미 대사관 정치군사수석에게 협상 첫날 밤 한국 대표단이 청와대에 전화로 협상 상황을 보고하고, 청와대로부터 다음날 협상을 타결하기 위해 모든 노력을 다 하라는 명확한 지시를 받았다고 털어놓았다. 조병제 대표도 협상의 재량권을 더 부여받았다.

청와대는 내일 반드시 타결할 것을 지시했다. 그런데 미국은 자기들 조건을 양보할 생각이 없다. 그렇다면 결과는 뻔한 것이었다.

협상 둘째 날

미 대사관은 이 전문에서 둘째 날 전체 회의 내용을 서술하며 '돌파구'라는 소제목을 달았다. 이 소제목대로 전체 회의 앞머리에 조병제 대표는 미국측 요구대로 우선 5년 유효 기간의 협정을 받아들이겠다고 했다. 또 한국의 경제적 어려움 때문에 2009년도 분담금은 동결할 수밖에 없다던 주장도 철회했다. 대신 소비자물가지수와 GDP 디플레이터의 평균을 기준으로 매년 분담금을 증액하겠다고 제안했다. 그는 또 2009년부터 3년간 군사건설 지원은 모두 현물로 전환하지만, 미국 요구대로 설계 및 감리 예산은 계속 현금으로 제공할 것을 동의했다. 조 대표는 또 군사건설 현물지원과 관련한 집행지침도 모두 수용하고 법적 구속력이 있는 형태로 남기겠다고 했다. 그는 대신 미국측에 연합토지관리계획, 즉 미군기지 이전 사업을 2014년까지 마무리한다는 내용을 방위비분담협정에 포함시키자고 요청했다. 한국 대표단이 거듭 LLP 완료 시점을 2014년으로 특정해 명문화하자고 한 것은 방위비분담금의 전용을 공식적으로 허용하되 기한을 2014년까지로 한정하겠다는 의도로 보인다. 하지만 미국은 한국의 이런 양보한 제안을 단박에 거부했다.

맥도날드 대사는 한국측의 나아진 제안을 환영하지만 소비자물가지수와 GDP 디플레이터의 평균이라는 것은 전례가 없기 때문에 받아들일 수 없다고 했다. 또 LLP는 2014년 이후까지 계속될 것이 분명하기 때문에 2014년 이내에 끝낸다고 말할 수는 없다고 다시 설명했다. 최 소장은 용산기지이전계획YRP과 함께 LLP를 마무리 짓는 데 양 정부가 최선의 노력을 기울인다는 표현을 사용하자는 절충안을 내놓았다. 맥도날드 대사는 YRP는 자기 소관은 아니지만 그런 표현은 양국의 동맹을 잘 표현하는 것이라고 만족감을 나타냈다.

미국측은 소비자물가지수에 대한 논의로 돌아와서 지수 인상률에 따라 분담금을 증액하되 상한선을 4%로 정하자고 했다. 조병제 대표는 이전의 방위비분담협정에서도 GDP 디플레이터를 증액 기준으로 사용한 전례가 있다며 마지막 저항을 시도해봤지만 역부족이었다. 맥도날드 대사는 물론 과거 협정 때 GDP 디플레이터를 적용한 적이 있지만 그때는 분담금 규모를 먼저 3%~8% 증액해놓고 거기에다 추가로 분담금을 늘리는 기준으로 사용한 것이라고 반박했다. 전문에 따르면 이 대목에서 조 대표는 "좌절한 상태로, 아무것도 얻은 게 없다고 불평했다Frustrated, Cho complained he wasn't winning anything"고 한다. 이에 대해 미국측은 "우리는 서로가 이기는 합의에 도달하기 직전이다"라고 한국측을 다독거렸다.

협상 막판에 맥도날드 대사는 "미국은 이익을 챙기려고 이러는 게 아니다. 단순히 미군이 한국에 주둔하는 데 필요한 사항을 충족시키려 할 뿐이다"라고 한국측을 쏘아붙였다. 조병제 대표는 결국 GDP 디플레이터 제안을 철회하고, 소비자물가지수에다 4% 상한선을 받아들이겠다고 했다. 전문에 따르면 맥도날드 대사는 새 방위비분담협정에 들어갈 핵심 요소들을 하나하나씩 재검토해 조 대표의 명확한 동의를 받아냈다. 이로써 호놀룰루 방위비분담협정 협상은 사실상 한국의 백기 투항으로 막을 내렸다. 그리고 첫째 날과 둘째 날 사이 한국 협상단의 180도달라진 협상 태도 뒤에는 청와대의 전화 지시가 있었다.

2008년 12월 17일 미 대사관과 외교통상부는 호놀룰루에서 타결한 5년짜리 SMA 협정문과 현물지원 관련 9대 지침을 담은 교환각서 Diplomatic Note 문안을 최종 확정해 가서명했다. 이어 2009년 1월 15일 주한 미 대사 스티븐스와 유명환 외교통상부 장관은 새 협정 서명식을 가졌고, 현물관련 각서도 교환했다. 새 SMA 협정은 2009년 3월 2일 국회 비준을 받아 3월 5일 발효됐다. 하지만 교환각서는 사실상 법적효력을 갖는 조약 형태였지만, 국회 비준 과정 없이 슬그머니 3월 5일 같이 발효됐다.

청와대 수석과 미군 사령관의 공감, '언론은 피하는 게 상책'

새 방위비분담협정이 체결되던 2009년 1월 15일 주한미군 사령관 샤프와 미국 대사관 부대사 빌 스탠튼이 청와대를 방문해 김성환 당시 외교안보수석을 만났다. 이들은 새 SMA에 대한 의견을 교환했다. 이들의 회동을 기록한 2009년 미 대사관 1월 23일자 2급비밀 전문엔 이런 대목이 있다.

> 김 수석은 새 SMA는 좋은 협정이라고 생각한다. 그러나 국회가 어떻게 받아들일지는 예측하기 힘들다. (…) 김 수석은 언론을 다룰 때, 한국 국방부나 주한미군 모두 국회가 방위비분담협정을 비준하기 전까지는 그 협정에 대한 언급을 피하는 것이 가장 좋은 행동이라고 생각한다고 했다. 이에 대해 샤프 장군도 동의했다.

한미 양국 당국자는 새 방위비분담협정의 내용이 구체적으로 알려지는 것을 극도로 꺼렸다. 당시에는 우리가 지원하는 군사건설의 현물 제공과 관련해 교환각서가 있었다는 사실도 제대로 알려지지 않았다. 미 대사관은 한미 양국 관계자의 SMA 협정과 교환각서 가서명을 다룬 2008년 12월 18일자 전문과 공식 서명식이 있었던 2009년 1월 15일자 전문에 한미 간 교환각서 전문全文을 각각 게재했다. 다음은 이 영문 교환각서에 대한 외교통상부 국문 번역본이다.(외교통상부 홈페이지 조약정보 참조)

1. 대한민국이 지원하는 건설 사업은 방위비분담특별협정에 의거한다.

2. 미합중국은 대한민국과의 협의 후 군사적 필요에 근거하여 건설 사업을 선정하고 사업의 우선순위를 정한다.

3. 대한민국은 설계 과정에서 식별되고 발전된 일정에 따라 건설 계약을 체결하고 건설 사업들을 시행한다.

4. 미합중국이 설계를 담당한다.

5. 미합중국은 설계 시방서 및 수용 가능한 사업자 목록을 대한민국에 제공한다. 사업자는 미 육군 극동공병단이 사전에 선별한 사업자 목록에 포함된 대한민국 업체 중에서 선정된다.

6. 설계 및 시공감리는 총 사업비의 평균 12%를 차지하며 대한민국이 현금으로 지급한다.

7. 입찰계약에서 절약되는 금액은 향후 사업에 사용된다.

8. 미합중국과 대한민국은 미집행 지원분이 발생하지 않도록 적절한 절차를 수립한다. 만일 연도 말에 미집행 지원분이 발생하는 경우, 이 지원분

은 다음 연도로 이월된다.

9. 현물지원 절차가 작동하고 있다는 것을 확인하기 위하여 연례 점검체계를 수립한다. 특정 사업에서 현물지원 절차가 작동하고 있지 않다고 판단되는 경우, 대한민국과 미합중국은 문제를 해결하기 위하여 협의하고, 현금 제공을 포함하여 이 사업을 완료하기 위하여 적절한 조치를 취한다.

호놀룰루에서 한미 양측의 공방 끝에 확정된 이 9가지 지침들을 다시 한번 살펴보자. 우리 정부는 협상 결과를 발표하면서 현금지원의 불투명성과 의혹들을 해소하기 위해 현물지원으로 군사건설 지원 방식을 바꿨다고 생색을 냈다. 하지만 교환각서의 6, 7, 8, 9번 지침들은 미국측이 원하기만 한다면 언제든지 현물을 다시 현금으로 바꿀 수 있는 여지를 남겨두고 있다. 또 2번 지침은 미국이 군사적 필요에 근거하여 건설 사업을 선정한다고 명시해, 방위비분담금을 LLP 사업 등에 전용하는 것을 공식화해주는 근거로 해석할 수 있게 됐다. 이와 함께 방위비분담협정 본문의 제5조는 "이 협정의 종료는 이 협정에 근거하여 합의된 절차를 거쳐 각 연도에 선정되었으나 협정 종료시 완전하게 이행되지 않은 대한민국이 지원하는 건설 사업을 계속 이행해나가는 데 영향을 미치지 아니한다"라고 명시해 이 협정이 끝나는 2013년 이후에도 방위비분담금의 전용을 지속할 수 있는 여지를 두고 있다. 이 모든 것을 본다면 "방위비 분담도 전혀 늘어나지 않습니다. 2009년 발표된 한미 방위비 분담 협정에 따라, 5년간 방위비는 동결됩니다"라는 이명박 대통령의 자랑이 얼마나 허망한 소리였던가를 잘 알 수 있다.

미국, '한국이 강하게 나오는 것은 일종의 쇼'라고 인식

한국 협상단이 호놀룰루에서 청와대의 전화를 받은 뒤 허망하게 무너지기 이전까지는, 방위비분담협정에서 한국측의 교섭 태도도 표면상은 그렇게 호락호락하지만은 않았다. 호놀룰루 협상이 있기 전, 2008년 8월 28일과 29일 서울에서 열린 제3차 SMA 협상 때 한국은 방위비분담금 8% 삭감과 1,2년 이내에 군사건설 지원 전체를 현물로 제공하겠다는 안을 내세우며 쉽게 물러서지 않았다. 또 방위비분담금의 LLP 사업 전용도 받아들일 수 없다는 입장을 천명하기도 했다. 다음은 당시 회의를 다룬 2008년 9월 5일자 전문이다.

조병제 대표는 아직 집행되지 않은 10억 달러가량의 방위비분담금에 대한 한국 국내의 정치적 우려를 되풀이해 표명했다. 그는 또 한국 정부는 방위비분담금이 LLP 사업에 전용될 수 있다는 주한미군의 입장을 받아들일 수 없다는 주장을 반복했다.

한국측은 적어도 공식 협상 자리에서는 방위비분담금을 1조 원 이상 쓰지 않고 쌓아둔 행태에 우려를 표하고, 방위비분담금이 더 이상 2사단 이전 사업에 사용돼서는 안 된다는 한국 정부의 입장을 명확하게 밝힌 것이다. 하지만 위에 인용한 전문 구절 바로 뒤에는 매우 흥미롭게도 다음과 같은 주註가 달려 있다.

주: 조 대표와 여러 다른 한국 관리들은, 사적으로는 방위비분담금 전용 문제에 대해서 미국에게 문제제기하지 않을 것이라는 점을 분명히 했다.

전문은 이어 조 대표가 "미국이 10억 달러나 되는 한국의 분담금을 쓰지 않고 쌓아두고 있는데 한국이 왜 주한미군에 더 많은 돈을 내야 하는가를 한국 국민들에게 설명하기가 매우 어려운 게 사실이라면서, 앞으로 이런 정치적 책임 부분이 사라지면 한국은 이 부분에 대해 보다 유연성을 보일 수 있을 것"이라고 말한 사실을 기록하고 있다. 공식적으로는 강경한 태도를 보이면서도, 뒤에서는 다른 태도를 취하는 것이다. 그런데 미국이 한국의 이런 모호한 태도의 본질을 정확하게 파악하고 있다는 것을 보여주는 미 대사관의 보고서가 하나 발견됐다. 미 대사관이 2008년 8월 말 열린 이 3차 SMA 협상과 그해 11월의 호놀룰루 협상 개최 시기의 중간쯤인 10월 15일 미국 국방장관 게이츠 앞으로 보낸 정세 보고서에는 다음과 같은 분석이 들어 있다.

우리는 미국의 이익에 너무 부응하는 것처럼 비쳐지는 것을 정치적으로 겁내는 친미 정권을 상대하고 있다. 지난 두 달간, 한국 정부 협상단은 새 방위비분담협정을 타결 짓기 위한 접근 과정에 극도로 완고한 모습을 보였다. (…) 일반적으로 한국의 협상 대표들은 미국 관리들과 협상 테이블에서 마주할 때 미국의 압력으로 여겨지는 모든 것들에 모든 주의를 다 기울여 맞서고 있다는 모습을 보여줘야 한다고 느낀다. 이것은 부분적으로는 쇼를 위한 것이다This is partly for show. 그래서 결국은 이 협상들을 타결 짓기 위해 한국 협상단이 곧 어떤 유연성을 보이리라는 것은 타당한 예측이다. 그러나 이번 협상도 매우 어려울 것이다. 왜냐하면 이명박정부는 미국과의 방위비분담과 같은 협정들은 그 내용과 시기를 매우 조심스레 고려해야 한다고 느끼고 있고, 특히 워싱턴의 뜻에 굴복해 한국의 국익을 해치고 있다는 비판에 노출되지 않을까 걱정하고 있기 때문이다.

미국의 요구에 부응하지 않을 수 없으면서도, 외부에는 압력에 굴복하는 듯한 모습을 보이지 않으려는 서글픈 딜레마에 처한 것이 우리 정부의 현실이었으며, 미국은 그런 사실을 정확히 알고 있었다. 우리가 투표로 선출한 정부를 미국이 이런 식으로 생각하고 있다는 것을 직접 눈으로 확인하는 것은 어쨌든 매우 불편하고도 안타까운 감정을 안겨준다.

변하지 않는 국방, 외교 관료들

2011년 9월 위키리크스가 미국 외교 문서를 무더기로 공개한 이후 국내 대다수 주류 언론들은 미 대사관의 2007년 4월 2일자 전문을 인용해 노무현정부가 미군기지 이전 사업과 관련한 한국정부의 부담분을 축소해 발표한 사실이 밝혀졌다고 일제히 보도했다. 이 전문은 한국 국방부가 96억 달러가량의 주한미군 재배치 비용 가운데 50% 정도를 한국이 부담한다고 발표했지만, 실제 한국의 부담분은 89억 달러로 약 93%에 해당한다는 주한미군측 분석을 담고 있다. 하지만 자세히 보면 방위비분담금을 LLP 사업에 전용하고, 민자투자BTL를 포함했을 경우 그렇다는 계산이다. 그런데도 한국 주류 언론들은 이 전문을 인용해 노무현정부가 미국에 퍼주기를 하고도, 국민들에게는 숨겨왔다는 증거가 나왔다며 흥분했다. 하지만 방위비분담금의 전용은 이명박정부가 2008년 말 새 SMA 협정을 미국과 타결 지을 때까지는 단 한 번도 공식적으로 허용된 적이 없었다. 앞서 봤듯이 이명박정부에서 진행된 2008년 8월의 SMA 협상 때까지도 한국측 협상 대표는 방위비분담금이 미군기지 이전 사업

"盧정부, 미군기지 이전 한국부담 비용 축소해 발표"

위키리크스 '2007년 美대사관 비밀전문' 공개

"11조 중 절반만 부담" 발표
실제로 93% 한국 부담
방위분담금 전용 양해
국민에겐 제대로 안 알려

노무현 정부 당시인 2007년 3월 국방부가 주한미군기지 이전비용 중 한국이 부담하는 몫을 축소 발표했다는 정황이 폭로 전문 사이트 위키리크스를 통해 28일 밝혀졌다.

한국 정부는 한국이 내는 주한미군 방위비분담금을 미국이 주한미군기지 재배치 비용으로 전용해도 좋다고 미국 정부에 양해(understanding)하고도 이를 국민들에겐 숨겼다.

위키리크스가 공개한 2007년 4월 2일자 서울발 비밀 전문에서 알렉산더 버시바우 당시 주한 미대사는 "한국 국방부가 2007년 3월 20일 약 96억 달러(약 11조2000억 원) 규모의 주한미군 재배치 비용 가운데 한국이 절반을 부담한다고 발표했지만 실제로는 한국이 그보다 훨씬 많은 93%를 부담한다"고 썼다. 그러면서 '방위비분담금특별협정(SMA)'에 따른 한국의 방위비분담금과 민간투자임대사업(BTL)을 포함하면 한국 부담액은 전체 약 96억 달러의 93%인 89억8000만 달러라고 추산했다. 전문은 당시 한국 정부가 발표한 50억 달러보다 39억8000만 달러가 더 많은 이유에 대해 '한국 국방부는 방위비분담금과 BTL을 한국 측 부담분에 포함시키지 않은 반면 주한미군은 이를 포함해서 평가했기 때문'이라고 밝혔다.

미국은 도널드 럼즈펠드 당시 국방장관의 해외주둔미군재배치검토(GPR) 계획에 따라 해외 미군 재배치를 내부적으로 모색했지만 한국 정부가 용산기지 이전을 요구하자 이를 한국 측 부담으로 떠넘겼었다. 한미 양국은 기지이전 비용을 '원인 제공자 부담' 원칙에 따라 용산기지 이전 비용은 한국이, 주한미군 2사단 이전 비용은 미국이 각각 부담키로 했다.

버시바우 대사는 이 전문에서 "몇 달 안에 (주한미군기지) 건설이 진행되는 동안 한국 국민이 막대한 비용 차이를 알게 되면 문제가 될 것"이라고 예측했다. 그는 특히 "주한미군과 미대사관은 한국 국방부가 국회에 자세한 내용을 알리는 것이 한미동맹에 중요하다고 권고했다"며 "그러나 (한국) 국방부는 '심판의 날'을 계속 미뤄왔다"고 덧붙였다. 이에 대해 국방부는 28일 설명 자료를 내고 "주한미군 방위비분담금을 기지이전사업에 사용하는 문제는 2009년 3월 방위비분담 특별협정의 국회 비준동의 과정에서 이미 충분하게 설명했다"고 주장했다. 김영식 기자 soear@donga.com

주류 언론은 위키리크스 폭로 전문을 인용해 노무현정부가 방위비분담금 퍼주기를 했다고 보도했다. 하지만 이는 이명박정부의 '퍼주기'에 비하면 별것 아니었다. (동아일보 2011년 9월 30일자)

에 사용되는 것을 동의할 수 없다고 밝힌 바 있다. 방위비분담금 전용과 관련해서는 실제로 아무런 공식 합의나 근거가 없다. 그렇지만 미국은 한국의 양해가 있었다며 2000년대 초부터 분담금을 일방적으로 전용하기 시작했고, 우리 국방부와 외교부의 고위 관리들은 그것을 잘 알면서도 계속 묵인했다. 이것은 김대중, 노무현, 이명박 정권을 통틀어 지속된 문제였다. 그리고 이명박정부는 오랜 기간 한미 간의 뜨거운 감자였던 방위비분담금 전용을 공식 허용하고, 사실상 국회의 예산 감독 기능까지 무력화시키는 5년짜리 방위비분담협정을 체결함으로써 미국에 화끈한 선물을 안긴 것이다.

이명박정부 협상단이 호놀룰루에서 미국과 새 방위비분담 협상을 마무리한 다음날인 2008년 11월 21일 국회 예결특위에서는 주한미군의 방위비분담금 전용 문제가 도마 위에 올랐다. 다음은 당시 민주노동당 이정희 의원과 이상희 국방장관의 질의응답을 간추린 것이다.

이정희 의원: 2000년 LLP 협상 초기부터 방위비분담금의 LLP 사용에 한미 간 공감이 있었다 이렇게 주장을 하셨습니다. 맞지요?

이상희 장관: 그렇습니다.

이정희 의원: 그 한미 간의 공감이라는 것이 문서로 기재된 것입니까? 양국 교섭대표 간에 서명이 있는 것입니까?

이상희 장관: 그것은 LLP 협상 과정에서 군사건설비용을 이전할 기지에 사용하는 것이 더 효과적이라고 양측 간에 필요성에 공감을 한 것이고, 문서로 작성되지는 않았습니다.

이정희 의원: 문서로 작성되지 않았으면 양측 교섭대표의 머릿속에 들어 있는 것입니까? 어떻게 그 공감이 있었다는 것을 알 수 있습니까?

이상희 장관: 그것은 양측 회의록에 아마 기록이 되어 있을 것입니다.

이정희 의원: 양측 교섭대표의 서명이 들어 있는 회의록입니까?

이상희 장관: 서명은 되어 있지 않은 걸로 파악했습니다.

이정희 의원: 문서를 국회에 공개할 수 있나요?

이상희 장관: 문서가 되어 있지 않습니다.

이정희 의원: 회의록에 있다고 하지 않았나요?

이상희 장관: 확인해서 보고하겠습니다.

이정희 의원: 회의록을 공개해주시기 바랍니다.

이상희 장관: 회의록 자체는 보지 못했기 때문에 확인해서 보고하겠습니다.

(…)

이정희 의원: 2000년 LLP 협상 초기에 방위비분담금을 기지 이전에 사용한다는 것을 국회에 보고한 적이 있나요?

이상희 장관: 그것은…

이정희 의원: 소위 한미 간의 공감이라는 것이 우리 국민들에게 알려진 바가 있는가를 여쭙는 것입니다.

이상희 장관: 그것은 제가 좀…

이정희 의원: 알려진 적이 없죠?

이상희 장관: 더 파악을 해보겠습니다.

한미관계에서는 매사가 이런 식으로 진행된 게 한두 가지가 아니다. LLP 협상 초기에 정말로 방위비분담금 전용에 대한 한미 간의 공감이 있었다면 2004년 LLP 협정을 개정할 때 미군기지 이전은 전액 미국 부담으로 한다는 내용을 명시하지 않았어야 옳다. 하지만 공식 체결한 협정에 위배되는 방식으로 방위비가 전용되는 것을 10년 가까이 묵인해놓고, 문제가 되자 공감이 있었다고 발뺌을 한다. 한국의 주류 언론들도 1년에 수천억 원에 달하는 국민 세금이 제 용도에 맞지 않는 방식으로 사용되는데도 별 다른 관심을 기울이지 않았다. 그래서 국민들 사이에 한미방위비분담협정은 매우 생소한 것으로 남아 있지만, 그 실체는 일그러진 한미관계를 가장 잘 드러내는 상징이라 할 수 있다. 특히 2008년 11월의 호놀룰루 협상은 이명박정권에서의 한미관계를 압축적으로 보여주는 1박2일이기도 하다.

05

'독도와 위안부'는 피하라

MB 정권, "일본과의 대립은 피한다"

모진 세상 풍파에 생일도 잊어버려 광복절을 생일로 삼았던 일본군 위안부 피해자 노수복 할머니의 유해가 2011년 11월 30일 고국으로 돌아왔다. 노 할머니는 동남아 등지에서 '일본군 성노예'로 지옥의 고통을 겪었으나 일제 패망 후에도 귀국하지 못하고 태국에 정착해 살다가 2011년 11월 4일 한 많은 91세의 생을 마감했다.

우리 정부는 노수복 할머니가 숨진 지 열흘 뒤인 11월 15일 일본 정부에 일본군 위안부 문제 등의 해결을 위한 양자협의를 요구했다. 2011년 9월 15일에 이은 두번째 요청이었다. 이날 외교통상부 조병제 대변인은 정례브리핑에서 일본 정부가 지난 9월 양자협의 제안에 공식회신을 하지 않아 오늘 다시 양자협의를 촉구하는 구상서를 전달했다고 밝혔다.

외교부는 지난 9월 15일, 한일청구권협정 3조(협정의 해석 및 실시에 관한 양국 간 분쟁은 우선 외교상의 경로를 통해 해결하며, 이에 실패했을 때 중재위원회에 회부한다)를 근거로 일본에 양자협의를 공식 제안했었다. 1965

년 체결한 청구권협정으로 일본군 위안부와 원폭 피해자의 배상청구권
이 소멸됐는지에 대해 서로 간 해석의 차이가 있는 만큼 이를 논의하기
위한 공식 양자협의를 하자는 제안이었다.

이명박정부가 갑자기 1965년의 청구권협정을 꺼내 일본 정부에 위안
부 문제를 논의하는 양자협의를 잇달아 요구하는 까닭은 무엇일까? 정
부가 일본에 할 말을 하기로 마음먹어서일까? 아쉽게도 그것은 아니다.
그렇게 하지 않으면 안 되는 이유가 있었다. 바로 2011년 8월 30일 헌법
재판소가 일본 군대위안부와 원폭 피해자들의 배상청구권 문제를 해결
하기 위해 우리 정부가 구체적인 노력을 기울이지 않은 것은 위헌이라
는 결정을 내렸기 때문이다.

물론 위안부나 원폭 피해자 문제 해결을 위해 구체적 노력을 기울이
지 않은 것은 비단 이명박정권만의 문제는 아니다. 역대 정부 모두 정
도의 차이는 있지만 일본이나 국제 사회를 향해 이 문제를 강력하게 제
기하거나, 국내외의 모든 법적 제도적 장치를 동원해 문제를 해결하는
데 전력을 기울였다고 보기 힘들다. 그래서 결국에는 헌법재판소의 위
헌 결정이 나온 것이고, 공교롭게 그 결정이 MB 임기중에 내려졌을 뿐
이다. 중요한 것은 이런 헌재결정을 MB정부가 얼마나 무겁게 받아들이
고, 비록 강제된 것이기는 하지만 헌재결정에 담긴 헌법의 의무를 지키
기 위해 얼마나 노력하느냐이다. MB정부에 과연 일본군 위안부 문제를
해결하겠다는 진정성이 있을까? 안타깝게도 MB정부 출범 초기의 대일
접근 기조로 볼 때는 그 진정성을 의심할 수밖에 없다.

MB정부는 출범 초기부터 일본과의 관계에서 일본군 위안부 문제
를 비롯해 독도, 야스쿠니 신사 등 3가지 민감한 사안은 가능한 피한다

는 내용의 대일 접근 기조를 세웠다는 정황이 미국 비밀 외교문서를 통해 드러났다. 위키리크스가 공개한 2008년 5월 2일자 미 대사관의 비밀 전문은 주중철 당시 외교통상부 일본과장이 미국 대사관 관계자와 만난 자리에서 "이명박 대통령의 일본에 대한 접근 방식은 대립을 피하고 대중들의 감정을 억누르는 것"이라고 요약했다고 전했다. 이 전문은 또 "주 과장은 이 대통령의 취임 이후 외교통상부는 일본과의 관계를 안정시키는 방안에 대해 논의하기 시작했다고 말했다"고 기록했다.

전문에 따르면 (이 논의의) 결론은 일본과 보다 덜 민감한 상호 관심 분야(청년 교환, 경제 합의, 에너지 협력) 등에 대해 함께 일하는 한편, 민감한 문제(야스쿠니 신사 방문, 독도 관련 영토 분쟁, 일본 군대위안부)는 피한다는 것이었다. 사실 이명박 대통령은 출범 초기부터 과거에 얽매이지 않고 미래지향적인 한일관계를 구축해가겠다는 입장을 수시로 밝힌 바 있다. 특히 권철현 전 주일 대사는 2008년 4월 18일 일본 부임 기자회견에서 이명박 대통령의 뜻이라며 "낡은 과제인 독도·교과서 문제는 거론하지 않겠다"는 취지의 발언을 해 물의를 빚기도 했다.

당시 이 대통령과 권 전 대사의 발언은 정권 초기에 원만한 한일관계 조성을 위한 외교적 수사 정도로 여겨지기도 했다. 그러나 이 미 대사관의 전문은 이 발언들이 단순한 외교적 레토릭이 아니었으며, MB정권 출범 이후 외교부 내에서 구체적으로 대일 접근 기조에 대한 논의가 있었고, 야스쿠니 신사와 독도, 일본군 위안부 등 3대 이슈는 일본과 논의를 피하겠다는 방침을 정했다는 것을 보여준다. 실제로 2011년 8월 헌법재판소의 결정이 나기 전까지 MB정부가 일본에 대해 위안부 문제의 해결을 거론한 사례는 찾아보기 힘들다.

위안부 할머니, 2011년에만 15명 타계

앞서 언급했듯이 헌재결정 이후 우리 정부는 2011년 9월 15일 1차로 일본 정부에 위안부 문제 등의 해결을 위한 양자협의를 요청했다. 그러나 MB정부의 대일 접근 기조에 익숙해져 있던 일본이 갑자기 태도 변화를 보일 리는 만무했다. 우리 정부의 양자협의 제의 이후 한일 외교 수장들이 처음으로 만난 것은 9월 30일 유엔 총회 때였다. 이 자리서 겐바 코이치로 일본 외상은 김성환 외교부 장관에게 한국의 요청에 대해 사실상의 거부 방침을 전달한 것으로 알려졌다. 9월 30일에는 일본 외무성의 신스케 아시아대양주 국장이 "청구권 문제는 이미 완전하고도 최종적으로 해결됐다는 것이 일본 정부의 일관된 입장"이라며 양자협의 요청에 응할 의사가 없음을 재확인했다. 10월 6일 서울서 열린 한일 외무장관 회담에서도 겐바 코이치로 일본 외상은 "한일청구권협정에 대해서는 일본의 입장을 지금까지 일관되게 밝혀왔다"면서 "여기서 다시 되풀이하지 않겠다"고 밝혔다.

과거에 얽매이지 않겠다고 천명해온 MB정권이, 더구나 임기도 얼마 남겨 두지 않은 상황에서 갑자기 일본군 위안부 문제를 꺼내드는 것이 일본을 상대로 얼마나 실질적 성과를 가져올지는 불투명하다. 우리 정부가 2011년 11월 15일 다시 양자협의를 요청했으나 외무장관급 이하에서 일본의 태도 변화를 기대하기는 현실적으로 힘든 상황이다. 결국 한일 정상 차원에서 문제 해결의 실마리를 찾아야 한다. 2011년 12월 14일 일본 대사관 앞에서 일본군 위안부 피해 할머니들의 1000번째 수요집회가 열렸다. 나흘 뒤에 이명박 대통령은 일본 교토에서 노다 요시히코 총리와 정상회담을 갖고 위안부 보상 문제를 직접 제기했다. 이에 대해 노다 총리는 오히려 일본 대사관 앞의 '위안부 평화비' 철거를 요구했다고 한다. 초기부터 일본군 위안부를 비롯한 민감한 문제는 피하겠다는 기조를 세운 MB 정권이 정권 말기에 갑자기 위안부 문제를 제기하고 나선 것을 일본 정부가 앞으로 얼마나 진정성을 가지고 대응할지는 미지수다.

위안부 피해 할머니들의 수요집회 1000회째를 맞아 제막된 위안부 평화비. 할머니들은 일본 정부의 진실한 사과를 바라고 있다.

일본국 위안부 피해 생존자들은 이제 대부분 8,90대 고령에 접어들었다. 2011년 한 해 동안만 (2011년 12월 말 현재) 노수복 할머니 등 모두 15명의 위안부 피해 할머니들이 한 많은 세상을 하직했다. 한국정신대문제 대책협의회에 따르면 위안부 지원대상자로 등록된 일본군 위안부 피해자 234명 중 이미 170명이 사망했고, 현재 생존자는 64명에 불과하다고 한다. 군대 위안부 문제는 단순한 한일 간의 과거사 문제를 넘어 보편적 인권 문제이자, 전쟁 범죄의 문제이고 결국 모든 인류의 기본적인 양심의 문제이기도 하다.

독도 도발에 '약간의 우려' 전달

일본군 위안부 문제와 함께 MB 정권이 일본과 접촉할 때 가급적 피하려 한 문제는 독도 관련 이슈다. 필자는 미국 외교전문을 통해 우리 정부가 독도 문제에서 겉으로는 강경 대응하겠다고 큰소리쳐놓고 정작 일본과 밀실에 앉아서는 큰 문제제기 없이 넘어갔다는 사실을 확인할 수 있었다. 우리가 보지 못하는 외교 무대 뒤편에서는 국민들의 눈을 속이는 일들이 비일비재하게 일어나고 있는 것이다. 어찌된 것인지 자세히 살펴보자.

이명박정권 출범 초기인 2008년 5월 18일, 『요미우리신문』은 일본 문부과학성이 일본 중학교 사회교과의 학습지도요령 해설서에 독도를 일본의 고유 영토로 명기한다는 방침을 세웠다고 보도했다. 이 기사가 국내에 인용 보도되자 정치권과 시민사회단체는 이명박 대통령의 이른바 대일 실용외교가 이런 사태를 불렀다며 정부의 각성과 일본에 대한 강력한 대응을 촉구했다. 비난 여론이 빗발치자 이명박 대통령은 5월 19일 유명환 외교부 장관에게 "진상을 확인해 사실이라면 시정을 촉구하라"고 지시했고, 유 장관은 즉각 주한 일본대사를 불러 항의하는 등 사태 진화에 나선 것으로 보도된 바 있다.

이 와중에 제6차 '한일 차관급 전략대화'가 열렸다. 그해 6월 5일 도쿄에서 개최된 이 회의는 이명박정부 출범 이후의 첫 한일 간 전략대화인데다, 일본의 독도 도발 방침이 알려진 이후 양국 간 첫 공식회의여서 독도 문제에 대한 우리측 대응 수위에 관심이 모아졌다. 하지만 이 회의 내용을 다룬 주일 미국 대사관의 2008년 6월 12일자 2급비밀 전문은 우리 정부가 일본 측에 강력 대응할 것이란 당시의 관측과는 달리 독도 영유권의 교과서 명기 문제는 소홀히 취급됐고, 오히려 한일 양국의 독도 주변 해역 공동조사 방안이 논의됐다는, 지금까지 제대로 알려지지 않은 새로운 사실을 밝히고 있다.

이 전문은 주일 미국 대사 토마스 쉬퍼가 일본 외무성 아주국 부국장 나가오 시게토시로부터 '한일 차관급 전략대화'에서 오간 대화 내용을 브리핑받아 정리한 것이다. 미국은 한일 차관끼리의 회담에서 오간 얘기도 이처럼 다 입수해 본국에 보고하고 있었다. 이 전문은 '한일 양국 관계'라는 소제목에서 독도와 관련한 한일 양측이 주고받은 얘기를 다음과 같이 정리했다.

야부나카 일본 외무성 차관과 권종락 한국 외교통상부 차관은 독도 주변 분쟁 해역에서의 해양조사 수행을 허용하는 합의 도출 방안을 논의했다. 또 한일 양국은 이 문제에 대해 2008년 하반기에 추가 논의를 하기로 합의했다고 나가오 부국장은 우리에게 보고했다. 양측은 일본 문부과학성이 독도를 일본 영토라고 주장하는 학습지도요령 해설서를 발행하기로 했다는 5월 27일자 언론 보도(5월 18일을 오기한 것으로 보임—인용자)에 의해 최근 야기된 교과서 논란에 대해선 가볍게 취급play down하고 넘어갔다. 나가오 부국장은 한국 대표단이 그 언론 보도에 대해서 약간의 우려some concern을 전달했고, 이에 대해 일본 대표단은 아직 아무런 결정이 내려지지 않았음을 한국측에 설명했다고 말했다.

이 전문 내용이 사실이라면 우리 정부는 겉으로는 일본의 독도 교과서 도발에 강력 대응하는 시늉을 내면서도 실제 양국의 고위급 공식 대화 석상에서는 일본측에 독도 문제에 대한 우려를 간단하게 전달하는 선에서 이 문제를 비켜갔다는 것이 된다. 또한 이명박정부는 일본의 독도 도발에 대한 국내의 거센 비판 여론을 뒤로한 채 태평스럽게 일본 정부와 밀실에 앉아 독도 주변 해역에 대한 공동조사 방안을 비밀리에 논의한 셈이다.

실제로 우리 외교통상부는 '차관급 전략대화' 직후 낸 보도자료에서 한일 양국이 "지난 4월 이명박 대통령 방일을 계기로 조성된 양국 간 우호, 협력의 모멘텀을 살려, 한일관계를 상호 존중과 이해를 바탕으로 하는 성숙한 동반자 관계로 발전시켜 나가기로 의견을 같이하고 이를 위해 워킹홀리데이 프로그램, 대학생 교류사업, 신시대 공동연구 프로젝트 등 대통령 방일 후속 조치의 순조로운 추진을 위해 양국이 적극 협력해 나가기로" 합의했다고 밝혔으나, 보도자료 어디에도 독도 주변 해역 해양 조사와 관련된 논의를 했다는 내용은 언급하지 않았다. 일본의 독도 도발 와중에 이런 문제를 논의했다는 사실을 국민들에게 제대로 알리지 않은 것이다. 독도 교과서 문제가 논의됐다는 내용도 물론 없다. '약간의 우려'를 전달했다는 것이 민망해서 그랬는지는 알 수 없다.

그 뒤 일본 문부과학성은 2008년 7월 9일 이명박 대통령과 후쿠다 총리의 정상회담이 개최되고 불과 닷새 만인 7월 14일 공식적으로 중학교 사회교과 학습지도요령 해설서에 독도를 일본 영토라고 명기했다. 일본 언론의 보도대로 진행된 것이다. 우리 정부가 '약간의 우려'만 전달했을 뿐인데 일본으로선 크게 신경 쓸 이유가 없었을 것이다.

MB, '기다려달라' 발언의 진실

흥미로운 것은 이명박정부가 일본의 이 같은 공개적 도발에 엄청난 배신감을 느꼈다는 점이다. 일본이 설마 독도 영유권 명기를 강행하리라고는 예상하지 않았기 때문에 그랬던 것으로 보인다. 주일 미국 대사관이 2008년 7월 17일 본국에 보낸 비밀전문에는 그런 사정들이 잘 나타나 있다.

이 전문은 일본 문부과학성이 학습지도요령 해설서에 일본 영토 명기를 강행하고 이틀 뒤인 7월 16일 미국 대사관측이 주일 한국 대사관의 강영훈 일등서기관과 만나 독도 교과서 문제에 대해 나눈 얘기를 담고 있다. 이 전문에 따르면 강 서기관은 일본의 7월 14일 결정에 대해 "매우, 매우 심각하고very, very serious" "엄청나며enormous" "폭발적인 것explosive"이라고 말했다. 강 서기관은 또 서울의 관료들이 이 결정에 배신감을 느끼고 있다고 말했다.

> 한일관계를 가로막아온 논쟁적 역사인식 차이는 옆으로 치워두고자 한 이명박 대통령의 노력에도 불구하고, 특히 홋카이도 토야 호수에서 열린 G8 정상회의 때 이명박 대통령이 후쿠다 총리와의 양국 간 정상회담을 갖고 교과서 문제에 대해 'hold back'(기다려달라 또는 중단해달라, 저지해달라 등으로 다양하게 해석될 여지가 있음─인용자)이라고 말하며 직접 호소까지 한 뒤라서 한국의 관료들은 배신감을 느꼈다고 강 서기관은 말했다.

강 서기관이 했다는 발언에는 MB정부가 과거에 얽매이지 않겠다며 한일관계 개선을 위해 노력해왔는데도 일본 정부가 그런 선의를 제대로 받아주지 않은 데 대한 섭섭함이 노골적으로 묻어나온다. 여기서 특히 주목해야 할 부분은 이 대통령이 후쿠다 총리에게 말했다는 'hold back'이다. 이 말은 2008년 7월 15일 일본 『요미우리신문』 인터넷판이 '기다려달라'라고 옮겨 보도해 한국 내에서 큰 파문을 일으킨, MB가 후쿠다

에게 말했다는 바로 그 말의 영어판이다. 이 미국 외교전문에서는 두 사람의 앞뒤 대화가 나와 있지 않고 'hold back'이라는 단어만 있어서 이 표현이 정확하게 '기다려달라'라는 의미로 쓰인 것인지는 확실하지 않다. 다만 2008년 7월 9일 한일 정상회담에서 이 대통령과 후쿠다 총리 사이에 일본 교과서 독도 영유권 명기 문제가 분명히 거론됐었다는 사실은 확인할 수 있다. 또 이 대통령이 일본의 독도 영유권 명기라는 도발 행위에 대해 후쿠다 총리에게 강력하게 항의의 뜻을 전달하기보다 "중단해달라", 또는 "기다려달라"라고도 해석될 수 있는 매우 미온적인 입장을 전달했다는 사실도 알 수 있다.

한일 정상회담에서 이 대통령이 독도 영유권 문제에 대하여 "지금은 곤란하다, 기다리면 좋겠다"고 대답했다는 『요미우리신문』의 보도 내용이 알려지면서, 국내에서는 MB정부의 독도 문제 인식에 대한 비판이 거세게 일었다. 논란이 확산되자 청와대는 대통령이 그런 말을 한 적이 없다고 부인하면서 그 보도는 사실이 아니라고 주장했다. 일본 외무성 역시 같은 날 성명을 통해 한일 정상이 독도 관련 대화를 나눈 적이 없다고 발표했다. 하지만 우리가 앞서 본 대로 위키리크스로 공개된 비밀 문서들은 양국 정상회담 때 독도 영유권 명기 문제가 거론됐음을 분명히 확인해준다.

독도 도발해도 MB는 일본과 매우 잘 지내

일본의 독도 영유권 명기 직후 주일 한국 대사관의 외교관들은 이 문제를 매우 심각하고, 엄청나게 폭발력이 강한 문제라고 흥분했다. 또 서울의 외교 당국자들은 일본에 배신감을 느꼈다고 했다. 하지만 그때 한

순간의 말뿐이었다. 그 사건 이후에도 미국 외교전문에는 독도에 관한 언급이 수시로 나타난다. 이 문서들에서도 이명박정권이 일본의 역사 도발 문제에 대해 미온적인 태도를 보이고 있다는 사실을 계속 확인할 수 있다.

미 대사관이 2008년 12월 31일 라이스 국무장관의 방한(2009.1.8)을 앞두고 본국에 보낸 정세보고서는 그해 여름 그 많았던 논란에도 불구하고 이명박 대통령이 일본 후쿠다 총리와 아주 잘 지내고 있다는 내용을 담고 있다.

> 이명박 대통령은 그의 전임자에 비해 훨씬 더 일본과 함께 일하기를 원한다. 비록 역사와 독도 영유권 등을 둘러싼 긴장이 때때로 고조되기는 하지만 이 대통령은 일본의 대화 상대방과 아주 우호적으로 교류하고 있으며, 후쿠다 전 총리와 좋은 관계를 맺었다. 우리는 아소 신임 일본 총리가 이른바 셔틀 정상회담을 위해 내년 1월 한국을 첫 공식 방문할 것이라는 것을 알고 있다.

또 2009년 1월 14일자 전문에서는 아소 다로 일본 총리와 이명박 대통령의 첫 정상회담에서 역사 문제와 독도 문제가 다뤄지지 않았다는 사실을 언급하며, 영유권 문제를 한일 양국 정상이 언급하지 않고 지나가는 것은 "이례적인 일unusual"이라고 평가했다.

특이하게도 청와대는 미 국무부 고위 당국자와 만난 자리에서도 한국이 독도 문제와 관련해 일본을 압박할 의사가 없다는 점을 밝히기도 했다. 미 국무부가 2009년 2월 18일 작성한 전문은 김성환 당시 청와대 외교안보수석과 스타인버그 미 국무부 부장관의 대화를 다음과 같이 기록하고 있다.

김 수석은 그의 노트를 검토한 후 한국에서 독도라 불리는 섬을 둘러싸고 일본과 벌이고 있는 영토 분쟁을 마지막 이슈로 꺼냈다. 김 수석은 한국과 일본은 현재 향상된 관계를 유지하고 있고, 한국은 독도 문제를 가지고 일본을 세게 압박하는 것은 원하지 않는다고 설명했다.

청와대 외교안보수석이 미 고위관계자를 만나 한국의 이런 입장을 구태여 왜 전달하고, 이를 통해 미국에 어떤 신호를 보내려고 한 것인지는 도무지 알 수가 없다.

"우리는 총을 보여줬지만 쏘지는 않았다"

MB정권이 출범 초기부터 일본을 상대할 때 위안부와 독도 같은 민감한 문제는 피하겠다는 대일 접근 기조를 세웠고, 실제로 그런 기조가 대일 관계에서 지속적으로 관철됐음을 확인했다. 하지만 일본과 과거사와 영토 분쟁이 일어날 때 미온적으로 대처하거나 일회성 대응을 반복해온 것이 MB정권의 전유물은 아니라는 점도 분명히 할 필요가 있다. 정권이 바뀔 때마다 그 정권의 성격에 따라 표면적인 대일 기조는 변해왔지만, 실무적으로 일본과 접촉하는 직업 외교관들의 보신주의와 일단 마찰은 피하고 보자는 식의 '외교적' 자세는 어느 정권에서나 그대로 유지됐다. 참여정부에서 일어났던 독도 주변 한일공동조사 건도 바로 그런 사례다.

미 대사관이 2006년 9월 13일 본국에 보낸 「한일, 한 차례 해저조사 합의KOREA-JAPAN ONE-TIME AGREEMENT ON SEABED SURVEY」라는 제목의 3급비밀 전문은 2006년 9월 9일 타결된 독도해저 한일공동조사 합의 내용과 과정을 상세하게 기술하고 있다. 당시 해저 공동조사 관련 협상은 2006년 7월 일본 정부가 옛 소련의 핵폐기물 투기에 따른 방사능 오염을 조사하기 위해 독도 주변 해저를 조사하겠다고 우리 정부에 사전 통보하면서 제3차 '한일 차관급 전략대화'의 의제 중 하나로 상정돼 시작됐다. 이 전문에 따르면 주한 일본 대사관의 야마모토 야스이 정치참사관은 주한 미 대사관 관계자에게 협상 과정을 설명하면서, 일본은 여름 내내 일본의 법적 권리를 뒷받침할 수 있는 전화번호부 두께의 서류를 준비했다고 밝혔다. 그는 또 "한국과 협상을 진행하던 한 시점에, 일본 측 협상 대표단은 그 서류 뭉치를 책상 위에 올려놓고 만약 합의가 이뤄지지 않으면 유엔해양법 협약에 따라 국제중재재판에 제소할 수밖에 없다"며 한국측을 위협했다는 사실도 털어놓았다.

전문에 따르면 야마모토 참사관은 이 과정을 "우리는 그들에게 총을 보여줬지만 쏘지는 않았다We showed them the gun but we did not pull the trigger"라고 표현했다. 야마모토 참사관은 이어 한국 외교통상부는 청와대가 일본의 중재재판 제소 위협을 알게 되는 것을 원하지 않았기 때문에 이를 매우 심각하게 받아들였고, 그때부터 진지하게 협상에 임했다고 말했다. 이 전문은 양측이 밤샘 협상을 벌여 9일 새벽 5시에 합의에 이르렀는데, 그 내용은 일본 연구원이 한국 배에 승선하고, 한국 연구원은 일본 배에 승선하는 방식으로 분쟁중인 독도 주변의 배타적 경제 수역 내 해저 3군데와 일본 영해 내 해저 3군데에서 합동 조사를 수행한다는 것이라고 전했다.

협상 결과를 두고 외교통상부는 우리 정부의 동의 없는 독도 주변 수역 내 일본의 단독조사는 허용할 수 없다는 입장을 지키면서도, '실사구시' 차원에서 일종의 절충안으로, 일본측 배타적 경제수역EEZ을 포함한 동해 지역에서 단독조사 대신 국제원자력기구IAEA 전문가가 참여하는 공동조사 방식을 추진키로 하는 방식을 택했다고 설명했다. 외교통상부의 이 해명은 독도 주변 해저에 대한 일본의 진입을 허용하는 대신 우리도 일본 영해에 대한 해저 조사에 참여함으로써 균형을 맞췄다는 의미를 강조한 것으로 보인다. 그러나 "일본이 어떤 형식으로든 우리측 동해 수역에 진입하게 됨으로써 우리의 독점적 영유권 논리가 무너진 것 아니냐"는 지적도 제기됐다.(한국일보, 2006.9.11)

일본 외교관, "일본 영해 조사는 자원 낭비"

게다가 앞서 소개한 미 대사관 전문은 한일 양국이 함께 조사하기로 합의한 일본 영해 내의 3군데 조사 지점은 사실상 조사가 불필요한 곳이었고, 한국의 정치적 필요에 따른 것이었다는 주한 일본 대사관 관계자의 진술을 담고 있다. 즉 공동조사 지역에 일본 영해가 포함된 것은 합의 내용에 대한 청와대와 국민들의 반발을 막기 위한 포석이었다는 것이다.

이 전문에 따르면 한국측이 먼저 분쟁 수역(독도 주변 해역) 내 해저 3군데 이외에 일본 영해 내 해저 3군데도 조사 대상에 추가하자는 절충안을 들고 나왔다고 한다. 야마모토 참사관은 이 3군데 추가 조사 지점은 임의적(즉흥적)인 것이었다고 주장했다. 한국 협상 대표가 펜을 꺼내 그냥 지도 위에다 점을 3개 그렸는데, 일본측 관점에서 봤을 때 그 3곳은 방사능 오염이 관측된 바도 없었고 (방사능 오염을) 비교할 데이터도 축적돼 있지 않았기 때문에 (그곳에 대한 조사는) 자원 낭비에 불과한 것이었다고 말했다. 미 대사관도 전문에서 이 부분을 그 합의에서 '특이한 부분'이라고 지적했다. 그러나 야마모토 참사관은 독도 주변 해역 외에 명백한 일본 영해 내의 3군데를 (조사 대상으로) 추가하는 것은 한국측으로선 정치적 가치가 있을 것이라는 점을 이해했다고 말했다.

한국 외교부가 아무런 의미가 없는 일본 영해의 3군데 해저에 대해 즉흥적으로 공동조사를 요구한 것은, 독도 영해에 일본의 진입을 허용했다는 국내의 비난 여론을 피하기 위한 장치였다는 뜻이다. 그래서 한국측의 요구가 국내를 겨냥한 정치적 명분 쌓기였다는 것을 인식하고, 한국의 절충안을 수용했다는 것이다.

미 대사관, "문제는 항상 노무현 대통령"

한편 미 대사관은 이 전문에서 일본 정부는 이미 이 독도 주변 해저 3군데에서 지난 1994년부터 2004년까지 매년 과학 조사를 벌여왔다고 언급했다. 그러나 그때까지 한국측의 항의나 언론의 관심은 없었다고 한다. 옛 소련이 1950년대부터 1990년대 초까지 블라디보스토크 근해에 원자력 폐기물을 버렸다고 국제원자력기구IAEA에 보고한 이후, 1994년에 한·러·일 3국이 이 해역에서 공동조사를 벌였으나 일단 문제는 없다고 결론 내린 바 있다. 이 이후에도 일본은 독도 주변 해역을 넘나들며 방사능 조사를 실시해온 것으로 추정은 됐지만, 이처럼 일본이 2004년까지 매년 정기적으로 우리측 EEZ 내에서 해저 조사를 해왔다는 것은 이번에 처음 공개된 사실이다.

또 이 미국 전문은 일본이 "표면상 데이터의 연속성을 위해, 독도 주변 3군데에 대한 조사를 고집하고 있다"라고 명시하고 있는데, 이 '표면상Ostensibly'이란 표현은 일본이 방사능 오염 조사를 명분으로 독도 주변 해역에 대한 접근 권한을 공식화하려 한다는 뉘앙스를 풍기고 있어, 우리가 일본의 전략에 넘어갔다는 당시 언론의 지적을 뒷받침해준다.

결론적으로 이 미국 외교전문에서 언급된 주한 일본 대사관 관계자의 발언을 종합하면 우리 외교통상부는 일본의 국제중재재판 제소 위협을 마주하고서, 그 같은 사실이 알려져 청와대의 강경 대응과 국민들의 반발이 확산될 것을 우려해 한일 공동조사에 합의하는 선에서 사태를 봉합했다는 것이다. 또 독도 주변의 우리 쪽 배타적 경제수역에만 일본 조사선의 진입을 허용하는 것에 부담을 느껴 조사할 가치도 없는 일본 영해도 조사 대상에 포함시키는 기만책으로 청와대와 국민들을 속였다는 추론이 가능하다.

이 합의의 이면을 상세하게 기록해 본국에 보고한 주한 미 대사관은 이 전문 말미에 다음과 같은 논평을 남겼다.

이 합의는 한일관계의 주요 장애요인을 제거할 중요한 성취다. 한국 외교관들은 이것을 매우 가리고 싶어 할 것이다. 문제는 항상 노무현 대통령에게 있는데, 그는 한국의 전통적인 반일감정을 이용하는 경향이 있다. 노 대통령이 이 협정을 승인하는 데는 여러 날이 걸릴 것이란 점을 우리는 알고 있다.

외교관들이 감추기로 작정만 하면 사실 대통령이라도 무대 뒤에서 무슨 일이 오가는지는 알 길이 없다. 그리고 이 합의에 따라 한일 간 공동 조사는 결국 그해 10월 실시됐다.

06 어떤 부탁: '10분'과 BBK

"10분 정도라도 MB와 함께 해달라"

지난 1966년 미국을 방문한 이동원 외무부 장관은 미국 국무장관 러스크D. D. Rusk를 만나 박정희 대통령의 재선을 지원해달라고 부탁했다. 다음은 두 사람의 대화를 담은 미 국무부 전문이다. 제목은 「미국의 박정희 선거유세 지원U.S. ASSISTANCE TO PAK'S ELECTION CAMPAIGN」이다.

외무장관(이동원)은 미국 정부가 어떠한 대중적인 제스처를 보여줌으로써 박정희의 재선 캠페인을 도와줄 수 있겠느냐고 물었다. 이에 대해서 러스크 국무장관은 미국에 대한 한국의 여론이 선거에서 한국 정부에 도움이 될 것이냐고 반문했다. 외무장관은 그렇다고 말했다. 주미 한국 대사(김현철)는 미국의 태도가 선거 결과를 결정할 것이라고 말했다. 외무장관은 언제쯤 러스크 국무장관이 한국을 방문할 계획이 있는지 물었다. 국무장관은 현재로서는 계획이 없다고 말했다. 외무장관은 선거 전에 한국에 와서 박정희의 지도력을 대중적으로 찬양해줄 것을 고려해달라고 촉구했다. (박태

균, 『우방과 제국, 한미관계의 두 신화』, 2006)

일반적인 국가에서 외세의 도움은 선거결과에 결코 이득이 되지 않고, 특히 민족주의 성향이 강한 나라에서는 더욱 그렇다. 외세에 의존하는 모습은 스스로의 약함을 증명하는 것이기 때문이다. 허나 비록 비정상적인 모습이지만, 미국의 개입이 불리하지 않게 작용한 것이 한국현대사의 역사적 진실이었다.(박태균, 『우방과 제국, 한미관계의 두 신화』, 2006)

지금 한국 상황에서 1966년의 이런 한미관계는 상식적으로 상상하기 힘들다. 하지만 조금만 더 무대 뒤를 들여다보면 미국의 영향력이나 위상에 기대보려는 행태가 여전히 사라지지 않았다는 것을 알 수 있다. 2010년 2월 3일 김성환 당시 청와대 외교안보수석은 서울을 방문한 미 국무부 동아시아태평양 담당 차관보 커트 캠벨과 만난 자리에서 부탁을 하나 한다. 다음은 두 사람의 대화를 기록한 미 대사관의 2010년 2월 22일자 외교전문 가운데 일부다.

김 수석은 오는 4월 워싱턴에서 열리는 핵안보정상회의 때 오바마 대통령이 이명박 대통령과 함께 한국전쟁기념관을 방문하는 것이 가능할지 물었다. 캠벨은 한국전쟁 60주년을 맞이해 그런 방문이 한국과 미국 국민들 모두에게 강력한 상징이 되기는 하겠지만, 핵안보정상회의 기간에 일정을 잡기는 극도로 어려울 것이라고 주의를 줬다.

2010년 4월 13일 미국 워싱턴에서 열린 제1차 핵안보정상회의는 모두 47개국 정상이 참가한 초대형 국제회의였다. 주최국 대통령인 오바마가 한국의 이명박 대통령만을 위해 회의와 무관한 별도의 외부 스케줄을 낸다는 것은 애초에 불가능한 일이었다. 그럼에도 불구하고 청와대 외교안보수석쯤 되는 사람이 그런 무리한 부탁을 한 것이다. 물론 청와대 수석으로서 이명박 대통령을 위해 '밀져야 본전'이라는 생각에 그런 제안을 했다고도 볼 수 있다. 그렇게 보면 이날 김성환 수석의 부탁은 일회성 해프닝 정도로 치부하고 넘어갈 수도 있다. 그러나 문제는 그것이 일회성이 아니었다는 데 있다. 바로 다음날 유명환 당시 외교통상부 장관도 캠벨 차관보에게 똑같은 부탁을 한 사실이 미국 비밀전문을 통해 드러났다. 다음은 유 장관과 캠벨 차관보의 회동을 기록한 2월 18일자 전문이다.

유 장관은 이명박 대통령이 4월 핵정상회의 참석차 워싱턴을 방문하는 동안 한국전쟁기념관을 찾을 계획이라고 말했다. 유 장관은 오바마 대통령이 한국전쟁기념관에서 MB와 '10분 정도라도10 minutes or so' 함께 해줄 수 있는지 물었다. 두 사람이 함께 나타나면 강력한 상징이 될 것이라고 언급했다. 캠벨은 그것이 훌륭한 제스처a great gesture가 되기는 하겠지만 핵정상회의 참가차 워싱턴을 방문하는 수많은 정상들을 생각한다면 추가적인 이벤트를 마련하기는 어려울 것이라고 주의를 줬다.

하루 전 김성환 청와대 수석이 부탁한 것과 같은 내용이다. 다만 김 수석은 오바마 대통령이 이 대통령과 함께 한국전쟁기념관을 방문해줄 수 있는지 물었으나 유 장관은 한국전쟁기념관 현장에서 '10분 정도'라도 합류해줄 수 있는지 물었다. 같은 부탁이라도 뉘앙스가 좀 더 사정조로 변한 것이다. 주한 미 대사관은 이 전문을 작성하면서 '10분 정도'라는 유 전 장관의 발언에 특별히 따옴표를 쳤다. 전문을 보다가 얼굴이 다 화끈거릴 정도다. 청와대 외교안보수석과 외교통상부 장관이 이틀 연속으로 이처럼 황당한 부탁을 계속한 이유는 무엇일까?

유명환 장관은 하루 전 김성환 수석이 그 같은 제안을 했다가 거절당했다는 사실을 보고받았을 것이다. 그런데도 본인이 다시 같은 건을 사정한 것이다. 이것은 '오바마 동행' 부탁이 개인적 차원의 단순한 해프닝이 아니라는 사실을 말해준다. 정황상 청와대와 외교통상부가 MB의 '대통령이미지President Identity' 전략을 위해 조직적으로 움직였을 가능성이 높다. '10분 정도'라도 MB와 함께 해달라는 부탁에는 결국 그만큼의 포토타임을 달라는 것 외에 무슨 의미가 있을까? 그래서 캠벨 차관보도 "훌륭한 제스처가 되기는 하겠다"라는 반응을 보였을 것이다. 10분이면 그날 저녁 9시 뉴스와 다음날 신문 1면에 MB와 오바마가 '특별히' 함께한, 캠벨 차관보의 말대로 '훌륭한 제스처'가 담긴 영상과 사진 장면을 내보내기에는 충분한 시간이기 때문이다. 청와대 외교안보수석과 외교통상부 장관까지 나선 이 '10분 정도' 요청은 미국측이 일언지하에 거절하면서 무산됐다. 현재의 한미관계가 1966년의 박정희 대통령 시절과 본질적으로는 크게 달라지지 않았다는 것을 보여주는 씁쓸한 에피소드다.

MB 캠프, '김경준 송환은 미국의 대선 개입'

물론 이제 성숙해진 한국 유권자들을 고려할 때, 1966년식 방식은 더 이상 가능하지 않을 것이다. 하지만 한국의 대선 국면에서 미국의 영향력이 완전히 사라진 것은 아니다. 2007년 17대 대선 때도 미국의 개입 여부가 대선의 향배를 가를 중요한 변수로 여겨졌다. 대선 가도를 거침없이 질주하던 MB는 미국의 뜻에 따라 자신의 운명이 갈릴 수도 있는 상황을 마주했다. 바로 BBK 사건에 대한 미국의 입장 때문이었다.

17대 대선 투표일을 두 달 남짓 남겨뒀던 2007년 10월 25일, 당시 이명박 후보 공동 선거대책위원장인 유종하 전 외무장관이 버시바우 당시 주한 미 대사를 찾았다. BBK 스캔들의 뇌관인 김경준이 곧 한국으로 송환된다고 예고된 시점이었다. 이날 만남을 기록한 2007년 10월 31일자 미 대사관 전문에 따르면 유 위원장은 버시바우 대사에게 김경준의 한국 송환이 이명박 후보의 선거전에 얼마나 폭발적인 이슈가 될 것인가를 설명했다. 또 유 위원장은 이명박 후보가 믿을 수 없을 만큼 전문적인 사기 사건의 피해자라고 말했다. 교회인맥을 통해 김경준을 만났기 때문에 결과적으로 그를 너무 믿었다는 말도 했다. 이어 BBK 사건은 너무 복잡하기 때문에 빠른 결론이 나올 수가 없는데, 김경준이 송환되면 선거 때까지 BBK 이슈가 사그라지지 않을 것이라고 말했다. 이윽고 유 위원장은 미국이 선거에 개입해서는 안 된다고 주장했다.

> 유 위원장은 미국이 한국의 국내 정치에 관여하지 않는 것이 현명한 처사라 생각한다고 말하고, 만약 미국이 선거 기간 동안 김경준의 송환을 허용한다면 그것은 미국이 개입하는 일이라고 주장했다. (…) 유 위원장은 미 국무부가 이 문제를 충분히 숙고해서 "역사가 동의할 수 있는 사려 깊고 현명한 결정"을 내려주기를 촉구했다.

버시바우 대사는 이 전문에서 유 전 장관이 김경준의 송환을 연기해 달라고 요청하면서 한미동맹과 관련해 이명박 후보의 진정성을 믿어달라고 말했다는 것도 기록했다.

10월 25일 회동 때 유 전 장관은 한미동맹과 관련해 미국은 이명박 후보에 대해 걱정할 것이 아무것도 없다고 말했다. 그는 이명박 후보가 한국군의 이라크 파병 연장을 매우 강력하게 지지하는 입장을 밝혔다고 말했다.

김경준의 송환 연기를 부탁하면서 이라크 파병 연장에 대한 이명박 후보의 강력한 지지와 한미동맹에 대한 진정성 등을 새삼 강조한 것이 의미심장하게 읽힌다. 어쨌든 이 전문에 담긴 유 전 위원장의 발언은 MB 캠프가 당시 김경준 송환 결정에 얼마나 당혹감을 느끼고 있었는지를 잘 드러내고 있다. 그래서 미국 대사를 만나 김경준의 한국 송환을 허용하는 것은 미국이 한국의 대선에 개입하는 것이라는 주장까지 펼치며 송환 연기를 요청한 것이다. 하지만 '선거 개입'에 대한 미국의 입장은 MB 캠프와는 180도 달랐다.

미국측, '송환 연기하는 것이 대선 개입'

버시바우 대사는 김경준 송환 보류 요청을 받은 지 엿새 후인 10월 31일 유 위원장을 다시 만났다. 그리고 미국 정부의 입장을 명확히 밝혔다. 전문에 따르면 버시바우 대사는 유 위원장에게 한국측의 행정절차가 끝나는 대로 김경준은 한국에 올 것이라고 설명했다. 또 미국 정부는 법적 절차에 근거해 김경준을 한국에 보내기로 결정했다고 말했다. 특히 미 국무부가 2005년에 이미 송환 요청을 승인한 바 있고, 그래서 이 문제를 재검토할 아무런 법적인 사유가 없다고 말했다. 버시바우 대사는 또 정치적 측면에서의 미국 입장을 다음과 같이 밝혔다.

> 정치적으로, 워싱턴은 유 전 장관의 한 주 전 요구를 받아들여 김경준의 송환을 연기한다면, 오히려 그 일이 미국이 한국의 선거전에 개입하는 것으로 여겨질 수 있다는 결론을 내렸다. 버시바우 대사는 만약 이명박 후보가 BBK 횡령 스캔들에 개입하지 않았다면 이명박 후보의 대권 희망에 큰 피해는 없을 것이라고 밝혔다. 유 위원장은 이 후보가 잘못한 것이 없더라도, 검찰은 이 후보가 유죄라고 국민들에게 확신시키기 위해 언론에 단편적인 정보를 제공할 것이라고 말했다. 이 과정은 매우 정치적이고, 어떤 영향을 미칠지 아무도 모른다고 말했다.

전문 내용을 보건대, 미 대사관은 유종하 위원장의 송환 연기 요청을 워싱턴, 즉 미 국무부에 보고한 것으로 보인다. 그리고 미국은 '정치적으로' 판단했을 때, 김경준의 송환을 연기하는 일이 오히려 한국의 대선에 개입하는 것으로 비춰질 우려가 높다고 판단한 것이다. 미국은 전적으로 법적 절차에 따라 김경준을 한국에 송환한다고 했지만 사실 '정치적' 고려도 했다는 것을 알 수 있다. 결국 MB의 승리로 귀결된 17대 대선 결과로만 볼 때 MB 캠프보다는 미국의 판단이 옳았던 셈이다. MB측은 당장 김경준의 귀국이 몰고 올 파장에 대해 걱정했지만, 미국은 송환 연기가 오히려 미국의 대선 개입으로 간주돼 더 큰 부작용을 초래할 수 있다고 본 것이다. 검찰은 송환된 김경준을 조사해서 오히려 선거일 전에 BBK와 관련된 이명박 후보의 혐의를 벗겨줬다. 반대로 만약 MB 캠프의 요청으로 김경준의 한국 송환이 보류됐다면, 그것이 두고두고 MB에게 부담이 됐을지도 모른다.

17대 대선 선거전이 본격화되고, BBK 사건의 향배에 초미의 관심이 쏠려 있는 와중에, 무대 뒤에선 MB 캠프와 미 대사관 사이에 이런 물밑 접촉들이 이뤄지고 있었다. 결국 김경준은 미국의 법적 절차와 정치적 판단에 따라 예정대로 2007년 11월 16일 한국에 송환됐다. 모든 언론이 김경준의 입과 그의 입국이 향후 한국 대선에 미칠 영향에 주목했다. 주한 미 대사 버시바우는 「운명의 한 주: 대선까지 한 달WEEK OF DESTINY: ONE MONTH TILL PRESIDENTIAL ELECTION」이라는 제목의 2007년 11월 21일자 전문에서 김경준의 송환을 둘러싼 한국 언론의 보도 행태를 다음과 같이 개탄했다.

> 지난 이틀 동안 모든 TV 뉴스는 김경준의 움직임과 묻혔던 주장들에 대한 설명에 집중됐다. 이와 마찬가지로 모든 주요 일간지들도 여러 지면을 김경준과 BBK에 할애했다. 몇몇 전문가들이 이번 선거가 최근 역사에서 가장 많이 특정 이슈에만 집중된 선거라고 간주했듯이, 이것은 부끄러운 일이다. 이제, 2007년 대선이 한국에서 민주주의의 발전에 뚜렷한 진전을 표시하지는 못할 것으로 보인다.

한국 언론이 BBK에 지나치게 집중하고 다른 중요한 문제들을 소홀히 한 점은 물론 있었다. 하지만 이것을 '부끄러운 일'이라고까지 평하고, 민주주의까지 들먹이는 것은 다소 생뚱맞아 보인다. BBK 이슈의 지나친 확산에 대한 경계심이 엿보인다.

2010년 11월 말 위키리크스가 미 국무부 전문을 공개하기 시작하면서 한국 관련 내용도 하나씩 나오자, 일각에서는 미국 전문을 통해 BBK 사건의 진상이 드러날 것이라는 기대를 표하기도 했다. 하지만 미 대사관의 외교전문에 BBK의 진상이 담겨 있을 가능성은 사실 별로 없었다. 미국 대사관이 BBK 스캔들의 핵심인 이명박 연루 의혹을 구태여 직접 파헤쳐 본국에 보고할 이유가 어디에도 없었기 때문이다. 위키리크스가 공개한 주한 미국 대사관 전문 1980건 중 'BBK'로 검색되는 전문은 모두 24건이다. 실제 이 가운데 유종하 전 장관과의 대화를 담은 전문 외에 BBK에 대한 미국의 입장이 드러나는 전문은 없다. 대부분 대선 과정에서 벌어진 BBK 관련 공방을 단순히 언급하는 것들이고, MB가 당선된 이후에도 BBK 특검 등이 MB의 발목을 계속 잡을 것이라는 관측 정도가 전부다. 물론 그렇다고 미국이 BBK 사건에 대해 독자적 조사나 분석을 전혀 하지 않았다고 확언할 수는 없다. 다만 그런 내용들이 있다고 해도 국무부가 그것을 미국의 정부 부처간 비밀 정보공유 시스템인 'SIPRNet'에 올렸을 리는 만무하다.

현재 공개된 BBK 관련 전문들만으로 판단할 때 주한 미 대사관과 미 국무부는 BBK 사건에 가급적 불개입 원칙을 견지한 것으로 보인다. 하지만 과거 선례와 한미관계의 특수성을 고려하면 미국의 한국 국내 정치에 대한 불개입 또한 사실상의 개입 정책이라 할 수 있다. 예컨대 과거 쿠데타에 대한 묵인 또는 방조, 진압군 이동에 대한 방관 등의 불개입 정책은 사실 그 자체가 또 다른 개입이 아니었던가. 미국은 한국 국내의 정변 또는 중대 정치 현안들에서 자신들의 판단에 따라, 그리고 자신들의 이익을 극대화하는 방향을 좇아 '개입'과 '불개입'을 반복해왔다. 2007년 대선 당시 BBK 사건의 전개 과정을 보면 MB 임기 말년에 다시 논란이 되고 있는 이른바 김경준의 '기획입국설' 등에 대해서는 미국이 적어도 사실 관계는 확인할 만한 위치에 있었다. 하지만 미국은 그러지 않았다. 그저 물밑에서 BBK가 대선에 미칠 영향과 각 후보 진영의 날선 공방만 관찰할 뿐이었다. 이것 또한 하나의 개입이라 할 수 있지 않을까?

제4장

굴종 FTA

01

한미 FTA,
재협상에서 날치기까지

"선거 때 무슨 얘기를 못하겠느냐"

2011년 11월 22일, 한미 FTA가 최루탄 연기 속에 통과됐다. 주권이 걸린 조약을 언론마저 통제한 상태에서 여당 단독으로 날치기 강행 처리한 것은 사상 초유의 일이라고 한다. 2006년 협상이 시작돼 2007년 타결됐다가, 2010년 재협상을 거쳐 끝내는 2011년 날치기로 처리된 한미 FTA는 지난 몇 년간 우리 사회 내부를 첨예하게 갈라놓은 이슈이다. 여기엔 한미관계에 내재한 뿌리 깊은 종속성이란 근본적 문제 역시 가로놓여 있다. 2007년 타결됐던 한미 FTA가 어떤 과정을 거쳐 재협상까지 가고, 결국 날치기에 이르게 됐는지를 미국 비밀전문을 통해 살펴보자.

이명박 대통령은 2008년 11월 16일 미국 워싱턴에서 열린 특파원 간담회 자리에서 'MB 어록'에 길이 남을 발언을 하나 추가했다. 당시 한 특파원이 오바마 대통령 당선자가 한미 FTA 재협상을 요구할 경우 어떻게 대응할 것이냐고 묻자 "선거 때 무슨 얘기를 못하겠느냐?"라고 말했다. 미국 대선 때 오바마가 내건 한미 FTA 재협상 공약을 단순히 선거용이었다고 치부한 것이다.

이것이 신뢰를 최고 덕목으로 해야 할 국가 최고지도자 입에서 나올 말로 보이진 않는다. 또 이 대통령은 "미국의 새 정권이 들어서면 한미 FTA와 관련해 자동차 부문의 재협상을 할 것이라는 한국 언론의 추측 보도가 많다. 별별 추측을 하는데 그건 한미가 일하는 데 전혀 도움이 안 된다"며 재협상 논란의 책임을 언론에 돌리기도 했다. 대선에서 승리한 미국 민주당 쪽에서 한미 FTA 재협상을 거론하는 일이 잦아지자 국내 언론이 이를 보도했을 뿐인데, 이 대통령은 엉뚱하게 우리 언론을 탓하고 나선 것이다.

이 대통령은 오바마의 FTA 재협상 발언은 표를 얻기 위한 것이었다고 해석했지만, 이후 상황은 그의 관측대로 흘러가진 않았다. 미국 민주당의 핵심 인사들이 선거 이후에 고위 공직자 입장이 돼서는 한미 FTA 문제를 더욱 본격적으로 제기했기 때문이다. 첫 테이프는 힐러리 클린턴 국무장관 후보자가 끊었다. 힐러리 후보자는 2009년 1월 13일 상원 외교위원회 인준청문회에 제출한 서면 답변을 통해 한미 FTA의 일부 내용이 공정한 조건을 확보하는 데 실패했다며 핵심 조항에 대해 재협상이 필요하다는 의사를 피력했다. 또한 오바마 당선자는 부시 행정부가 합의한 한미 FTA에 반대하는 입장이며, 자동차를 비롯한 여러 부문에서 공정한 조건을 확보하지 못했다고 지적했다.

클린턴의 이 같은 입장이 알려지자 청와대와 정부여당은 당혹감을 감추지 못했다. 청와대 김은혜 부대변인은 1월 15일 브리핑에서 우리 입장은 "재협상은 없다는 것"이라고 강조했다. 박재완 국정기획수석도 라디오에 출연해 재협상 불가 방침을 확인했다. 이혜민 외교통상부 FTA

교섭대표는 한 케이블 TV의 뉴스에 나와 클린턴의 발언에 민감하게 반응하지 않겠으며, 대화로 미국을 설득하겠다고 했다. 한나라당 조윤선 대변인도 "한미 FTA는 특정 조항을 고치기 위해 재협상할 수는 없다는 것을 양국이 모두 잘 알고 있으리라 믿는다"라고 말했다. 김종훈 통상교섭본부장은 1월 16일 통신사와의 인터뷰에서 "미국이 정말 재협상을 요구한다면 그것은 현명한 방법이 아니고 또 그렇게 할 수도 없다고 생각한다"고 밝혔다. 미국의 장관 후보자 인사청문회 자료 한 장이 2009년 새해 벽두부터 우리나라 당·정·청 모두를 마치 벌집 쑤셔놓은 것처럼 만들어버린 것이다.

이명박 대통령이 "선거 때 무슨 말을 못하냐"며 오바마의 재협상 발언을 선거용이라고 평가절하한 뒤 고작 2달 만에 청와대와 정부여당은 심각한 표정으로 '재협상 불가'를 외치게 됐다. 아니, 적어도 언론을 앞에 두고 공식적으로 발표한 입장은 그랬다. 그렇다면 속으론 정말 어떠했을까?

겉으론 불가, 물밑에선 수용 의사

클린턴 후보자의 입장이 전해지고 일주일 뒤인 2009년 1월 21일 외교통상부 권종락 제1차관이 미 대사 스티븐스를 찾아갔다. 권 차관의 방문 목적은 표면상 그날 열린 오바마 대통령의 취임식 축하 인사였다. 두 사람은 오찬을 함께하며 오바마 취임식과 한미관계, 북한 문제 등을 주제로 이런저런 얘기를 나눴다. 하지만 권 차관의 주된 관심은 일주일 전 불거진 클린턴의 장관 인준청문회 답변에 쏠려 있었다.

이날 만남을 보고한 1월 22일자 미 대사관 전문에 따르면, 권 차관은 그날 오전에 한 어떤 기자와의 인터뷰를 언급하며 한미 FTA 문제를 끄집어냈다. 권 차관은 미국이 진짜 한미 FTA 재협상을 요구하는 것인지, 그렇다면 양국에 마찰이 생기지 않을지를 그 기자가 질문해왔는데, 자신은 한미관계는 튼튼하고 다차원적이기 때문에 과거에 많은 어려움을 함께 헤쳐왔고, 그래서 양국 정부가 함께 상의하면 한미 FTA와 관련된 어떤 이슈라도 잘 해결할 수 있을 것이라는 답변을 해줬다고 말했다. 그리고 권 차관은 또, 워싱턴과 서울이 지금 당장 FTA에 대해 의견 일치를 보지 못하더라도 이것이 전반적인 한미관계의 진전을 손상시키지는 못할 것이라고 말했다. 이에 대해 스티븐스 대사는 권 차관의 그런 평가에 동의하며, 미국 관리들은 한국 정부의 관심을 알고 있고, 미국 새 행정부의 동북아 지역에서의 우선순위는 동맹국들과의 협력을 강화하는 것이라고 강조했다.

이 정도가 전문에 기록된 두 사람의 FTA 관련 대화다. 청와대와 외교부, 한나라당 등에서 입을 가진 사람들은 거의 다 나와 'FTA 재협상 불가'를 외쳐놓고도, 정작 정부 고위 관계자가 미국 대사를 만난 자리에서는 '재협상 불가'의 '불'자도 꺼내지 못하고 선문답만 주고받은 것이다. 오히려 한미 간 이견이 있더라도 서로 상의해서 해결할 수 있을 것이라는 취지의 발언을 통해 FTA에 대한 재논의도 받아들일 수 있다는 뉘앙스마저 풍겼다.

스티븐스 대사는 권 차관과 만나고 20일쯤 뒤인 2009년 2월 12일, 상원 인사청문회를 통과해 후보자의 꼬리표를 뗀 힐러리 국무장관 앞으로 장문의 전문을 보낸다. 힐러리 장관의 한국 방문을 앞두고 작성한 한국 관련 정세분석 보고서였다. 스티븐스의 이 보고 전문은 'FTA 관련 마찰

피하기'라는 별도의 소제목 아래 FTA 재협상 논란과 관련한 한국 정부의 입장을 담고 있었다.

먼저 스티븐스 대사는, 힐러리 장관의 청문회 서면 답변에 들어 있었던 "미국은 자동차 분야에 대한 '재협상에 다시 관여'할 필요가 있다the U.S. needed to "reengage in negotiations" on autos"라는 표현이 한국에서 큰 파장을 일으켰다고 보고했다. 이어 한국에서 한미 FTA 재협상 논란이 벌어진 이후 한국 정부를 관찰한 결과를 이렇게 보고했다.

한국 정부가 공식적으로는 '재협상 불가'라는 입장을 유지하고 있지만(미국의 요구를 지나치게 존중한다는 비판에 대응하기 위해), 그것이 관리된 거래가 아니라는, 또 지나치게 일방적으로 양보했다고 보이지 않게 하는 시험대를 통과할 수만 있다면 이명박 대통령은 진전된 방안을 찾기 위해 우리와 함께 논의하기를 원할 것으로 감지됐다.

미 대사관은 '재협상 불가'라는 한국 정부의 공식 입장을 미국에 굴종하는 것처럼 보이지 않기 위한 제스처로 본 것이다. 또 한국 정부의 공식적인 입장과는 달리 이면에서는 지나치게 양보했다는 인상만 피할 수 있다면 미국의 요구에 응할 수 있다는 신호를 한국측으로부터 받았다는 것이다. 특히 스티븐스 대사가 진전된 방안을 논의하기를 원한다는 주체를 한국 정부의 외교통상 관계자가 아닌 이명박 대통령으로 특정한 대목도 주목할 만하다. 미국 대사관이 청와대측과 이 문제와 관련해 어떤 형태로든 교감을 했다는 추측이 가능한 부분이다.

이 전문은 또 한국 정부 관리들이 미 대사관측에 "FTA 협상 때 자동차

관세와 자동차세, 자동차 표준, 심지어 특별신속분쟁 해결절차 등(자동차 조항은 전체 한미 FTA 협정 가운데 가장 강력한 것이다) 미국이 요구한 모든 것들을 근본적으로 다 들어줬다"고 조용히 지적해왔다는 사실도 거론했다. 이어 한국 관리들이 "한국은 시장을 완전 개방하고, 모든 장벽을 제거하겠다고 했는데도 보호주의 정책을 펴고 있는 일본이나 유럽보다 더 큰 비판을 받고 있는 것이 아이러니하다"고 미 대사관측에 말했으며, "그럼에도 불구하고 한국인들은 한미 FTA 협정에 여전히 헌신적이다"라고 덧붙였다.

FTA 협상에서 미국에 퍼줄 만큼 퍼주었는데도 미국이 또 재협상을 요구하는 상황에서 한국 정부 관리들이 자신들의 처지에 자괴감을 느꼈을 만도 하다. 하지만 전문에서는 이들이 재협상은 할 수 없다는 입장을 미국측에 표명했다는 흔적은 찾아볼 수 없다.

미 대사관은 한국측과 접촉한 결과 이처럼 모양만 잘 갖추면 한국 정부가 미국의 재협상 요구에 응할 것이라는 판단을 일찌감치 내리고, 관련 정보를 본국에 보고한 것이다.

스티븐스 대사의 이 정세보고 전문이 발송되고 며칠 뒤, 김성환(현 외교통상부 장관) 청와대 외교안보수석은 미국에 건너가 스타인버그 국무부 부장관을 만난다. 이들은 클린턴 장관의 한국 방문 의제와 런던 G20 회의 등에 대해 양국의 입장을 교환했는데, 한미 FTA 문제도 이 자리에서 거론된 것으로 확인됐다. 이날 두 사람의 회동 내용을 기록한 2009년 2월 18일자 미 국무부 작성 2급비밀 전문은 한미 FTA 재협상 문제에 대한 청와대의 속마음을 명확하게 드러내고 있다.

전문에 따르면, 김성환 수석은 스타인버그 부장관에게 "한국에게 한

미 FTA는 단순한 경제 이슈를 훨씬 넘어 한미동맹의 핵심 요소"라고 언급한 뒤 "한국 정부는 한미 FTA를 한미관계의 지주라고 믿으며 적절한 방식으로 FTA를 진전시켜나가는 것을 도울 준비가 돼 있다"고 말했다. 이에 대해 스타인버그 부장관은 "오바마 대통령은 친무역pro-trade적 입장이지만, 한미 FTA 합의 내용에 대해서는 우려하는 점이 있다"고 답했다. 그러자 김 수석은 "한국 정부는 이 문제가 한미관계에 부담이 되는 것을 원하지 않는다"고 말했다. 양쪽의 고위 관리가 만나 이미 양국 정부가 1년여 전에 서명까지 한 FTA 협정을 두고 "적절한 방식으로 FTA를 진전시켜나가는 것을 도울 준비가 돼 있다"느니 "이 문제가 한미관계에 부담이 되는 것을 원하지 않는다"느니 하는 식으로 말했다는 것은 재협상을 받아들이겠다는 입장을 명확히 밝힌 것으로 풀이할 수 있다. 이 전문은 마지막으로, 이 문제를 담당할 미 정부 관리들이 임명되면 진전된 방안을 위한 실용적 토의를 위해 양측이 함께해야 할 것이라는 데 두 사람이 동의했다고 전했다.

재협상은 절대 있을 수 없다고 공언하던 청와대가 같은 시기에 미 고위 당국자와 만난 자리에서는 재협상 불가 입장을 제시하기는커녕 사실상의 재협상 논의에 협조할 뜻을 밝히고 있었던 셈이다. 우리는 여기서도 정부의 '공식적 입장'만 듣고 그것을 그대로 믿는다면 세상 돌아가는 일을 절대 제대로 알 수 없다는 점을 다시 한번 깨닫게 된다.

청와대, 한국전 60주년과 FTA 비준 연계 계획

한미 양측이 FTA와 관련해 이런 식으로 물밑 접촉을 하고 있을 무렵, 오바마 대통령은 비어 있던 무역대표부USTR 대표자리에 론 커크를 지명한다. 그 역시 인사청문회에서, 부시 정권에서 합의된 한미 FTA는 받아들일 수 없다며 재협상 방침을 밝혔다. "오바마 대통령은 이 협정이 공정하지 않다고 말했고 나도 동의한다"며 "이를 바로잡지 못하면 합의안 인준을 더 이상 추진하지 않겠다"고 말한 것이다. 미국의 통상정책 최고 책임자가 결국 한미 FTA 재협상 방침을 공언한 것이다.

이에 대해 김종훈 통상교섭본부장은 2009년 3월 한 라디오에 출연해 한미 FTA 재협상은 없다는 방침을 다시 밝혔다. 두 달 뒤인 5월 14일에 론 커크와 첫 통상장관회의를 한 후 가진 언론 브리핑에서도 김 본부장은 한미 FTA 재논의는 적절하지 않다는 입장을 전달하고 왔다고 말했다. 같은 해 11월 3일에도 한 신문과의 인터뷰에서 "내 얼굴을 걸고서라도 재협상은 없다"라고 강조했다.

이처럼 우리 정부는 오바마 행정부의 한미 FTA 재협상 요구에 공식적으로는 끊임없이 '불가' 입장을 천명했다. 그런데 이런 정부 입장에 큰 변화가 있음을 보여주는 발언이 다름 아닌 이명박 대통령 입에서 직접 나왔다. 이 대통령은 2009년 11월 19일 서울에서 오바마 대통령과 정상회담을 개최한 뒤 공동기자회견에서 "미국 하고 우리가 자동차 문제가 있다면 다시 이야기해보고, 서로 이해할 수 있는 기회를 가져야 한다고 본다"고 발언했다.

이 대통령의 이날 발언을 가지고 한국 언론들은 우리 정부가 '재협상은 없다'는 기존 방침에서 한발 물러나 추가 논의의 여지를 남겨둔 것으로 해석할 수 있다고 분석했다. 정부는 그러나 이 대통령의 발언이 재협상이나 추가협상의 의미를 담고 있는 것은 아니라고 선을 그었다. 유명환 외교통상부 장관은, 이 발언이 "재협상이나 추가협상 이야기가 아니다"라며 "미국이 (자동차에 대해) 문제가 있다면서 문제의 내용에 대해선 이야기를 안 하니까 적극적으로 공세적인 태도를 취한 것"이라고 설명했다. 미적거리는 미국을 압박하기 위해 우리가 선공을 취한 것이라는 얘기였다. 한편으로 이 정상회담에서 이명박 대통령은 오바마 대통령에게 FTA 비준 희망 시기를 전달한 것으로도 알려졌다.

이처럼 이 대통령 발언의 진의가 무엇인지, 또 이 대통령이 오바마에게 전달했다는 비준 희망 시기가 언제인지 논란이 분분했는데, 정상회담을 앞두고 스티븐스 대사가 오바마 대통령 앞으로 보낸 11월 5일자 정세보고 전문은 이런 의문들을 일부 해소해준다.

> 이명박 대통령은 FTA를 마무리하는 시점에 대해 최대한 명확한 약속을 당신(오바마 대통령—인용자)으로부터 받아내기를 간절히 원하고 있다. 그는 아마 2010년에 FTA 비준안을 통과시켜 한국전쟁 발발 60주년 기념과 연계하는 방안을 제안할 것이다. 아무튼 한국 정부는 미국 의회가 비준안 통과를 고려할 만한 수준으로 한미 FTA를 숙성시키기 위해서는 미국 정부로부터 더 많은 것들을, 특히 자동차 분야에서 많은 것들을 요구받으리라는 점을 인식하고 있다.

이 전문은 오바마가 한국에 오기 보름 전에 발송된 것이다. 미 대사관은 이때 이미 이명박 대통령의 FTA 비준 희망 시기와 그 이유 등을 파악해 오바마에게 보고하고 있었던 것이다. FTA와 한국전쟁이 무슨 상관이 있어서 이를 연계하려 했는지는 도무지 알 수 없지만, 미 대사관이 청와대가 그런 희망을 갖고 있고 이를 정상회담에서 전달하려 한다는 정보를 입수했다는 것은 분명해 보인다.

전문은 또, 한미 FTA가 미 의회를 통과하려면 자동차 분야 등을 손질해야 한다는 것을 한국 정부도 인식하고 있다고 보고했다. FTA에 미온적인 미국을 끌어들이기 위해 재논의도 가능하다는 발언을 했다는 해석이 터무니없는 것임을 잘 보여주는 대목이다. 오히려 정상회담에서 자동차 분야 등에 대한 재협상 요구가 강하게 있었기 때문에, 이 대통령이 공동기자회견에서 어떤 식으로든 입장 표명을 하지 않을 수 없었던 것으로 보는 편이 더 타당한 듯하다.

"한미 FTA는 다음 세대에도 한국을 미국에 묶어둘 핵심 요소"

참여정부 시절 시작되어 MB정권 말기에 날치기 통과될 때까지 한미 FTA 문제는 극심한 정치·사회적 갈등을 불러일으켰지만 우리가 제대로 파악하지 못하고 간과한 부분이 있다. 바로 미국도 한미 FTA를 절실하게 원하고 있었다는 사실이다. 하지만 한국의 FTA 추진세력은 오로지 한미 FTA를 빨리 비준하기 위해 미국측에 매달렸고, 반대세력은 미국도 FTA를 원하고 있는 상황을 지혜롭게 활용하지 못했다. 오바마에게 보낸 스티븐스 대사의 11월 5일자 전문은 미국이 한미 FTA의 전략적 측면을 얼마나 높게 평가하고 있는지 잘 보여준다.

FTA는 아시아로의 발판을 창출한다: 한미 FTA는 다음 세대에도 한국을 미국에 묶어둘 핵심 요소이며, 또한 미국이 동북아시아에 정착하기 위한 우리의 노력 가운데 매우 중요한 요소이다. 상호 간의 본질적인 교역 이익에 더해서, 동북아시아에 대한 우리의 헌신과 중국의 영향력이 커지는 시기에 한국을 더욱 미국에 묶어놓는다는 측면에서 한미 FTA의 상징적 효과는 막대한 것이다.

한미 FTA의 전략적 가치에 대한 미국측의 이런 높은 평가는 이전의 미국 비밀 외교전문에서도 수없이 발견된다. 미 대사관은 2009년 10월 15일 게이츠 국방장관에 보낸 정세보고 전문에서도 한미 FTA는 "경제적 이익에 더해 심리적 효과도 방대하다"고 평가했다. 비슷한 평가는 그에 앞선 9월 24일 전문에서도 보인다. 게다가 한미 FTA에 대한 미국측의 '열망'은 오바마 정권에만 국한된 것이 아니다. 부시 대통령 시절 미 대사관이 본국에 보낸, MB의 취임을 며칠 앞둔 2008년 2월 21일자 전문은 '한미 FTA 비준'을 MB시대를 맞은 미국의 최우선 목표라고 명시하고 있다.

이명박 대통령의 당선과 그의 친미 보좌관 임명his appointment of pro-American advisors, 4월 총선에서의 한나라당의 압승 가능성은 우리에게 미래를 위해 보다 본질적인 한미관계를 구축하는 데 절호의 기회를 제공하고 있다. 우리 앞에 있는 목표는 먼저 한미 FTA 비준이다. 이것은 우리 미국 경제에 막대한 이윤을 창출해줄 뿐 아니라 한미동맹을 위한 영속하는 경제적 지주economic pillar의 창조를 의미한다.

그러나 미국은 한미 FTA가 자기들에게도 매우 중요한 가치가 있다는 점을 되도록 공개적으로 떠들지도 않았고, 우리 정부 관계자와 만났을 때도 속내를 좀처럼 드러내지 않았다. 그렇게 한국의 FTA 추진 세력을 안달나게 만들었다. 우리 정부 고위 관계자들은 미국측과 접촉할 때마다 한미 FTA 비준 일정 등을 캐묻곤 했다. 특히 2009년 11월 한미 정상회담에서 이명박 대통령이 '공식적인' 재협상 불가 원칙을 깨고 자동차 부문에 대해 공식적으로 재논의 의사를 밝혔는데도 미국측에서 FTA 비준 일정을 명확히 내놓지 않자 극도의 조바심을 드러냈다.

그리고 한 달여 뒤인 12월 30일, 미 대사관은 그날 아침에 있었던 스티븐스 대사와 유명환 장관과의 조찬 회동에 대해 이렇게 보고하고 있다. 전문에 따르면, 유 장관은 스티븐스 대사에게 2010년에도 한미 FTA가 비준되지 않는 결과가 나올까 매우 걱정된다고 말했다. 또 국방부 부차관보 마이클 쉬퍼와 여야 국회의원들의 연쇄 회동을 다룬 2010년 2월 10일자 전문에선 한나라당 황진하 의원과 조윤선 의원이 FTA 비준에 미온적인 미국에 우려를 표명한 사실도 기록돼 있다. 이들의 우려에 대해 쉬퍼 부차관보는 FTA의 전략적 중요성을 이해하고 있으나 한미동맹은 FTA 이상의 것이며, FTA를 비준하는 것이 마치 전체 한미동맹의 미래를 대신하는 것처럼 결정을 해서는 안 된다고 했다. 그는 또 "한미동맹의 강화를 나타낼 방법은 다른 것도 많다"라며 오히려 한국 국회의원들을 타일렀다.

그 후 열흘 남짓 지난 22일자의 미 대사관 전문도 한국을 방문중인 커트 미 국무부 차관보와 김성환 외교안보수석의 만남을 다루고 있다. 전문에 따르면, 김 수석은 "한국 정부의 견해라면서, 2010년 가을 미 의회 선거 직후에 한미 FTA를 통과시킬 기회가 있을 것으로 본다"고 캠벨 차관보에게 말했다. 김 수석은 또 워싱턴 주재 한국 대사관이 핵안보정상회의 참석차 미국을 방문하는 이명박 대통령을 위해 FTA 관련 이벤트를 준비하고 있다고 했다. 그 아이디어 중 하나는, 이 대통령이 미국 현지의 한국 공장을 방문해서 미국 국민들에게 한미 FTA가 한국뿐 아니라 미국에서도 일자리를 창출할 수 있다는 것을 보여주는 행사라고 설명했다. 미 국무부 차관보급 인사를 상대로 미국 의회의 비준안 처리 가능 시기까지 타진해보는 모습이 안쓰러울 뿐이다.

이상을 보면 한미 FTA와 관련해 오바마 행정부는 기존 협정을 그대로 비준하는 것에 대해서는 전혀 관심이 없는데도 우리 정부는 계속 비준 일정을 논의하려 한 셈이다. 한국전쟁 60주년과 연계해 비준 일정을 희망한다든지, 미국이 원하는 안이 나오지도 않았는데 미국 의회가 비준할 수 있는 시기를 한국 정부가 골라서 제시한다든지까지 했으니 미국 관리들은 상당히 황당했을 것 같다.

한미 FTA 날치기 강행, 굴욕 외교의 종결판

물론 양국 정부대표가 서명까지 한 협정을 정권이 바뀌었다고 손바닥 뒤집듯 하는 미국의 행태가 정당화될 수 있는 것은 아니다. 하지만 우리가 결과적으로 재협상을 받아들일 수밖에 없는 처지였다면 그 기회를 최대한 활용했어야 했다. 이명박정부는 오바마의 재협상 입장이 확실해지자 물밑에서는 이미 수용의사를 밝혀놓고도 공개적으로는 끊임없이 '재협상 불가'를 외치며 국민들을 기만해왔다. 이 때문에 우리 사회의 각 이해관계자들은 재협상을 앞두고도 전혀 자신들의 의견을 제대로 피력할 기회를 갖지 못했다.

김종훈 통상교섭본부장 같은 경우는 2010년 6월 30일 외교부 정례브리핑에서도 기존 협정문의 점 하나도 고치지 않겠다고 주장했다. 그렇

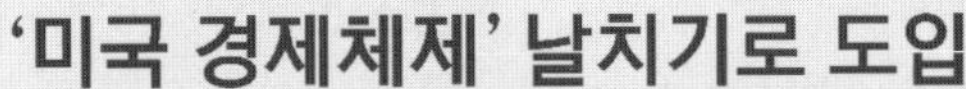

2011년 11월 22일 한미 FTA 비준안이 날치기로 통과됐다. 정부는 호언장담하던 재협상 불가 방침을 순식간에 뒤집고 원안보다도 더 후퇴된 재협상안을 받아들였다. 이 모든 일이 국민을 기만하는 가운데 일어났다. (경향신문 2011년 1월 23일자)

지만 한미 양국은 결국 그해 11월 한미 FTA에 대한 사실상의 재협상에 들어갔고, 대표적 독소조항으로 꼽히는 투자자국가소송제도ISD 등의 문제는 거론도 하지 못한 채 퍼줄 만큼 퍼준 자동차 분야를 미국측에 또다시 대폭 내주고 말았다.

2011년 10월 이명박 대통령은 미국을 국빈 방문하고, 오바마 대통령으로부터 이례적인 환대를 받았다. 미국 의회는 재협상을 거친 한미 FTA에 대한 비준안을 전격적으로 통과시켰다. 이 과정에서 한국 야당과 시민·사회단체는 MB정부에 FTA 독소조항에 대한 재협상을 미국에 요구해야 한다고 줄기차게 외쳤다. 하지만 정부는 미국에 재협상을 요구할 수는 없다고 했다. 미국은 재협상을 요구해도 되고 우리는 재협상 요구를 할 수 없는 것이 한미관계의 실상이다. 이것을 정상적인 국가 관계라고 할 수 있을까? 상대국 의회가 어떤 협정을 비준했다고 해서 우리 국회도 반드시 그것을 통과시켜야 할 의무는 없다. 정부가 외국과 어떤 합의를 했다고 해서 국회가 반드시 그것을 통과시켜야 할 의무가 없는 것과 마찬가지다. 하지만 한국 집권여당은 3년 넘게 비준하지 않아도 별 탈이 없었던 FTA 협정을 미국이 비준했다고 해서, 서둘러 날치기로 강행 처리하고 말았다.

한미 FTA 재협상 과정의 속내를 읽을 수 있는 미국 비밀 외교전문들은, 지난 몇 년간 우리 사회에서 첨예한 갈등과 대립의 중심에 서 있었던 한미 FTA 문제의 근원에는 한미 간의 뿌리 깊은 비대칭성이 자리하고 있다는 점을 새삼 깨닫게 해준다. 이런 비정상적인 관계와 그런 관계를 당연시 여기는 정치인과 관료들의 사고방식이 지속되는 한 이와 유사한 문제는 앞으로도 얼마든지 계속 일어날 수밖에 없을 것이다.

02

미 연방관보 2009.7.27

판사 166명의 한미 FTA 건의문

한국 사회에서 법원은 가장 보수적인 조직 가운데 하나로 여겨진다. 현행 법률과 기존 판례의 틀 속에서 내려지는 법원 판결은 기본적으로 법적 안정성을 추구할 수밖에 없고, 따라서 기존 질서나 가치를 뛰어넘기는 매우 힘들기 때문이다. 그래서 인천지방법원 김하늘 부장판사가 법원 내부게시판인 '코트넷COURTNET'에 올린 '한미 FTA 재협상을 위한 태스크포스 구성' 청원문에 불과 하루 사이 100명이 넘는 현직 법관들이 동의 의사를 표시한 것은 '일대 사건'이라 하지 않을 수 없다. 한미 양국 정부가 체결했고, 양국 입법부가 비준까지 마친 (비록 한국 국회에서는 날치기 처리된 것이지만) 한미 FTA 협정에 대해 판사들이 집단으로 이 같은 입장을 밝히고 나선 것은 이들이 어느 날 갑자기 보수적 성향을 탈피했기 때문은 아닐 것이다. 오히려 보수적인 법관들마저 한미 FTA에 내재한 문제점들을 그냥 덮어두고 가기에는 그 부작용이 너무 클 것이라고 자각했기 때문이라고 봐야 한다.

김하늘 부장판사는 이렇게 내부게시판을 통한 의견 수렴을 거쳐서 2011년 12월 9일 판사 166명의 동의를 받아 「대법원장님께 올리는 건의문」이라는 제목으로 "대법원 산하에 한미 FTA 연구를 위한 TFT를 구성해 줄 것"을 건의했다. 양승태 대법원장은 이 '건의문'을 법원행정처로 보내 검토를 지시했다고 한다. 실제 건의문은 당초 '재협상을 위한 태스크포스 팀'에서 '연구를 위한 태스크포스 팀'으로 수위가 조절되기는 했지만 그 내용은 동일하다. 한미 FTA의 ISD 조항 즉, 투자자국가소송제 등이 우리 사법주권을 침해할 우려가 있기 때문에 재검토가 필요하다는 것이다. 다음은 건의문 중 일부다.

한미 FTA가 국내 법률과 동등한 규범적 효력을 가지고 우리나라 상품과 서비스 시장 전반에 걸쳐서 영향을 미치게 될 것임에도 불구하고, 사법부 내에서 그 내용에 대해 충분한 법률적 검토가 이루어지지 않고 있다는 점입니다. 만일 한미 FTA가 비준, 통과되기 이전에 우리 사법부가 그에 대해 충분히 검토하고, 지금 사회적으로 독소조항인지 여부가 쟁점이 되는 부분에 대하여 법률적 차원에서 검토의견을 내었다면, 이와 같은 사회적 갈등상황까지는 이르지 않았을지도 모릅니다. 그 점에는 만시지탄이 있을 수 있지만, 이제라도 저희 판사들은 대법원장님께서 대법원 산하에 한미 FTA 연구를 위한 공식적인 TFT를 구성하고 한미 FTA와 관련된 여러 가지 법률적 문제점들을 검토하여 그에 대한 의견을 국민들에게 제시할 필요가 있다고 생각합니다.

지금 한미 FTA에 대하여 찬반대립을 하고 있는 대부분의 국민들도 사실 그 내용에 대하여 정확히 알고 있는 사람들은 그다지 많지 않다고 생각되기 때문에, 법률의 최종해석권한을 갖고 있는 사법부가 이와 같이 TFT를 구성하여 공식적인 검토의견을 낸다면, 그 결과가 어느 쪽으로 나오든지 간에 국민들의 의구심과 사회적 갈등을 상당부분 해소하는 데 기여할 수 있을 것입니다.

판사들의 이 건의문을 보고 우선 든 생각은 왜 우리는 한미 FTA를 추진하면서 이해당사자들의 의견을 충분히 수렴하고, 제대로 검토하는 기회를 갖지 못했을까 하는 것이다. 한미 FTA가 국내 법률과 동등한 효력을 지닌다면 사법부도 그 이해당사자임이 분명하다. 한미 FTA는 참여정부 시절인 2006년부터 2007년까지 협상이 계속됐고, 또 2009년부터 2010년까지 재협상 논의가 이어졌다. 하지만 그 오랜 기간 동안; 이 건의문도 언급하듯이, 이해당사자의 하나인 사법부 내에서는 그 내용에 대해 충분한 법률적 검토가 이루어지지 않았다. 물론 법무부에서 법률 검토를 했겠지만 그것은 행정부의 영역에 속해 있었고, 기본적으로 FTA 추진 세력인 청와대와 통상교섭 부처의 영향에서 자유로울 수 없다. 판사들이 '만시지탄'이라는 표현까지 썼지만 이 '만시지탄'은 비단 사법부에만 해당되는 것은 아니다. 대다수 이해 당사자들이 한미 FTA의 실질적 논의 구조에서 배제됐고, 자신들의 '이해'를 충분하게 제시할 논의 공간이나 의사소통 구조를 찾지 못했다. 물론 수많은 토론회와 공청회, 그리고 국회 차원에서의 찬반 공방이 있었지만 대부분 이념 대립과 정파적 대결구도로 흘러갔을 뿐, 비용편익을 전체 국익 차원에서 전략적으로 따지고 전체 산업의 균형발전을 도모하는 방향으로 논의를 전개하는 데는 한계를 보였다.

특히 2009년 초 오바마 행정부 출범과 함께 미국은 한미 FTA에 대한 재검토 의사를 명백하게 드러냈는데도 우리 정부는 2010년 재협상에 들어가기 직전까지 "재협상은 없다"라는 말만 수없이 되풀이하며 한미 FTA를 다시 한번 꼼꼼하게 들여다볼 기회를 원천 봉쇄하고 말았다. 반면 미국은 한미 FTA에 대한 의회 비준을 계속 저울질하며 한국 정부를 노심초사하게 만들다가, 정권이 바뀌자 결국 재협상을 요구해왔다. 이어 오랜 기간 동안 미국 내의 여론을 다시 수렴하는 절차를 거쳐 결국 한국을 상대로 자신들이 필요한 부분들을 추가로 관철해냈다. 사실 앞에서도 살폈듯이 미국 행정부는 2007년 6월 양국이 서명한 당초 합의안에 대해서도 매우 흡족해했다. 경제적 측면은 물론이고, 한국을 계속 미국에 묶어두고 또 중국의 부상에 대응해 동북아 지역에서의 경제적 교두보를 확보하기 위한 전략적 측면에서도 그랬다. 하지만 그럼에도 자국 의회의 요구와 다양한 이해 당사자들의 의견을 수렴하는 과정을 새로 밟았다. 협정 상대국인 한국의 입장보다는 자국 내 여론을 더 우선시한 것이다.

우리도 재협상이 불가피하다는 것을 인식했다면 이 같은 사정을 솔직히 공개하고, 여러 이해당사자들의 의견을 다시 수렴해서 재협상의 동력으로 삼았어야 했다. 하지만 앞에서 봤듯이 이명박정부는 재협상에 이르기까지의 기나긴 과정을 오로지 '기만'으로 일관했다. 그 시기에 현재 독소조항으로 거론되는 한미 FTA의 각종 문제점들을 다시 충분히 검토하는 기회를 갖고, 그 결과에 따라 재협상 대책을 세웠더라면 지금의 이런 첨예한 갈등 현상과 '만시지탄'은 아마 없었을 것이다. 그 당시에 미국은 어떻게 움직였는지를 좀 더 살펴보자.

미국은 2009년 이미 한미 FTA 재협상 준비

앞서 봤듯이 2009년 오바마 행정부가 들어서면서 힐러리 클린턴 등 미국 정부의 고위급 인사들이 한미 FTA 재협상 의사를 밝히기 시작한다. 그리고 이에 대해 청와대와 외교통상부는 미국의 재협상 요구는 받아들일 수 없다는 입장을 반복해서 밝히고, 재협상을 사전 차단하기 위해서는 우리 국회가 비준안을 먼저 통과시켜야 한다고 주장했다. 반면 야당측에서는 미국의 재협상 의사가 분명한 이상 차라리 우리도 재협상 국면에서 우리의 요구를 최대한 관철하기 위해 미리 준비하는 게 좋겠다는 입장을 내놓았지만, 청와대는 이런 요구를 일축했다. 한국에선 이처럼 국회 비준 강행과 재협상 준비 등의 입장이 대립하고 있을 때 오바마 행정부는 한미 FTA 재협상을 위한 준비를 착착 진행해나가고 있었다. 2009년 8월 6일자 주한 미국 대사관의 전문은 5개월 전 론 커크 대표가 밝힌 것처럼 미 무역대표부가 기존 한미 FTA 협정안을 전면 재검토하기 시작했다는 사실을 잘 보여준다.

오바마 행정부는 한미 FTA에 대해 전면적인 재검토 작업을 수행하고 있다. 한미 FTA와 관련이 있는 모든 이해관계자들의 관심사의 정확한 본질을 이해하기 위해 그들과 긴밀한 논의를 하고 있고, 그들의 관심사들을 수렴하기 위한 권고안을 개발하고 있다. 이 검토 작업을 지원하기 위해, 그리고 한미 FTA에 관심을 가지고 있는 모든 사람들이 견해를 완전히 나타낼 수 있도록 보장해주기 위해 우리 무역대표부는 『연방관보Federal Register』에 2009년 7월 27일자로 한미 FTA에 대한 코멘트를 요청하는 공지문을 게시했다.

한미 FTA 주무 부처인 미 무역대표부가 이처럼 관보를 통해 한미 FTA 재검토 사실을 자국민들에게 공지하고 광범위한 의견 수렴에 들어간 것은, 이미 사실상 재협상을 기정사실화하고 본격적인 준비에 들어간 것이라 할 수 있다. 위 전문을 토대로 『연방관보』를 확인한 결과 실제로 한미 FTA와 관련해 이해관계자들의 의견을 묻는 2009년 7월 27일자 공고문을 찾을 수 있었다. 제목은 「한국과의 자유무역협정과 관련한 코멘트 요청Request for Comments Concerning Free Trade Agreement With the Republic of Korea」이었다. 미 무역대표부는 이 공고문을 통해 "한미 FTA는 아직 발효되지 않았다"라고 전제하고, 한미 FTA가 무역촉진권한법TPA이 규정하는 적절한 목표와 우선순위, 정책, 목적 등을 어떻게, 얼마만큼이나 성취해냈는지에 대해 평가를 실시한다고 밝혔다. 또 이를 위해 이해관계자들로부터 한미 FTA 조문이나 해석, 또는 FTA와 관련된 어떠한 문제에 관해서라도 의견을 접수하겠다고 알렸다. 보다 구체적으로는 다음과 같이 3가지 분야를 제시했다.

1) FTA 시행이 한국과 미국 사이의 무역에 어떤 영향을 초래할 것인가? 전반적인 관점과 특정한 상품이나 용역의 관점.
2) 한미 간 관세 및 비관세 장벽의 제거가 미국의 노동자, 농민, 목장주, 사업가와 소비자에게 가져올 경제적 비용과 편익
3) 한미 FTA와 양국의 무역 및 투자 관계에서 특별한 관심사항들을 다루기 위해 취해야 할 추가적 조치

미 무역대표부는 이해관계자들의 의견을 같은 해 9월 15일까지 50일

동안 접수한다고 밝혔다. 같은 해 9월 24일자 미 대사관의 전문은 오바마 행정부가 자국기업과 자국민들을 상대로 진행한 한미 FTA 관련 의견수렴 작업이 어느 정도나 진척됐는지 보여주고 있다.

한미 FTA 이해관계자들의 견해를 요청하는 『연방관보』 고지에 따라 미 무역대표부는 8월 말까지 모두 500건(250건은 기업으로부터 온 것임)의 건의사항을 접수했다. 무역대표부는 관심사항의 본질을 이해하고 그것을 담은 권고안을 개발하기 위해 건의사항들을 검토중이다.

미 무역대표부의 공고와 미 대사관의 이 전문들을 보면 오바마 행정부는 한미 FTA가 아직 발효되지 않았다며 이해당사자들에게 협정안에 대한 의견을 다시 구했고, 접수기간 동안 미국 기업과 시민들로부터 모두 500건의 의견을 받았다는 것을 알 수 있다. 하지만 미국이 이처럼 의견수렴과정을 진행하고 있을 때 이명박정부는 여전히 재협상은 있어서도 안 되고, 있을 수도 없는 일이라는 말만 되풀이했다. 결국엔 지키지도 못할 허황된 말을. 이 때문에 우리는 결국 미국이 요구한 재협상 국면으로 끌려가면서도 투자자국가소송제 등 독소조항으로 꼽히는 부분이나 이익 균형이 제대로 실현되지 못한 부분들을 정밀하게 검토하고, 미국처럼 이해당사자들의 의견을 수렴할 기회조차 갖지 못했다.

이중·삼중의 위험, ISD

2011년 말 미국 의회가 한미 FTA를 비준한 뒤, 한국에서도 정부여당의 FTA 강행처리 가능성이 높아지자 우리 사회는 다시 FTA를 둘러싸고 깊은 갈등의 골로 빠져들어갔다. 한미 FTA와 관련한 이견과 대립을 해소할 수 있는 기회를 제대로 갖지 못했기 때문이다. 한미 FTA가 날치기 처리되고 나서는 그 갈등이 극에 달했다. 대립의 중심에는 ISD가 놓여 있는데, 이명박 대통령은 한미 FTA 반대시위가 열기를 더해가자 FTA 비준 후 3개월 안에 ISD 재협상을 요구하겠다고 한발 물러서는 시늉을 했다. 그 와중에 한국에 새로 부임한 주한 미 대사 성 김도 2011년 12월 15일 기자들과 만나 "ISD를 비롯해 한국 정부가 가진 어떤 우려사항도 논의할 준비가 돼 있으며, 재논의하자고 하면 응할 준비가 돼 있다"고 말했다. 김하늘 부장판사 등이 '건의문'에서 우려했던 사법주권 침해 가능성도 주로 이 ISD에 기인하는 것이다. 판사들이 단체로 ISD에 대해 우려하고 나선 이유를 정리하면 다음과 같다.(다음은 원문 인용이 아닌 요약 인용이다.)

첫째, 만일 미국 기업은 한미 FTA에 의하여 우리나라 정부를 상대로 직접 ICSID, 즉 국제투자분쟁해결센터에 제소할 수 있음에 반하여, 우리나라 기업은 미국 연방정부나 주정부를 상대로 직접 제소할 수 없다면, 그 자체로 불평등 조약이라고 할 것이므로, 이 부분 규정을 보다 자세히 검토하고 상호주의에 입각하여 그 표현을 명확히 할 필요가 있다.

둘째, 한미 FTA에는 사전 동의 규정이 있어서 미국 투자자가 우리 정부를 상대로 ICSID에 제소하는 경우, 우리 정부가 무조건 이에 동의한 것으로 간주하게 된다. 앞으로 한미 FTA와 관련하여 어떤 내용의, 무슨 소송이 제기될지 모르는데, 중재 동의를 이와 같이 일반적, 포괄적으로 간주한다면, 이는 우리나라의 사법주권을 침해할 소지가 있다고 볼 수 있다.

셋째, ICSID는 세계은행 산하에 설치된 중재기구이고, 이 세계은행은 주지하다시피 1946년 미국이 주도하여 설치, 운영하고 있는 기관으로 그 총재는 이제껏 미국인이 맡아왔다. 그러니만큼 ICSID에 대한 미국의 영향력은 매우 크다고 할 것이다. ISD 조항에 의한 분쟁해결절차가 이와 같이 우리나라보다 미국에 유리하게 되어 있다면, 우리나라가 미국과 FTA 협상을 할 때 이를 배제하는 방향으로 협상을 해야 하지 않았을까 한다.

김 부장판사는 우리 정부가 한미 FTA의 투자자국가소송제 때문에 미국 기업으로부터 제소당하는 경우를 자주 겪게 되면 새로운 경제정책을 세울 때마다 미국 기업의 눈치를 봐야 하는 신세가 될 것이라고 우려했다. 김 부장 판사는 '건의문'에서 "다소 거칠게 비유하자면, 미국으로서는 위 ISD 조항은 서부시대에 총잡이들이 차고 다니는 총과 같은 것입니다. 차고 다니기만 하면, 굳이 뽑지 않아도 일반인들은 총잡이 눈치를 보면서 피해가게 되는 것입니다"라고 주장했다. 부장판사의 견해는 지금까지 ISD와 관련해 제기된 핵심적인 우려들을 집약한 것이다.

그런데 지금까지 진행돼온 ISD와 관련된 논의들이 간과하고 있었던 부분이 있다. 바로 미국 정부의 역할이다. 필자가 위키리크스가 공개한 미국 국무부 외교전문을 살펴본 결과 미 국무부 해외공관은 현지에 진출한 미국 기업이 주재국 정부나 지방정부 등을 국제투자분쟁해결센터 ICSID에 제소한 현황을 정기적으로 조사해 본국에 보고해온 사실을 확인할 수 있었다. 먼저 아르헨티나 부에노스아이레스 주재 미국 대사관이 2006년 6월 16일 작성한 「2006년도 아르헨티나 투자분쟁 현황 보고서」를 살펴보자. 이 보고서는 아르헨티나에 진출한 미국 투자자와 아르헨티나 중앙정부 및 지방정부 사이의 투자분쟁 실태를 다루고 있는데, 보고서 작성 당시 진행되고 있는 21건의 분쟁(19개 미국 기업)을 발단부터 현재 상황까지 상세하게 정리하고 있다. 이 가운데는 우리 언론에서도 투자자국가소송제의 폐해 사례로 자주 소개되는 아주리Azurix 사건도 들어 있다. 아르헨티나 주재 미국 대사관의 이 전문이 본국에 보고한 아주리 사건의 개요는 다음과 같다.

미국 에너지 기업 엔론Enron의 자회사인 아주리는 1999년 부에노스아이레스 주정부와 30년간의 상하수도 운영권 계약을 체결했다. 그런데 2000년 4월 한 도시의 수돗물에 신맛이 나서 주정부로부터 수도요금 징수권한을 차단당했다. 취수원에서 조류가 발생해 일어난 일이었다. 이 취수원의 관리는 지방 정부 소관이었다. 하지만 주정부는 아주리의 수도요금 청구를 금지하고, 공개적으로 주민들에게 수도요금을 내지 말라고 선언했다. 아주리는 2001년 주정부를 ICSID에 제소했다. 2005년 3월 마지막 심리가 유리하게 끝났고, 2006년 6월 선고가 내려질 예정인데 유리한 결정이 내려질 것으로 보인다. 아주리는 또 멘도자 주의 상하수도 시설 관리권을 보유하고 있었는데 주정부가 운영권을 침해하자 2003년 ICSID에 제소했다. 2003년 12월 8일 양측의 중재인이 선임됐고 위원장은 아직 정해지지 않았다.

전문은 현지 정부가 미국 기업의 권리를 일방적으로 침해한 것처럼 서술돼 있다. 이 전문은 미국계 에너지 인프라 기업인 CMS 사건도 다루고 있다.

CMS는 미국의 에너지 분야 인프라 기업이다. 아르헨티나에서 천연가스 공급 파이프라인 시설을 운영한다. 요금 체계는 미국 생산자 가격지수와 연계하도록 했다. 2000년 10월 아르헨티나 정부는 지수 연동 요금 체계를 중단시켰다. CMS는 처음에 미-아르헨티나 투자협정에 따라 논의를 하다가 2001년 7월 24일 ICSID에 1억 달러의 배상을 요구하는 중재심판을 청구했다. 또 2002년 1월 아르헨티나 정부가 긴급조치법을 제정해 달러 표시 계약을 페소로 전환하고 1:1의 환율을 강제하자 ICSID에 추가로 2억6000만 달러의 손실 배상을 청구하는 소를 제기했다. 중재재판은 아르헨티나 정부에 2005년 5월 1억3300만 달러를 배상하라는 판결을 내렸다. 아르헨티나 정부는 2005년 9월 ICSID에 배상 결정 취소를 청구하는 소를 제기했다.

아르헨티나 정부는 2000년대 초 최악의 경제위기에 따른 긴급조치와 상수도 등 공공부문에 대한 개입 정책을 펴다가, 이처럼 19개 미국 기업으로부터 제기된 21건의 ISD 분쟁에 휘말리게 된 것이다.

1년 뒤인 2007년 6월 7일 아르헨티나 주재 미국 대사관이 작성한 2007년도 투자 분쟁 현황 보고서는 아주리 사건과 관련해 진전된 내용을 업데이트하고 있다. 즉 2006년 6월 열린 ICSID 중재재판에서 피고인 부에노스아이레스 주정부가 아주리의 투자를 완벽하게 보장하지 못하고 독단적 수단을 동원해 미-아르헨티나 투자협정을 침해했으니 1억 6500만 달러의 배상을 해야 한다는 결정이 내려졌다는 것이다. 아르헨티나 정부가 이에 불복해 2006년 12월 11일 배상 결정에 대한 취소청구 소를 제기했다는 사실도 덧붙였다.

그리고 2009년 9월 14일에 아르헨티나 주재 미국 대사관이 작성한

「아르헨티나 주간 경제금융동향」은 아주리 배상 판결에 대한 아르헨티나 정부의 취소청구 건이 최종 기각됐다는 소식을 전하고 있다.

2009년 9월 1일 세계은행 산하 국제투자분쟁해결센터의 취소청구 심리위원회는 1억6500만 달러를 미국 기업 아주리에게 지급하라는 2006년도 결정을 취소해달라는 아르헨티나 정부의 청구를 기각했다. 이것은 아르헨티나 정부가 국제투자분쟁해결센터의 모든 절차를 다 거친 두번째 사례다. 첫번째 사례는 CMS 제소 사건인데 2007년 9월 25일 취소청구가 최종 기각됐다. 아르헨티나 정부는 이 사건과 관련해 원고가 아직 배상금 지급 이행을 위한 절차를 밟지 않고 있다고 주장하며 배상금을 내지 않고 있다.

미국 대사관이 직접 배상금 해결 압박

더욱이 아르헨티나측이 아주리에 배상금을 내지 않자 미국 대사관이 나서서 아르헨티나 정부를 직접 압박한 정황도 드러난다. 2010년 1월 28일자 아르헨티나 주재 미국 대사관의 전문은 미국 대사와 부대사 일행이 1월 26일 아르헨티나 경제장관을 만나 나눈 대화 내용을 기록하고 있다. 전문에 따르면 미국 대사는 경제장관에게 아르헨티나 정부가 아주리와 부에노스아이레스 주정부 간 협상에 개입해서 합의를 이루기 위해 노력하는 것은 고무적인 일이라고 운을 뗀다. 그리고 아주리가 아르헨티나 수출품에 대해 일반특혜관세 혜택을 없애달라고 청원한 것을 취하시키기 위해서는 아르헨티나가 먼저 아주리와 배상금 협상을 타결 짓는 것이 중요하다고 강조했다고 한다. 미국 대사 일행은 또 다른 투자분쟁 사건들을 잘 해결하기 위해서도 아주리 건을 마무리해야 한다고 덧붙였다. 경제장관은 미 대사관측의 말을 경청하기는 했으나 이에 대한 응답은 하지 않았다고 한다. 이 전문 내용을 미뤄볼 때 아주리측은 아르헨티나가 배상금 지급을 계속 미루자 미국 정부에 아르헨티나에 대한 관세 혜택을 철폐하라는 청원을 제출했고, 미국 대사는 이를 빌미로 아르헨티나 경제장관에게 아주리와 빨리 배상금 문제를 매듭지으라고 종용한 것으로 보인다.

미국 정부의 압박은 계속되는데, 2010년 2월 2일자 전문에는 미 국무부에서 직접 날아온 한 국장이 아르헨티나 재무장관을 만나 아주리와의 협상을 성공적으로 타결 짓는 것은 다른 분쟁의 전례가 되기 때문에 매우 중요하다며 아르헨티나측을 압박한 사실이 나와 있다. 또 2월 25자 전문도 현지 미 대사관의 경제참사관이 역시 아르헨티나 재무장관을 만나 아주리 배상금 문제와 관련한 아르헨티나 정부 내 동향을 상세하게 캐묻고 돌아간 사실을 기록하고 있다. 이처럼 미국 기업들은 아르헨티나의 공공정책이나 경제정책 등으로 인해 피해를 입을 경우 무차별적으로 ICSID에 제소를 하고 배상금 지급을 요구해온 것으로 나타났다. 또 이들의 뒤에는 미국 정부라는 든든한 원군이 있었다. 하지만 미국 기업들이 꼭 배상금만을 바라고 제소를 하는 것은 아니었다.

2007년 1월 12일 아르헨티나 주재 미국 대사관이 작성한 「아르헨티나 경제 위기의 유산: ICSID 사건들」이라는 제목의 전문은 아르헨티나의 경제위기 이후 "일부 외국 투자자들은 아르헨티나를 포기했지만 다른 많은 투자자들은 강한 경기회복에 기대감을 갖고 새로운 기회를 엿보고 있다"고 지적했다. 이어 많은 "미국 투자자들이 기본적으로 아르헨티나 정부와 새로운 계약을 협상하는 경우에 보다 많은 영향력leverage을 확보하기 위해 ICSID에 제소를 하고 있다"고 전했다. 일단 아르헨티나 정부를 ICSID에 제소해놓고 그것을 이용해 유리한 계약을 따내려 한다는 것이다.

아르헨티나 주재 미국 대사관이 특정 미국 기업의 투자분쟁 동향에 대해서 아르헨티나 정부 관계자들로부터 취득한 정보를 해당 기업에 제공한 사실도 확인할 수 있다. 2006년 5월 12일자 아르헨티나 주재 미국 대사관의 전문은 미국 대사 일행이 5월 9일 아르헨티나 기획부 장관을 방문해 미국 기업들에 대한 옹호 활동을 펼친 사실을 기록하고 있다. 미국 대사 일행이 아르헨티나에서 수력발전소를 여러 개 운영하는 미국 에너지 기업 AES와 아르헨티나 정부와의 합의가 왜 제대로 이행되고 있지 않는지 기획부 장관에게 따졌던 것이다. AES는 2004년에 요금을 28% 인상하는 조건으로 아르헨티나 정부를 ICSID에 제소하는 것을 보류했다고 한다. 미 대사관측의 질의에 대해 기획부 장관은 인플레이션 때문에 당분간 요금을 인상하기 힘들다고 해명하고 그 배경을 상세하게 설명했다. 이 전문의 AES 관련 항목 마지막 대목에는 "대사관 경제참사관은 이 정보를 5월 9일 AES 경영진에게 보고했다The Economic Counselor reported this information to an AES executive on May 9"라는 구절이 있다. 미국 대사관은 대사 일행이 기획부 장관과 만난 당일에, 대화 내용을 바로 자국 기업에 알려준 것이다.

ISD, '강 건너 불' 아니다

2007년 5월 3일자 베네수엘라 카라카스 주재 미국 대사관의 전문은 4월 30일 있었던 휴고 차베스 대통령의 IMF와 세계은행 탈퇴 선언과 함께 하루 전 열렸던 '미주볼리바르동맹ALBA' 정상회의 소식을 다루고 있다. 이 전문은 정상회의에 참가한 볼리비아 모랄레스 대통령의 발언을 이렇게 기록하고 있다.

4월 29일 열린 ALBA 정상회의에서 모랄레스 대통령은 모든 ALBA 소속 국가들은 국제투자분쟁해결센터에서 탈퇴하겠다고 선언했다. 모랄레스는 이렇게 말했다. "라틴아메리카 정부를 비롯한 전 세계는 결코 분쟁에서 이길 수 없다. 초국적 기업이 항상 이긴다. 이기는 단 하나의 국가는 어느 나라인가? 바로 미국이다."

중남미 국가들이 투자자국가소송제로 인해 겪은 고통과 분노를 절실히 느낄 수 있지 않는가? 물론 우리나라는 이들 중남미 국가와는 경제규모나 기술발전 수준에서 비교가 되지 않는다. 하지만 이들의 경험을 단순히 강 건너 불로만 간주할 수는 없다. 투자자국가소송제가 단순히 해당 기업과 제소당한 국가 사이의 문제만은 아니라는 것을 지금까지 살펴본 미국 비밀전문들이 잘 보여준다. 미국 기업의 뒤엔 미국 정부가 있다. 만약 한미 FTA가 현 상태로 발효돼 한국에 진출한 미국 기업이 우리 정부나 지방자치단체를 ICSID에 제소한다면 우리는 미국 기업뿐 아니라 미국 정부와도 상대해야 한다는 것을 인식할 필요가 있다. 매우 비대칭적인 한미관계를 감안할 때 ISD 조항은 우리 경제나 공공 정책뿐 아니라 사법주권도 심각하게 침해할 우려가 높다.

미국은 한미 FTA를 준비하면서 협상 시작 전인 2006년에 모든 이해당사자들을 상대로 FTA에 대한 의견을 수렴했을 뿐만 아니라, 이미 타

결한 협정에 대해서도 2009년에 『연방관보』 공고를 통해 50일 동안 각
계의 의견을 다시 받아서 재협상을 준비했다. 그런데 이명박정부는 미
국의 이런 움직임을 보면서도 어찌된 영문인지 우리 이익을 최대화하고
피해를 최소화하기 위한 노력을 기울이지 않았다. 그래도 MB정권의 기
만과 소통 불능이 앞으로 초래할 피해를 대책 없이 기다리기보다는 판
사 166명이 뜻을 모았듯이 '만시지탄'의 노력이라도 기울여봐야 한다.

03
노무현의 FTA vs.
이명박의 FTA

ISD, 노무현은 되고 이명박은 안 된다?

국민 여러분, 우리 국민들은 우리나라가 선진국이 되기를 간절히 원합니다. 그리고 열심히 노력하고 있습니다. 그런데 선진국은 그냥 열심히만 한다고 되는 것이 아닙니다. 도전해야 합니다. 도전하지 않으면 선진국이 될 수 없습니다. 앞질러 가기 위해서뿐만이 아니라 뒤처지지 않기 위해서도 우리는 도전해야 합니다. 우리 집단만의 이익을 지키기 위해서 변화를 거부하거나, 지금 우리가 누리고 있는 성공에 안주해서, 우리 것을 지키려고만 하다가는 어느새 어느 나라에 추월당할지도 모르는 상황이 오늘날 세계의 엄연한 현실입니다. FTA는 바로 그 도전입니다. 그동안 우리는 열심히 도전해왔고, 그리고 성공했습니다. 앞으로도 성공할 것입니다. (…) FTA는 정치의 문제도, 이념의 문제도 아닙니다. 먹고사는 문제입니다. 민족적 감정이나 정략적 의도를 가지고 접근할 일은 아닙니다.

이 말은 누가 한 것일까? 혹 이명박 대통령이라고 생각했을지도 모르 겠다. 하지만 이것은 2007년 4월 2일 한미 FTA 협상이 타결된 직후 노 무현 대통령이 행한 대국민담화의 일부이다. 이로부터 4년여의 세월이 흐른 2011년 10월 이명박 대통령은 미국을 국빈 방문하고 돌아온 후 한 미 FTA 강행 처리 움직임을 보였다. 각계에서 반대 물결이 거세게 일었 다. 이 대열에 "노무현 대통령의 가치·철학·정책·업적을 알리고 전하기 위해" 설립된 노무현재단도 동참했다. 노무현재단은 11월 9일 '이명박 정부 한미 FTA 힘의 논리로 강행처리해선 안 된다'라는 제목의 논평도 냈다. 이명박정부의 FTA는 "금융위기 이후 세계경제 환경을 못 쫓아가 는 것"이고 "절차적 비민주성, 이익 불균형, 이행법문제 등 국익훼손의 위험"이 있다며, 강행처리에 반대한다고 주장했다. 노무현재단이 '이명 박정부의 FTA'를 비판한 주된 논리는, '노무현 FTA'는 한미 간의 이익균 형을 실현했지만, '이명박 FTA'는 재협상 과정을 거치면서 그 이익균형 이 깨졌다는 것으로 집약된다.

하지만 이명박정부의 재협상은 어렵게 성사시킨 한미 양국 간의 이익균형 을 무너뜨려버렸다. 그러다 보니 참여정부가 큰 틀에서 어렵게 수용했던 부분들이 새로운 문제로 부각되는 것이다. 특히, ISD는 참여정부에서도 문 제의 소지가 있다는 것을 인식하였으며, 내부에서 많은 논쟁이 있었다. 그 러나 전체 이익균형이라는 측면에서 한국은 자동차 분야를 비롯해서 많은 것을 얻었고 또 대응력을 키워나가면 ISD에 관한 문제는 충분히 대처할 수 있을 것이라 판단했다. 그러나 이제 양국 간의 이익균형이 무너졌으므로 ISD에 관해서도 재검토가 필요하다.

노무현정부도 ISD, 즉 투자자국가소송제의 문제점에 대해서는 잘 알고 있었지만 '이익균형' 차원에서 수용한 것인데 이명박정부에서는 그 '이익균형'이 무너졌기 때문에 이제는 ISD를 받아들일 수 없다는 논리가 참으로 군색하다. 이명박정부가 굴욕적인 재협상을 통해 자동차 부문 등에서 더 양보한 것은 분명하지만 그렇다고 '노무현 FTA'에서는 ISD가 되고, '이명박 FTA'에서는 ISD가 안 될 만큼 두 FTA에 큰 차이가 난다고 보기는 힘들다. 이명박정부의 한미 FTA 재협상 과정이나 결과는 비판받아 마땅하지만, 그 이유가 노무현정부가 따냈다는 이른바 '이익균형'을 지키지 못했기 때문이라고 하는 것은 설득력이 부족하다. '노무현 FTA'는 좋은 것이고 '이명박 FTA'는 나쁜 것이라는 논리와 다를 바 없기 때문이다. 이명박정부가 비판받아야 할 지점은 미국의 재협상 요구를 능동적으로 역이용해서 노무현정부 때 이미 잘못 꿰어진 단추인 ISD 등 여러 독소조항을 전면적으로 해소했어야 했지만, 그 기회를 살리지 못했다는 부분이다. 노무현재단이 내놓은 논평에는 또 이런 대목이 있다.

이명박정부는 재협상 과정에서 금융위기로 인한 상황 변화나 우리의 입장을 전혀 반영하지 못하고, 오히려 미국의 요구를 그대로 수용하였다. 국익을 도외시한 밀실협상의 결과, 한미 FTA에서 한국의 가장 큰 성과라 할 수 있는 자동차 분야에서 많은 양보를 하였고, 또 미국산 쇠고기 및 쌀 수입 논란을 비롯해 개성공단 제품 문제 등 한국의 주요 이익은 관철하지 못하였다.

맞는 말이기는 하지만 노무현재단의 입장에서 할 말은 아니다. 특히 개성공단 제품 문제를 거론한 것은 적반하장의 느낌마저 들게 한다. 사실 노무현정부가 한미 FTA를 시작하면서 국민들의 우려와 비판 여론을 잠재우기 위해 내건 가장 큰 명분 가운데 하나가 바로 개성공단 제품을 한미 FTA에 포함시키겠다는 목표였다. 2006년 초부터 시작된 한미 FTA 협상 과정 내내 노무현 대통령은 협상의 가장 기본 원칙으로 "쌀은 내주면 안 되고, 개성공단은 따내야 한다"라는 지시를 했다고 한다. 사실 북한 영토 내인 개성공단에서 만든 제품을 한미 FTA에 포함시켜 관세 혜택을 볼 수 있도록 하겠다는 것은 단순히 경제적 수치만으로는 따질 수 없는, 굉장히 창의적 발상이었다. 하지만 협상이 타결되고 뚜껑이 열리자 그 결과는 매우 초라했다. 협정문 어디에도 개성공단이란 단어조차 찾을 수 없었다.

'개성공단 제품' 책임전가는 적반하장

노무현 대통령은 2007년 4월 2일 발표한 담화에서 "개성공단 제품도 한반도 역외가공지역위원회 설립에 합의하여 국내산으로 인정받을 수 있는 근거를 만들어두었습니다"라며 협상 결과를 자화자찬했다. 하지만 미국측 FTA 협상 수석대표인 웬디 커틀러는 4월 5일 한미경제연구소가 주최한 오찬연설을 통해 "한미 자유무역협정에 개성공단이 명시돼 있지 않다"며 "이 문제는 미국과 남한이 '한반도 역외가공지역위원회'에서 장기적으로 풀어가야 할 숙제"라고 말했다. 또 개성공단이 "역외가공지역으로 지정되기 위해서는 한반도 비핵화의 진전, 노동과 환경기준 등이 충족돼야 한다"고 지적했다. 커틀러는 특정지역이 이 기준을 충족시켜 심사를 통과하더라도 역외가공지역으로 확정되려면 미 의회의 인준을 받아야 한다고 덧붙였다. 다시 말해 개성공단 제품을 한국산으

로 인정받으려면 북핵문제가 해결되고, 개성공단 근로자들의 임금이나
복지조건 등이 국제기준에 부합돼야 하며, 그 이후 다시 미 의회 승인
을 받아야 한다는 것이다. 결국 노무현정부가 타결한 한미 FTA에서 개
성공단과 관련해 확정된 것은 하나도 없고, 모든 것은 미국의 뜻에 달려
있었던 것이다.

물론 이명박정부가 재협상 때 노무현정부가 관철하지 못했던 개성공
단 제품의 한국산 인정 문제에 대해 해결 노력을 제대로 기울이지 않은
부분은 당연히 비판받아야 한다. 하지만 비판의 주체가 노무현재단이
라면, 그것은 영 모양새가 볼품없어진다. 한미 FTA 추진의 가장 큰 명분
으로 내걸었던 개성공단 문제에서 제대로 된 성과를 내지 못한 것은 일
차적으로 노무현정부의 책임이다. 그런데 그에 대한 반성은커녕 이제
와서 이명박정부가 재협상 때 개성공단 제품 문제 등에서 한국의 이익
을 관철하지 못했다고 탓하는 것은 누가 봐도 납득하기 힘들다. 그렇다
면 과연 노무현정부는 한미 FTA 협상에서 개성공단 제품의 한국 원산
지 인정을 받기 위해 얼마나 노력을 했을까?

노무현정부 시절 한미 FTA 협상을 진두지휘했던 김현종(현 삼성전자
해외법무 사장) 당시 통상교섭본부장은 2010년 12월 출간한 회고록『김
현종, 한미 FTA를 말하다』에서 개성공단을 한 페이지가량 언급하고 있
다. 김 전 본부장은 개성공단이 한미 FTA 협상에서 우선순위를 지니는
이슈였을 뿐 아니라 FTA 논의 자체를 좌우할 수 있는 핵심 사안이었다
고 밝히고 있다.

개성공단은 순수하게 경제적인 차원에서만 보면 그리 중요하지 않다. 개성

공단에서 생산되는 제품들의 규모나 가치가 미미했기 때문이다. 하지만 개성공단 이슈는 통일을 염원하는 우리 국민들에게 특별한 실험이며 따라서 협상에서 우선순위를 지닌다. 또 진보진영이 한미 FTA 협상을 지지할 수 있는 근거도 제공했다. 이 논쟁 이면에는 미국이 개성공단 이슈를 우리가 만족할 만한 수준으로 인정해주지 않으면 한미 FTA 논의 자체가 폐기될 수 있는 가능성이 있었다.

김 전 본부장은 그러나 미국의 반대가 심했기 때문에 개성공단 이슈를 제기할 적당한 기회를 엿볼 수밖에 없었다고 했다.

많은 사람들은 미국이 개성공단 제품을 한국산 원산지로 인정해주지 않을 거라고 믿었다. 이런 시각은 미국의 독립기념일인 2006년 7월 4일 벌어진 북한의 대규모 미사일 실험으로 더욱 확산되었다. 이 사건으로 서울에서 열릴 2차 협상에서 개성공단의 인정을 얻어낼 가능성이 더욱 희박해졌다. 나는 뒤이을 정치적 난관을 헤쳐 나가기로 결심하고, 개성공단 이슈를 적당한 시점에 제기할 수 있도록 기회를 보고 있었다. 몇 달이 지나 북한 미사일 실험의 여파가 사그라질 때쯤 4차 협상을 시작하려 했고, 이때가 적당한 시점이라 판단했다. 그런데 북한도 한미 FTA가 결렬됐으면 했는지 4차 협상을 앞둔 2006년 10월 9일, 핵실험을 강행했다. 미사일 발사와 핵실험은 차원이 다르다. 이 사건은 한미 FTA 협상을 반대하는 네오콘들의 주장에 날개를 달아주었다. 나는 개성공단 이슈가 눈앞에서 물거품이 되어감을 느꼈다. 전략을 바꾸지 않는다면 개성공단 이슈를 지켜낼 수 없는 상황이었다.

개성공단을 인정받기 위해 여러 차례 적당한 시점을 노렸으나 북한의 도발로 뜻을 이루지 못했다는 것이다. 그래서 전략을 바꾸지 않을 수 없었다고 한다. 자신은 개성공단 이슈를 관철하기 위해 노력했으나 북한 변수 때문에 역외가공위원회 설치 등의 우회로를 선택할 수밖에 없었다는 뉘앙스로 읽힌다. 하지만 그가 실제 미국측과 마주했을 때 개성공단 문제에 대해 어떤 입장을 보였을까?

김현종, 개성공단 문제 '좌익' 이슈로 폄하

2007년 3월 6일 헨리 폴슨 당시 미 재무부 장관이 한미 FTA 8차 협상을 앞두고 한국을 방문했다. 폴슨 장관은 1박2일간의 한국 체류 기간 동안 노무현 대통령과 권오규 부총리, 김현종 통상교섭본부장 등을 만났다. 이들의 회동 내용을 기록한 2007년 5월 7일자 주한 미 대사관의 3급 비밀 전문에 따르면 폴슨 장관은 김현종 본부장을 만나 먼저 투자자국가소송제 문제를 꺼냈다. 폴슨 장관은 김 본부장에게 "자신이 한미 FTA의 모든 이슈들을 훑어보고 있지만 특히 ISD와 자본통제capital controls에 관심이 많다"고 설명했다. 세계 최대 투자은행인 골드만삭스 회장 출신다운 관심 표명이었지만, ISD가 미국이 한미 FTA에서 가장 중시하는 부분의 하나임을 은연중에 나타낸 것이기도 했다. 폴슨 장관은 이어 이번 협상에서 ISD 등의 문제가 한국에 어려움을 주고 있다는 것을 알지만 잘 해결할 수 있을 것이라고 했다. 이에 대해 김 본부장은 ISD와 관련된 한국측의 희망사항에 대해 미국 일각에서 일부 오해를 하고 있는 것은 아닌지 걱정이 된다고 말했다. 한국은 "ISD 조항을 약화시키려 하는 게 아니고 단지 조항들을 분명히 하고자 할 뿐이며, 특히 ISD와 관련해 도

시계획지구지정zoning과 일반과세는 간접수용으로 간주돼서는 안 된다
는 점을 명확하게 하려는 것"이라고 했다. 김 본부장은 그러나 "한국은
ISD의 가치를 이해하고 있고, 앞으로 특히 중국과 FTA 협상을 할 때도
ISD를 포함하고자 하는데 중국에는 현재 2만 명의 한국 투자자들이 있
다"고 했다.

　김 본부장이 과세나 도시계획 등은 간접수용 대상에서 제외시켜 투자
자국가소송의 대상에 들어가지 않도록 나름대로 노력했다는 것은 보인
다. 하지만 지금 이명박정부가 ISD는 우리가 필요해서 하는 것이라는
입장을 명확히 하고 있는 것 못지않게, 이미 노무현정부도 한미 FTA 협
상을 진행할 당시 ISD는 한국이 필요하기 때문에 하는 것이라는 입장을
미국측에 노골적으로 밝혔었다. 김 본부장은 심지어 한국이 앞으로 중
국과 FTA 협상을 할 때 ISD를 포함시키기 위해서라도 한미 FTA에 ISD
가 포함돼야 한다는 투의 얘기도 했다고 한다. 이것은 앞서 노무현재단
의 논평처럼 한미 FTA에서 이익균형을 맞추기 위해 ISD를 양보한 것이
라는 주장과는 다른 얘기다. 우리 협상단이 ISD는 우리에게도 필요한
것이라고 말하는데 미국측이 우리에게 ISD 포함을 대가로 다른 어떤 것
을 양보할 이유가 없지 않은가.

　폴슨 장관과 김 본부장의 대화는 개성공단 문제로 이어졌다. 전문에
따르면 김 본부장은 최근 북미관계가 개선되고 있다는 것은 좋은 뉴스
이지만, 사실 그것은 통상교섭본부장으로서 자신의 일을 더 힘들게 하
고 있다고 말했다. 왜냐하면 북미관계 개선이 국회로 하여금 개성공단
제품을 FTA에 포함시키도록 자신을 더 몰아붙이게 하는 요인이 되고
있기 때문이라는 것이었다. 김 전 본부장은 자신의 회고록에서 2006년

내내 개성공단 이슈를 제기할 기회를 찾았지만 북한의 도발 때문에 적당한 시점을 찾을 수 없다고 밝힌 바 있다. 그렇다면 북미관계가 개선되고 있다는 좋은 뉴스가 들려왔을 때 그는 어떤 입장을 보였을까? 이 전문은 김 본부장이 국회가 개성공단 이슈로 자신을 압박하고 있다고 말한 뒤 폴슨 장관에게 다음과 같은 말을 한 것으로 기록하고 있다.

> 이것은 노무현정부의 좌익 지지자들에게는 중요한 문제이다This was an important issue to the left-wing supporters of the Roh Government.

김 본부장은 이어 "전세계적으로 현재 192개의 FTA 가운데 75개 FTA가 역외가공개념을 인정하고 있다"고 말하고, "만약 미국과 한국이 한미 FTA에서 이 개념을 인정하는 것을 동의한다면, 개성공단 제품 포함 같은 구체적 이슈는 핵 문제, 인권, 노동권 등을 고려해 미리 그것들을 판단하거나 상세히 설명할 필요 없이 연례 검토 과정에서 다루면 될 것"이라고 덧붙였다.

이상의 전문에 기록된 대화 내용으로 짐작컨대, 김 본부장은 그때 폴슨 장관에게 역외가공위원회를 구성하고서 개성공단 제품을 한미 FTA에 포함시킬 것인가 여부는 그 위원회에서 매년 결정하자는 방안을 설명한 것으로 보인다. 미국의 완고한 입장을 고려할 때 이 역외가공위원회 설치라는 것이 김 전 본부장이 선택할 수 있었던 최선의 방안이었을 수도 있다. 하지만 전문에 기록된 대로 미국 재무장관을 앞에 두고 개성공단 이슈는 노무현정부 좌파 지지자들에게 중요한 이슈라고 말했다면, 이것은 한국의 통상교섭책임자가 미국에다가 개성공단 문제는 좌익 눈치를 보며 마지못해 제기하는 것이라는 인상을 준 셈이나 마찬가지다. 이런 식의 커밍아웃을 하는데 미국측이 이 문제를 제대로 고려할 리 만무했다. 안타까운 것은 그래도 노무현 대통령은 FTA 타결 후 담화에서 개성공단 제품을 국내산으로 인정받을 수 있는 근거를 만들었다고 국민들에게 자랑스레 말했던 대목이다. 노 전 대통령이 한미 FTA가 타결된 이후 개성공단에 대한 합의 내용에 대해 브리핑을 받지 않았을 리는 없다. FTA 발효 1년 후 '한반도 역외가공지역위원회'를 구성하고, 북한 핵 문제와 개성공단 근로자 노동환경 등을 고려해 개성공단 제품의 한국산 인정여부를 결정하겠다는 수준은 당초 노 전 대통령의 기대치에는 훨씬 못 미치는 결과였을 것이다. 하지만 노 전 대통령이 굳이 개성공단 제품을 국내산으로 인정받을 근거를 만들었다고 말한 것은 개성공단에 대한 애착이 반영된 것임과 동시에 미국측에 개성공단 제품이 꼭 한국산으로 인정돼야 한다는 의지를 내보인 것일 수도 있다.

하지만 노 전 대통령이 믿었던 한미 FTA 협상팀의 수뇌부들은 개성공단 문제에 그다지 애착을 보이지 않았던 것을 보여주는 사례가 또 있다.

외교부 국장, "김종훈, 개성공단 우선 거론 훈령 어겨"

주한 미 대사관이 2006년 6월 14일 작성한 3급비밀 전문은 캐슬린 스티븐스 당시 미 국무부 동아시아태평양 담당 차관보가 한국에 와서 6월 11일에 외교통상부 조태용 북미국장과 한미 간 주요 현안에 대해 나눈 얘기들을 기록하고 있다. 이 전문에 따르면 조 국장은 한미 FTA 협상에서 개성공단 문제와 관련한 한국 협상팀 내부 동향에 대해 이런 말을 했다.

조 국장은 한국의 김종훈 수석대표가 "정치적 문제는 마지막으로 미루려고 한다"라고 자신에게 개인적으로 말했다는 사실을 스티븐스 차관보에게 분명히 밝혔다. 김 수석대표는 서울로부터 개성공단 문제를 첫 제안사항에 포함시키라는 확고한 훈령을 받았다. 그러나 조 국장은, 김 수석대표에게 개성공단 문제를 협상의 초반이나 중반에 제기할 의사가 없었다고 말했다.

당시는 한미 양국이 2006년 2월 한미 FTA 협상 개시를 선언하고 6월 5일 워싱턴에서 제1차 협상을 벌인 직후였다. 이 전문에 나온 외교통상부 국장의 발언이 사실이라면, 우리측 수석대표인 김종훈 현 통상교섭본부장은 워싱턴의 1차 협상 때 서울(청와대를 일컫는 것으로 보인다)에서 내린 훈령을 자기 마음대로 어긴 셈이다. 당시 노무현 대통령이나 정권 핵심 인사들이 대부분 개성공단 제품이 FTA에 포함돼야 한다는 의지를 갖고 있었기 때문에 첫 협상 때부터 협상팀에 이 같은 지시를 내렸을 것이라는 것은 분명해 보인다. 하지만 김종훈 수석대표는 개성공단 포함이라는 '정치적 문제'는 뒤로 미뤄야 한다고 말했다는 것이다. 김현종 전 통상교섭본부장의 회고록에도 개성공단 이슈를 제기할 적당한 시점을 찾지 못했다는 내용이 있는 것으로 미뤄 우리측 협상팀이 초반에 개성공단 문제를 본격적으로 거론하지 않았다는 내용은 신빙성이 있어 보인다. 정치적 문제는 마지막으로 미루겠다는 것은, 물론 협상 전략의 일환일 수도 있다. 하지만 청와대의 확고한 지시를 받고도 이를 어겼다면 이것은 큰 문제가 아닐 수 없다. 대통령을 기만한 것이기 때문이다. 이 전문은 또 우리 한국 내부의 동향이 미국에 고스란히 흘러갔다는 것을 보여준다는 점에서 또 다른 문제를 들춰내고 있다. 외교통상부 국장이 어째서 우리 FTA 협상 수석대표와 사적으로 나눈 이야기를 미 국무부 당국자에게 털어놓는 것인가? 비슷한 사례는 또 있다.

"필사적으로 싸웠다"

미 대사관이 2006년 7월 25일 작성한 「약품과 한미 FTA PHARMACEUTICALS AND KORUS-FTA」라는 제목의 3급비밀 전문은 한국 정부가 한미 FTA 협상 틀과는 무관하게 '약제비적정화 방안'을 밀어붙이는 데 대한 미국측의 당혹감과 향후 대응 방안들이 담겨 있는 보고서다. 이 전문이 본국에 타전된 7월 25일은 보건복지부가 약제비적정화 방안을 입법에 고하기 하루 전이었다. 전문에 따르면 주한 미 대사 버시바우와 상무부 차관 프랭크 라빈은 우리 정부의 약제비적정화 방안에 대한 논의를 위해 7월 24일 청와대를 방문해 윤대희 당시 청와대 경제수석과 김종훈 FTA 수석대표 등을 만났다. 이들은 한국이 FTA 협상 개시 전 이른바 4대 선결과제를 통해 새 약가제도 도입을 자제하기로 해놓고도 약제비적정화 방안을 강행하는 것을 집중적으로 항의했다. 버시바우 대사는 이 전문에서 청와대 회의가 있었던 7월 24일 오후 김현종 통상교섭본부장으로부터 전화가 걸려왔다며 통화 내용을 다음과 같이 기록했다.

> 김현종 본부장은 한국이 약속했던 약제비적정화방안 입법예고 관련 요인들을 위해 "필사적으로 싸웠다fighting like hell"고 말했다.(즉, 미국 정부와 입법안을 사전 공유, 입법예고 전 미국이 의미 있게 의견을 표명할 수 있는 시간 부여, 60일간의 입법예고 기간, FTA 의약품 협상 실무회의 틀 내에서 약제비적정화 방안 세부사항 논의 기회 제공)

전문에 따르자면, 당시 김현종 본부장은 미국을 위해 위에 열거한 것 같은 사항들을 쟁취하려고 한국 정부와 죽도록 싸웠다고 말한 것이다. 실제로 김 본부장은 자신의 회고록에서 유시민 당시 보건복지부 장관은 약제비적정화 방안이 한미 FTA에서 논의되는 것을 반대했지만 자신이 유 장관과 협상을 벌여 60일 입법예고와 FTA 협상 틀 내에서의 약제비 적정화 방안 세부사항 논의 등을 관철해냈다고 주장했다.

김 본부장이 미국 대사에게 자신이 나름대로 미국 입장을 살리기 위해 노력했다고 얘기한 것은 당시 약제비 문제로 교착상태에 빠진 한미 FTA 협상을 나름대로 살려보기 위한 방편이었다고 볼 수도 있다. 하지만 우리나라 통상교섭 수장이 미국 대사에게 이런 식의 얘기까지 해야만 했는가를 생각하면 서글퍼지지 않을 수 없다. 특히 당시 미국은 한국이 약속을 어겼다며 약제비적정화 방안의 아주 세부적인 내용까지 일일이 간섭하고 시비를 걸었다. 보건복지부의 약제비적정화 방안은 건강보험 총 진료비 대비 약제비 비중이 급증하는 현상에 대처하기 위해 급여 대상 약품을 보건복지부가 지정하는 이른바 포지티브 방식을 도입하고, 약가를 건강보험공단이 결정한다는 것이 그 주요 골자였다. 그 방안의 적정성 여부는 논외로 치고, 상식적으로 볼 때 어떤 보건의료 정책의 도입 여부는 그 나라의 몫인 것이 당연하다. 하지만 미국은 한국의 새로운 약제비 시스템 도입을 자국 제약업체에 대한 비관세장벽으로 간주하고 FTA 논의 자체를 중단하겠다는 위협까지 가한 것이다. FTA 협상 과정에서부터 한국 국내 정책에 대해 이 정도의 간섭과 위협이 가해진 것을 보면 실제로 FTA가 발효된 이후에는 어떨지 우려되지 않을 수 없다.

미국 대사, 노무현을 의심하다

이 전문은 또 계속된 두 사람의 전화 통화에서 다음과 같은 매우 흥미로운 얘기가 오간 것도 기록하고 있다.

> 버시바우 대사는 한국 정부의 약제비적정화 방안과 관련된 부정적 상황 전개가 미국 정부 내 일부 인사들에게 청와대가 냉소적 게임을 하고 있는 것은 아닌지 하는 의문을 갖게 만든다고 말했다. 즉 한국 정부가 공개적으로는 한미 FTA를 원한다고 주장하면서도, 실제는 겁을 먹은 채 뒤로 물러서면서 그에 따른 비난을 미국 쪽으로 전가시키기 위한 수단으로 새로운 약제비 시스템을 활용하고 있는 것은 아닌가 하는 의문이다. 김 본부장은 노무현 대통령이 여전히 FTA를 원하고 자유무역협정을 원한다고 말했다. 버시바우 대사는 한국 대통령의 약속을 의심하는 것은 아니지만, 적어도 노 대통령이 자신의 모든 장관들을 통제하고 있는 것처럼 보이지 않는다고 말했다. 김 본부장은 다시 이의를 제기하며, 통제 여부는 확인할 수 없지만, 대사가 어째서 그런 인상을 받게 됐는지는 이해할 수 있을 것 같다고 말했다.

노무현 대통령은 자신의 지지 기반을 잃어가며 한미 FTA를 추진하는 도박을 감행했는데 미국 대사는—물론 그 주체를 미국 정부 일각이라고 했지만—수시로 노무현 대통령의 진정성을 의심하곤 했다.

하지만 FTA가 타결된 후 노 대통령에 대한 버시바우 대사의 평가는 크게 달라진다. 버시바우는 주한 미 대사 자리를 떠난 뒤 한 회고 글에서 노 전 대통령을 이렇게 평가했다.

노무현정부가 이룬 가장 큰 성공은 2007년 6월에 체결한 한미자유무역협정이었다. 자국 시장 개방에 대한 여론이 좋지 않은데다가 노무현 대통령의 국가주의 및 재분배주의에 입각한 경제정책 때문에 한국은 미국의 FTA 상대국이 될 가능성이 낮아 보였다. 하지만 노무현 대통령은 FTA를 추진하고 체결하는 과정에서 자신의 정치 기반 이탈도 감행했다. 또한 회담 기간 내내 요란하게 지속된 농민과 좌익 운동가들의 거리 시위를 견뎌냈다. 노무현 대통령은 보호무역론자들의 우려들을 넘어설 수 있는 강력한 한국을 만들고, 시장 개방과 국제적 기준 수용을 통해 한국의 경쟁력을 높이는 데 FTA는 필수불가결한 선택이라는 점을 정확히 이해하고 있었던 것이다. (한미경제연구소 엮음, 『한미 외교 비사의 현장들—대사관 순간의 기록』, 2010)

노무현정부의 가장 큰 성공이 한미 FTA였다는 평가에 동의할 한국인들이 얼마나 될지 모르겠다. 버시바우 전 대사는 그러나 같은 글에서 노 전 대통령에 대한 실망감도 나타냈다.

우리가 노무현 대통령에게 (매우 심하게) 실망했던 한 가지는 FTA 협상 막판에 국제수역사무국OIE이 정한 국제적인 과학기준에 의거하여 쇠고기 시장을 재개방한다는 약속을 이행하지 않은 것이다.

노 전 대통령은 이처럼 한미 FTA와 관련해 미국의 의심을 받기도 하고, 타결된 이후에는 미국으로부터 높은 평가를 받기도 했다. 하지만 쇠고기 시장에 대해선 '매우 심한' 실망의 대상이 되기도 했다. 한미 FTA에 북한 근로자들이 만든 제품을 넣겠다는 야심찬 꿈도 꿨지만 그가 임명한 통상교섭본부장은 미국 장관에게 개성공단 문제는 좌파들의 이슈라고 비하했다. 협상 수석대표는 개성공단을 우선적으로 다루라는 지시를 무시했다.

노 전 대통령은 한미 FTA 타결 담화문에서 이런 말을 한 바 있다.

> 그동안 '미국의 압력'이라는 얘기가 난무했고, 길거리에서도 심지어 '매국'이라는 용어까지 등장했습니다. 분명히 말씀드리지만 우리 정부가 무엇이 이익인지 손해인지조차 따질 역량도 없고, 줏대도 없고 애국심도 자존심도 없는 그런 정부는 아닙니다. 저는 이번 협상과정을 지켜보면서 다시 한번 우리 공무원들의 자세와 역량에 관해 믿음을 가지게 되었습니다.

이것은 노무현 전 대통령의 용인用人에 큰 문제가 있었다는 것을 단적으로 보여준다. 이는 바로 노 전 대통령의 한계이기도 했다. 그리고 이 한계에서 노무현의 한미 FTA가 탄생했다. 사실 이명박의 한미 FTA는 여기서 조금 더 나빠졌을 뿐이다. '노무현 FTA'를 극복하지 않은 채 '이명박 FTA'를 극복하자고 하는 것은 기만이자 위선이다. 하지만 이것 못지않게 우리 사회가 시급히 극복해야 할 대상은 권력의 부침과 무관하게 승승장구하는 숭미崇美 기회주의 외교안보통상 관료집단이다.

제5장

유출

01

최시중과 미국 정보원들

최시중 내정자의 자백

필자가 KBS 탐사보도팀장으로 일하던 시절인 2008년 3월, 탐사보도팀은 최시중 당시 방송통신위원장 내정자 앞으로 다음과 같은 내용의 질문지를 보냈다. 여러 차례 직접 인터뷰를 요청했으나 최 내정자가 거부하는 바람에 서면 인터뷰로 대체한 것이다.

1. 최시중 내정자께서는 지난 1997년 12월 초, 보스워스 주한 미 대사와 만난 일이 있습니까?

2.당시 만났다면, 어떤 얘기들을 나누었습니까? 보스워스 주한 미 대사에게 갤럽의 대선 후보 여론조사와 관련한 내용을 얘기한 사실이 있습니까?

이에 대해 당시 최 내정자는 다음과 같은 답변서를 보내왔다.

1. 정확히 기억나지는 않지만, 12월 초는 아닌 것 같다. 12월 초는 대선으로

바쁜 시기였다. 분명히 기억되는 것은 선거 끝나고, 1월 초쯤 오찬을 한 적이 있다.

2. 한국 정치에 관해서 여러 가지 이야기를 했는데, 여론조사에 관한 이야기도 했을 것이다. 미국 대사뿐만 아니라, 일본 대사 등 외국 대사들과는 여론조사기관의 특성상 만나자는 요청이 와서, 정치 관련 의견을 나누는 경우가 종종 있다.

탐사보도팀은, 최 내정자가 한국갤럽 회장 시절이던 1997년 12월 12일에 미국 대사 보스워스와 만나 그 이틀 전 한국갤럽이 실시한 대선 여론조사 결과를 알려줬다는 내용이 담긴 미 대사관 비밀전문 한 건을 확보하고 있었다. 최 내정자가 미국 대사와 만난 시점은 15대 대선 일주일 전이었고, 선거관련법상 여론조사 결과 공표 금지 기간이었다.

최 내정자가 왜 미국 대사와 대선 직후 만난 것은 기억나는데, 대선 직전 만난 일에 대해서는 "아닌 것 같다"라고 답했는지는 알 수 없다. 당시 취재팀이 비밀전문 입수 사실은 알리지 않고 인터뷰를 요청했기 때문에 그는 자신과 보스워스 대사가 대선 전에 만난 사실을 모르고 있었을 것으로 판단하고, 대선 이후에 만난 사실만 인정했을 수도 있다. 물론 답변대로 단순히 기억이 나지 않았을지도 모른다. 어찌됐든 최시중 내정자는 미국 전문에 나타난 1997년 12월 12일의 회동은 인정하지 않았지만, KBS 탐사보도팀도 알 턱이 없었던 1998년 1월 초의 또 다른 접촉을 스스로 밝혔다. 더구나 미국측과 "종종" 만났다는 사실도 털어났다.

그리하여 최 내정자의 인사청문회를 앞두고, KBS 〈뉴스 9〉는 그의 여론조사 유출 사실을 다음과 같이 보도할 수 있었다.

(앵커) 최시중 방송통신위원장 내정자가 지난 97년 대선 직전에 갤럽 회장 자격으로 주한 미 대사를 만나 대선 여론조사 내용을 유출한 정황이 KBS 취재 결과 드러났습니다. 당시는 여론조사 공표 금지 기간이어서 사규는 물론 실정법을 위반한 것입니다. 탐사보도팀의 ㅇㅇㅇ 기자가 단독 보도합니다.

(기자) 15대 대통령선거 직전인 지난 1997년 12월 15일 주한 미 대사관이 미 국무부로 보낸 3급비밀 문서입니다. 당시 주한 미 대사이던 보스워스가 대선 일주일 전인 97년 12월 12일 당시 한국갤럽 회장이던 최시중 씨 등과 오찬 회동을 하면서 나눈 얘기가 상세하게 기재돼 있습니다. 보스워스 대사는 직접 작성한 이 보고서에 최시중 갤럽 회장이 회동 이틀 전인 12월 10일 실시한 한국의 대선후보 여론조사 결과를 자신에게 알려줬다고 기록했습니다. (…) 지난 97년 대선 때는 선거일 22일 전인 11월 26일부터 선거일인 12월 18일까지 여론조사 결과 공표 금지 기간이었는데, 최시중 방송통신위원회 위원장 후보자는 금지기간인 12월 12일 여론조사 결과를 외부에 유출한 것입니다. (…) 공직선거법의 공소시효는 6개월로 이미 소멸됐다곤 하지만, 국내 굴지의 여론조사기관 대표가 미국 대사와 만나 공표가 금지된 대선후보 여론조사 결과를 유출한 행위는 고위 공직 후보자의 도덕성과 자질에 큰 흠결이 될 것으로 예상됩니다.

당시는 그래도 KBS 9시 뉴스가 이런 리포트도 할 줄 알았고, 할 수도 있었다.

미 대사관, "최시중은 우리의 오랜 정보원"

오랜 기간 동안 종종 미국 대사관과 접촉하면서 여론조사 결과 공표 금지 기간에도 여론조사 결과를 미국 대사에게 넘겨준 최시중 현 방송통신위원장 같은 부류의 사람을 미국 대사관은 뭐라고 부를까? 이런 궁금증을 해소해줄 또 다른 미국 비밀전문이 있다.

1997년 15대 대선 전후 한국갤럽 회장 신분으로 미국 대사를 만났던 최시중은, 10년 뒤인 17대 대선 직전에는 유력한 여당 대선 후보의 최측근이자 정치 멘토 자격으로 미국 대사를 만난다. 2007년 10월 12일, 미 대사관은 「모든 정치적 요인들이 한나라당 이명박 후보에 우호적ALL KEY POLITICAL FACTORS FAVOR GNP CANDIDATE LEE MYUNG-BAK」이라는 제목의 3급비밀 전문에서 당시 한국의 17대 대선 경쟁구도를 정리해 본국에 보고했다. 최시중 위원장은 이 전문에서 "대사관의 오랜 정보원long-time Embassy contact"으로 등장한다.

한국갤럽의 전 오너이자 현재 이명박 후보의 고위 참모인 최시중은 최근 우리에게, 이 후보가 리버럴 진영의 선두 후보에 현재 30%가량의 지지율 차이로 앞서고 있지만 이는 의미 없는 것이라고 말했다. 통합민주당의 대선 후보 경선 승자가 10월 15일 대선후보로 확정되면 20% 정도 지지율이 증가할 것이고, 또 다른 후보들과의 단일화를 통해서 추가로 15%에서 20%의 지지율 상승효과를 누릴 것이라는 것이다. 그럼에도 불구하고 영악한 선거 관찰자이자 미국 대사관의 오랜 정보원long-time Embassy contact인 최시중은 통합민주당이 정치적 우행愚行을 계속할 것이고 그래서 후보 선출과 차후의 단일화 등을 활용하는 데 실패할 것이라며, (MB의 우위를—인용자) 조

이명박 대통령의 정신적 멘토인 최시중 방송통신위원장을 미 대사관은 "오랜 정보원"이라고 부른다. 그들은 최 위원장에게서 오래전부터 많은 한국 관련 정보를 얻었을 것이라 짐작된다. (사진 출처: 청와대 홈페이지)

심스럽게 낙관하는 입장을 견지했다.

미국 외교전문과 본인의 진술에 따르자면, 최시중 위원장은 적어도 1997년부터 주한 미국 대사관과 빈번하게 접촉하면서 정보를 제공해왔다. 자신들의 "오랜 정보원"이라는 미 대사관의 표현을 어떻게 달리 이해하겠는가. 그렇다면 미 대사관의 이른바 '정보원'들은 과연 어떤 사람들이고, 얼마나 되며, 주로 어떤 정보를 미국측에 넘기는 것일까?

위키리스크가 공개한 미 대사관의 전문 1980건에는 최시중 위원장을 표현하는 데 사용된 것과 같은 'contact'라는 단어가 심심찮게 등장한다. 필자는 이 책에서 'contact'를 '정보원情報源'으로 번역했는데, 이 '정보원'의 의미가 첩보영화에 흔히 등장하는 '정보원情報員', 즉 '간첩'이나 '스파이'와 같은 것은 물론 아니다. 여기서 정보원은 미 대사관이 우리나라의 각 정부기관 혹은 전문가 그룹 내부에 구축해놓은 '연락선' 혹은 '접촉선' 등의 의미로 보면 된다. 하지만 우리 정부 부처나 국회, 정당, 기업, NGO 등에 소속된 인물이 미국 대사관의 접촉 요청에 응하여 내부 동향 등 각종 정보를 제공한다는 측면에서는 '정보원情報員'과 유사한 부분도 전혀 없지는 않다. 미 대사관은 본국에 보내는 전문에서 이런 유형의 정보원들을 'contact'란 용어뿐 아니라 'source'라는 용어로도 표현하고 있다. 『조선일보』(2011.10.8.)는 위키리크스의 외교전문 무더기 공개 이후 미국 전문에 우리 정부의 일부 고위 당국자들이 미국 대사관의 '정보원'으로 적시된 사례가 국회에서 논란을 빚자, contact가 "사전적으로 '정보원情報源'이란 의미를 가지며, 첩보세계에서는 '정직한 협조자'의 의미로 쓰인다. 이와 달리 간첩이나 포섭한 외국 정부 인사 등은 '보이지 않는 협조자'라고 칭하며, 영어 약칭은 'agent(요원)' 'informal(비공식 첩보원)' 등으로 부른다"라며 contact란 용어의 의미를 규정하기도 했다.

그렇다면 주한 미 대사관의 한 전문을 통해, 미 대사관이 이 정보원이란 용어를 어떤 사람을 묘사할 때 사용하는지를 보다 구체적으로 살펴보자. 미국 정부의 이라크 부조정관 바바라 스티븐슨이 한국의 이라크 아르빌 지역 지방재건팀PRT 임무 등을 한국 정부와 논의하기 위해 대규모 대표단을 이끌고 한국을 방문했을 때의 기록이다. 당시 회의 내용을 기록한 미 대사관의 2006년 11월 8일자 3급비밀 전문의 일부를 보자.

서울에서 스티븐슨 부조정관 일행의 회의는 윤병세 외교부 차관의 환영사와 함께 시작됐다. 윤 차관은 한국 정부가 아르빌 지방재건팀을 이끌어갈 매우 적합한 선임 외교관을 뽑았다고 말했다. 윤 차관은 인선 작업을 최종 마무리하는 데는 며칠이 더 걸릴 것이라며 그 선임 외교관의 이름은 공개하지 않았지만 중동지역에서 20년 이상 근무한 경력의 아라비아어 구사자를 선임했으며, 현 근무지인 사우디아라비아에서 아르빌로 갈 것이라고 밝혔다.(주: 우리 대사관은 뒤에 **외교통상부 중동과에 구축해둔 정보원들을 통해**through established contacts in MOFAT's Middle East Division 이 인물이 박규옥 공사임을 확인했음)[*] (강조는 인용자)

우리나라 외교부 차관이 공식회의 석상에서 실명을 밝히지 않은 아르빌 지방재건대사 내정자를 미국 대사관은 우리 외교부 내부의 정보원을 통해 바로 확인해버린 것이다. 미 대사관이 정보원contact이라고 부르는 대상이 단순히 일회성 접촉자일 경우도 있겠지만, 그보다는 특정 조직의 내부 정보나 동향을 파악할 목적을 가지고 의식적으로 관계를 맺어놓은 그 조직의 내부자라는 사실을 이 전문은 잘 보여준다. 미 대사관의 전문에서 이들은 보통 '정보원a contact' '우리 정보원our contact' 또는 '미 대사관 정보원embassy contact' 등으로 표현된다. 하지만 간혹 최시중 위원장의 경우처럼 '오랜 정보원long-time Embassy contact'이나 '접촉빈도 높은 정보원frequent Embassy contact' '믿을 만한 정보원reliable contact' 등의 표현도 눈에 띄는데, 일반 정보원과는 급이 다르다는 것을 강조하기 위한 수식어로 보인다. 기관명을 앞에 붙여 그 정보원이 어떤 특정 조직의 내부 정보원이라는 사실을 강조하는 경우도 많다. 예를 들어 청와대 정보원Blue House contact, 국회 정보원National Assembly contact, 외교통상부 정보

---

[*] 박규옥 공사는 실제 2006년 11월 이라크 지방재건지원대사로 임명된다.

원MOFAT contact, 통일부 정보원MOU contact 등이 그런 경우다.

미 대사관이 이들 정보원을 통해 입수하는 정보들은 주로 어떤 것들일까? 미국이 이들로부터 취득하는 정보는 매우 다양해서 몇 가지만으로 압축하기는 힘들다. 그러나 크게 보면 주로 정부 고위급 인사 동향, 주요 인물 동향, 미국이 관심을 갖고 있는 법안 처리 일정, 중요 이슈에 대한 한국 정부 정책결정자의 입장, 한국 정부의 외교 및 통일 정책 방향 등의 정보를 수집한다.

그중 청와대의 내각 개각 계획이나 수석비서관 인선 등 핵심인사 관련 정보는 미 대사관이 정보원들을 최대한 활용해서 파악하고자 하는 분야 가운데 하나다. 미 대사관이 미국산 쇠고기 반대 촛불시위가 한창이던 2008년 6월 11일 작성한 「시위는 정점을 지났는가? 이 대통령, 새 출발을 맹세하다PROTESTS PAST PRIME? LEE VOWS "FRESH START"」라는 제목의 전문도 청와대 정보원들을 통해서 촛불정국을 타개하기 위한 이명박 정부의 개각 규모와 방향을 분석하고 있다.

> **청와대 정보원들Blue House contacts**에 따르면 상황이 진정되고, 후보자들에 대한 검증이 마무리되면 새 내각이 발표될 것이라고 했다. (…) **또 다른 청와대 정보원은** 6월 11일 대사관 정무담당관에게 청와대 수석비서관들이 한국에 모두 돌아오는 대로(현재 몇 명은 미국에 가 있음) 이들에 대한 인사가 있을 것이라고 말했다. 그 정보원에 따르면 7명의 수석 가운데 4명이 교체 대상이고 장관 4명도 해임될 것이라고 한다. 현재 김병국 청와대 외교안보수석은 교체 대상에 올랐고, 유명환 외교통상부 장관의 유임 확률은 50% 미만이다. (강조는 인용자)

이명박정부 출범을 앞두고 초대 내각 인선을 전망한 2008년 1월 25일 자 미 대사관 전문도 정보원에게서 얻은 정보를 언급하고 있다.

국정원장 후보자로 전 법무장관 김성호가 강력하게 고려되고 있다. 이명박 당선자의 오랜 친구인 최시중도 동아일보 기자와 한국 갤럽회장이라는 폭넓은 경력으로 강력한 국정원장 후보다. (…) **정보원들은** 미 대사관 정무담당관에게 이명박 당선자의 참모인 ○○대 ○○○ 교수가 국정원장 자리를 위해 로비를 하고 있지만, 잘 되지는 않을 것 같다고 말했다.(강조는 인용자)

미 대사관은 이처럼 정보원들을 통해 정부 요직에 대한 로비 움직임까지 파악해 본국에 보고했다. 이 전문에서 또 하나 흥미로운 것은, 최시중의 경우는 '오랜 정보원'으로 분류된 인물이지만 MB 당선과 함께 권력의 핵심으로 부상하면서 단순히 정보의 출처가 아니라 정보를 구해야 할 대상으로서 미국 전문에 등장했다는 것이다. 하지만 미 대사관은 이명박 대통령과 특수한 관계인 최시중에게서 여전히 고급 정보를 원한 것으로 보인다. 다음은 버시바우 대사와 이명박 대통령직인수위원회 핵심인물인 최시중과 현인택의 2008년 1월 17일 오찬 회동을 기록하고 있는, 미 대사관의 그 이튿날 전문 일부다.

최시중은 자신이 이 당선자의 대변인은 아니라고 말했다. 하지만 동시에 자신과 이명박 당선자가 생각을 너무나 많이 공유하고 있기 때문에 이전에 이 당선자가 자기를 인터뷰에 대신 보내기도 했다고 자랑했다. 최시중은 대통령의 형인 이상득보다 더 많은 권위로 이 당선자를 대변하고 있으며, 인수위 업무 과정에 대해 대통령의 형보다 더 분석적인 사고를 전달하고 있다. 그는 비밀을 말하면 그것은 더 이상 비밀이 아니라며, 우리에게 어떠한 비밀도 말할 수 없다고 말했다. 그러나 그는 현인택이 이명박의 대외정책 팀에서 중심적 역할을 할 것이라고 밝히면서, 아마 현인택이 초대 외교장관이 될 수도 있을 것이라고 힌트를 줬다.

비밀을 말할 수 없다고 하면서도 초대 외교장관 인선 방향을 슬쩍 흘리는 화법이 상당히 오묘하다. 이들이 만난 시점은 이명박 대통령직인수위원회가 통일부를 폐지하고 남북대화 기능을 외교부에 옮겨와 '외교통일부'를 신설하겠다는 안을 확정한 직후였다. 실제로 당시 MB 캠프의 대북대미 외교정책을 총괄해 입안한 핵심인물은 현인택이었고, 그래서 그가 통일부와 외교부가 통합된 '외교통일부'의 초대 장관으로 발탁될 가능성은 상당히 높았을 것으로 추정된다. 하지만 통일부와 외교부 통합안이 2008년 2월 야당 등의 반대로 무산되면서 최 위원장이 미국 대사에게 제공한 '힌트'는 현실로 이어지지는 않았다. 하지만 주지하는 대로 현인택 전 장관은 2009년 1월 MB정부의 두번째 통일부 장관으로 입각하게 된다.

미국 대사는 MB 최측근과의 이날 만남에서 최대한 고급 정보를 들으려 애를 썼고, 최시중 위원장은 그런 미국 대사에게 MB와 자신을 홍보하기 위해 노력했다.

최시중은 확신에 찬 어조로 이 당선자는 한국 국민들의 신뢰뿐 아니라 미국의 신뢰도 받고 있으며 미국을 절대 실망시키지 않을 것이라고 말했다. (…) 그는 이 당선자가 변화하는 상황이나 환경에 적응할 수 있는 동물과도 같은 본능을 가지고 있다고 말했다.

곳곳에 미 정보원들

미 대사관은 인사 문제뿐 아니라 주요 법안이나 정책 관련 동향도 곳곳에 심어둔 정보원들을 통해 파악했다. 미 대사관이 2010년 2월 24일 본국에 보낸 「북한인권법안은 상징적이긴 하나 법제화는 불투명하다고 국회의 정보원들이 말하다PRK HUMAN RIGHTS BILL SYMBOLIC BUT UNLIKELY TO BECOME LAW, SAY NATIONAL ASSEMBLY CONTACTS」라는 제목의 전문도 그런 경우다.

박선영 의원은 북한인권법안이 국회를 통과하지는 못할 것 같다고 아쉬워했다. 거기엔 두 가지 주요 장애요인이 있다. 첫째, 국회 법사위원회 위원장이 민주당 소속이다. 둘째, 이명박 대통령이 법을 통과시키겠다는 정치적 의지를 결여하고 있다. 박 의원은 MB가 국회 외교통상통일위원회 위원장인 박진 의원에게 인권법안을 통과시키도록 고무하고 있지만 그것은 단지 한나라당 당내 보수진영의 점수를 따기 위한 것이라고 주장했다. 또 청와대는 올해 있을지 모를 남북정상회담에 장애가 될 수도 있기 때문에 인권법안이 법제화되는 것을 실제로는 원하지 않는다고 말했다.

미 대사관은 또 정보원들을 통해서 한국 대통령의 진면목과 심중을 파악하기도 한다. 다음은 2008년 1월 18일자 전문 「이 대통령은 한국을 어떻게 바꿀 것인가?WHAT TO EXPECT: HOW WILL PRESIDENT LEE CHANGE KOREA?」 중 일부다.

많은 정보원들은 이명박 당선자가 주로 경제를 되살리겠다는 약속 때문에 당선됐고 이 약속을 지켜야 한다는 것을 당선자 자신도 알고 있겠지만, 현대 경제에서 이 당선자가 약속한 연 7%의 성장률을 달성하기는 쉽지 않다고 말했다. 그래서 이 당선자는 아마 외교 분야—특히 한미관계와 남북관계—에서의 성공을 추구할 것이다. 우리가 말한 모든 이들은 한미관계를 향상시킬 수 있는 실질적 움직임이 있을 것이라고 전망했다. 우리 임무는 우리가 이 대통령으로부터 무엇을 얻을 수 있을 것이며, 또 결과지향적인 이 대통령이 이에 대한 대가로 무엇을 원하는지를 이해하는 것이다. (…) 한미관계 향상과 한국에서의 보다 나은 경제 환경에 관해선 낙관적이지만, 일부는 이 당선자가 속으로는 인기영합주의자populist라고 경고했다. 몇몇은 4월 총선에서의 압승과 함께 이 당선자가 한국을 우파 인기영합주의rightist populism로—휴고 차베스의 보수파 버전—끌고 갈 것이라고 했다.

이명박 대통령은 2011년 들어서 "정치가 포퓰리즘에 빠지면 안 된다" "선거철 포퓰리즘이 재정안정을 해칠 수 있다"는 등의 발언을 잇달아 쏟아내면서 사회 저변의 복지 확대 요구에 대립각을 세워왔다. 하지만 아이러니하게도 미 대사관의 일부 정보원들은 대통령 당선자 시절부터 MB의 우파 포퓰리즘을 경계한 것이다.

미 대사관의 정보원들은 이명박 대통령의 대북 접근 태도도 미국측에 알려줬다. 2009년 1월 12일 작성된 미 대사관의 3급비밀 전문 내용이다.

우리의 청와대 정보원들은 Our Blue House contacts 이명박 대통령이 현재의 대북정책을 편안하게 여기고 있으며, 필요하다면 대통령 임기가 끝날 때까지 남북관계를 동결시키는 것도 준비하고 있다고 여러 차례 우리에게 말했다. 이 대통령의 보다 보수적인 참모진과 지지자들은 현재의 남북 대치를, 그것이 비록 심각한 벼랑끝 전술을 포함한다 하더라도 북한을 밀어붙이고 약화시킬 수 있는 진정한 기회로 간주하고 있다는 것이 우리 대사관의 분석이기도 하다.(강조는 인용자)

이 전문에 따르면 이명박정부는 출범 초기부터 대북 대결자세를 갖추고 있었다는 것이다. 놀라운 것은 '필요하다면'이라는 단서를 달기는 했지만 2009년 초에 벌써 임기 끝까지 남북관계를 동결할 수도 있다는 자세를 보였다는 점이다. 더구나 청와대 내부 관계자들은 대통령의 이런 대북 강경 입장을 스스럼없이 '여러 차례' 미 대사관측에 알려줬다. 미국이 한국 대통령의 대북 강경 입장을 손바닥 보듯 파악하고 있다면, 북미관계에서 한국 정부가 할 수 있는 역할이 그만큼 축소될 뿐이라는 것은 명약관화하다.

물론 우리 정부 부처 곳곳에 퍼져 있는 미국 정보원들이 미 대사관에 내부 동향을 전달한 것은 MB정부 때만의 일은 아니다. 제2차 남북정상회담 개최 일정이 발표되고 2주일 뒤 작성된 2007년 8월 21일자 미 대사관 전문은 미국이 정보원들로부터 입수한 남북정상회담 준비 관련 정보들을 다루고 있다.

우리의 통일부 정보원들MOU contacts에 따르면, 지난주 개최된 북한과의 준비회의에서 양측은 단지 운송, 언론 공동 취재, 숙박 등의 실무계획만 합의했다. 정상회담 의제는 여전히 빈 페이지로 남아 있고, '첫날, 회의 후 오찬' 정도의 내용만 채워져 있다고 한다. 우리의 통일부 정보원들은 회담 의제가 구체화되지 않을 것이라고 확신했다. 왜냐하면 회담 의제는 김정일에 달렸다고 하는 것이 북한측 준비단의 답변이기 때문이다.

또 제2차 남북정상회담이 끝난 직후인 2007년 10월 5일자 미 대사관의 전문은, 외교통상부 정보원이 남북정상회담 과정에서 외교통상부가 철저하게 배제됐고 내부 혼선도 있었다는 사실을 미국에 알려준 내용이 담겨 있다.

외교통상부가 정상회담 준비과정에서 소외됐다는 것은 분명하다. 회담 결과를 우리 대사에게 보고할 때 사전에 준비된 내용만 설명한 점도 외교통상부가 보다 핵심적인 회의에는 접근하지 못했다는 것을 보여준다. 또 다른 외교통상부 정보원들은 송민순 외교부장관이 평화체제로 가기 위한 '3자 또는 4자' 관련국이라는 용어를 반대했지만, 공식 공동선언문에 결국 그 구절이 그대로 들어가고 말았다고 말했다.

외교부 관계자, 노근리 유해발굴을 지원하지 말 것을 권고

전문에 등장하는 '정보원'들은 상당수가 미 대사관 관계자들의 요청을 받고 내부 정보를 제공하는 '수동적' 정보원들이다. 하지만 요청에 앞서 능동적으로 정보를 알려주고, 심지어 한국 국민들의 입장보다는 미국의 입장을 우선시하며 대처 방안까지 조언하는 정보원들도 적지 않다. 미 대사관이 2007년 3월 29일 작성해 본국에 보낸 「피해자 단체, 노근리 희생자 유해발굴 노력에 미국이 동참해줄 것을 요청VICTIMS' ORGANIZATION REQUESTS U.S. JOIN EFFORT TO EXHUME POSSIBLE NO GUN-RI REMAINS」이라는 제목이 붙은 3급비밀 전문은 그런 유형의 미국 '정보원'들의 실상을 잘 보여준다.

이 전문에 따르면, 당시 외교통상부 신모※ 북미2과장은 미 대사관측에 노근리피해자대책위원회가 희생자 유골발굴 작업에 나설 예정이라고 통보했다. 지자체가 매장 추정 지역을 조사한 후 그곳에 묻혀 있는 것으로 보이는 3,40명가량의 유해를 발굴하기로 결정했다는 내용이었다. 그리고 이 유해발굴 태스크포스는 노근리피해자대책위가 조직할 것이며 영동군과 경찰, 의사, 법의학 전문가 등이 참여한다고 전했다. 신 과장은 피해자대책위가 미국 정부에도 발굴 태스크포스에 참여해줄 것을 요청한 사실도 알렸다.

신 과장은 노근리피해자대책위원회가 미국 정부에 유해 발굴과 조사 작업에 참여할 전문가를 보내줄 것을 요청해왔다는 사실을 전달했다. 피해자대책위원회는 외교통상부에도 태스크포스에 참여해줄 것을 요청했다. 그러나 신 과장은 외교통상부가 발굴조사는 정치적이기보다 기술적인 이슈이기 때문에 대책위원회의 요청을 거절했다고 전했다. 또 조사의 투명성과 도덕성에 신중을 기해야 한다고 말했다. 이와 함께 그는 피해자대책위원회가 미국 정부의 지원을 요청한 진짜 동기가 의심스럽다고 솔직하게 말했다. 신 과장은 미국 정부의 태스크포스 참여가 특히 대선이 실시되는 올해에 정치적으로 이용될까 봐 우려된다고 말했다. 또 미국의 참여는 신뢰를 보장할 수 없는 조사에 신뢰를 부여하는 것이 될 수 있다고 말했다. 그러나 신 과장은 미국이 최소한의 수준에서 참여하는 것은 유가족들의 환영을 받을 수 있는, 인도적 차원의 노력으로 보일 수도 있다고 말했다. 신 과장은 만약 미국 정부가 태스크포스에 참여하기로 결정한다면, 외교통상부도 대표를 보내겠다고 말했다.

한국전쟁 때 수백 명의 민간인이 미군에 학살된 노근리 사건과 관련해 피해자 유가족 단체가 수십 년 만에 유해발굴 사업을 시작하기로 하고 미국의 참여를 요청한 데 대해 우리 외교부는 그 정치적 동기를 의심한 것이다. 더구나 한恨이라도 풀어보려는 유가족의 유해발굴 사업을 대선이라는 정치 일정과 연결시키는 놀라운 상상력도 발휘했다. 그리고 그런 의심들을 미 대사관측에 "솔직하게" 말했다고 한다. 자신들도 참여 요청을 받았으나 거절했다고 밝힌 뒤, 미국의 참여는 발굴조사에 신뢰를 부여하는 데 이용될 것이라는 우려까지 전달한다. 그러고선 만약 미국이 참여한다면, 외교통상부도 참여하겠다고 덧붙였다.

유해발굴 사업에 대한 외교통상부의 설명과 친절한 조언을 제공받은 미 대사관은 본국에 피해자대책위원회의 요청 사실을 알리고, 다음과 같은 권고사항을 타전했다.

논평 및 권고: 주한 미국 대사관은 노근리피해자대책위원회의 태스크포스에 대한 지원 제공을 미국 정부가 거절할 것을 권고한다. 주한미군사령부도 이에 동의한다. 노근리는 많은 한국인 사이에 여전히 민감하고, 매우 감정적인 주제로 남아 있다. 미국의 참여는 언론의 관심을 분명히 증가시킬

텐데, 그것이 미국의 참여를 요구한 가장 큰 이유일 것이다. (주: **외교통상부의 정보원들은**MOFAT contacts 미국 정부나 한국 정부 고위급의 참여가 없다면 태스크포스 활동과 그 발견 내용은 그다지 심각하게 받아들여지지 않을 것이라고 지적했음.) 발굴조사 보고서 내용을 결정하는 주체는 한국측 전문가나 노근리피해대책위원회가 될 것이다. 그들의 의도는 아마 고귀하겠지만, 결과가 과학적으로 적합한 것인지를 확인하거나 조사 결과물에 영향을 미칠 수 있는 기회가 전혀 없으면서 미국의 기술 전문가가 참여하는 것은 발견 내용에 정당성을 부여해줄 뿐이다. 만약 미국 정부의 지원이 고려돼야 한다고 하면 우리 대사관에서는 가능한 표시나지 않는 지원, 즉 유해 분석을 위해 멀리 떨어진 우리의 법의학 시설을 제공하는 종류와 같은 지원에 머물 것을 권고한다.(강조는 인용자)

　한국 외교통상부 내의 미국 정보원들은 노근리 유해발굴사업에 미국 정부나 한국 정부의 고위 당국자가 참여하지 않으면 그 사업 자체가 사실상 별 볼일 없어질 것이라고 미국에 조언해준 것이다. 이런 조언을 받고 미국 정부가 노근리 유해발굴사업에 선의를 가지고 참여할 리는 만무할 것이다. 이쯤 되면 이 외교통상부의 정보원들은 단순히 정보제공자의 의미인 '정보원情報源'의 수준을 넘어 간첩이나 스파이를 의미하는 '정보원情報員'이라고 불러도 무방할 것이다. 더 큰 문제는 이런 행위가 일회성에 그친 것이 아니라는 사실이다.

미국보다 더 미국적인, 한국 정보원들

'노근리'는 미 대사관이 2009년 10월 20일 작성한 「또 다른 노근리 논란이 일어날 것인가?IS ANOTHER "NO GUN RI" CONTROVERSY ON THE HORIZON?」라는 제목의 3급비밀 전문에 다시 등장한다. 전문에 따르면, 외교통상부 한미안보협력과의 박모 부과장은 2009년 10월 14일 미 대사관에 중요한 정보를 알려준다. 한국전쟁 전후 민간인 집단희생 사건 등을 조사해온 '진실화해를위한과거사정리위원회'의 조사 결과 미군 항공기 공습 등으로 인한 8건의 민간인 집단살상 사건이 확인됐다는 것이었다. 또 외교통상부측은 진실화해위가 그 8건과 관련된 조사 결과를 국방부에 보냈고, 2010년 활동기간 만료 전까지 12건의 유사한 사례를 더 조사할 것이라는 정보도 알려줬다.

문제는, 진실화해위의 이 조사 결과는 외교부 관계자가 미국에 알려준 날로부터 1년여 뒤인 2010년 12월에서야 공식적으로 공개된 정보라는 사실이다. 진실화해위는 어느 중앙정부 부처에도 소속되지 않은 독립 조사기관이다. 그런데도 외교통상부는 진실화해위의 조사 결과를 구체적으로 파악할 수 있었을 뿐 아니라, 그 내용을 미 대사관에 알려주기까지 했다. 이를 단순한 호혜적 정보교환이라고 볼 수 있을까? 이명박 정부 들어서 진실화해위의 독립성과 자율성이 크게 위축되고, 활동 방향에 이상이 감지되던 시기에 이런 정보 유출 행위까지 일어나고 있었던 것이다. 더구나 외교통상부는 이 정보를 미국측에 알려주면서, 지금 조사하고 있는 민간인 폭격 사망 사건이 제2의 노근리 사건으로 비화할 가능성도 있지만 한국 정부는 이 사건들이 의도적인 것은 아니라고 본다는 입장도 함께 전달했다.

박 부과장은 국방부로 보낸 8건을 언급하면서, 진실화해위의 증거들은 미군이 한국군을 방어하거나 지원하려고 시도했을 때 민간인들이 희생됐음을 보여준다고 했다. 그에 따르면 어린이를 포함한 민간인들이 계획적으로 살해됐다는 노근리 사건과는 달리 해당 공습들은 뜻하지 않게 민간인 희생을 초래했다는 '기본적인 이해'가 한국 정부 내에 있다고 한다.

외교통상부의 이 같은 친절한 정보제공을 접하고, 스티븐스 당시 미국 대사는 전문에다 다음과 같은 논평을 남겼다.

진실화해위 보고서에 담긴 주장들은 노근리 사건처럼 선동적이지는 않을 것으로 보인다. 이명박정부는 분노를 통제하기 위해 일할 것이다. 하지만 미국의 한국 민간인 살해 혐의는 한국에서 자극적인 이슈이고, 아마 한국 사회 내에 진실화해위 보고서를 활용하려 하는 요소들이 있을 것이다.

진실화해위는 2010년 12월 27일 한국전쟁 때 미군 공습으로 인한 민간인 집단희생사건 조사보고서를 공개했다. 외교통상부가 이미 1년여 전에 미 대사관측에 언질한 대로 대다수 사건에서 민간인 집단사망은 확인되지만, 미군의 고의성은 확인되지 않는다는 조사 결과였다. 다음은 진실화해위의 미군 폭격사건 조사보고서 가운데 일부다.

이 사건으로 사망한 사람은 모두 진평리 주민이거나 벌방리에서 피난 온 어린이들로 사망자 중 절대 다수인 70%가 13세 이하의 어린이들이었다. 또한 사망자 중 23%는 20세 이상의 부녀자로 그 다음으로 높은 비율을 차지한다. (…) 이 사건의 발생지역은 인민군이 침투한 소백산맥 인근 미군의 대게릴라전 합동수색작전지역으로, 인민군의 적정이 의심되었고, '흰 옷 입은 다수의 사람들'이 발견되었다. 이런 상황에서 '흰 옷 입은 다수의 사람들'의 존재를 발견하고 이들이 민간인인지에 대한 충분한 확인 없이 대대적인 폭격을 가하여 마을을 소각하고 민간인 집단희생을 초래하였다고 보이나 국제법 위반 여부를 확인할 수 없어 진실규명불능으로 결정되었다.(진실화해를위한과거사정리위원회, 「예천 진평리 미군폭격 사건 조사보고서」, 2010.12.27)

1950년 8월 16일 포항 북송리와 인근에 가해진 미군의 폭격으로 신원이 확인된 주민과 피난민 53명이 사망하였음을 확인하였다. (…) 미 해군은 폭격목표지점 북송리 일대에 민간인 거주마을이나 피난민 대열이 있음을 정찰을 통해 인지했을 가능성이 있다. 그러나 미군은 마을주민과 북천방 피난민 속에 인민군의 복병이 섞여 있거나 그 운반수단이 군사적으로 이용될 가능성을 우려하여, 민간인 마을과 피난민 집단을 적군 내지 적의 장비로 간주하여 직접 공격한 것으로 보인다. (진실화해를위한과거사정리위원회, 「포항 북송리 미군폭격 사건 조사보고서」, 2010.12.27)

진실화해위원회는 한국전쟁 시기인 1950년 7월~1951년 1월 말경 강원지역 일대 9개 지역에서 미 공군 및 해군 소속의 전폭기와 중폭격기에 의해 적게는 한 가족이, 많게는 수천 명에 이르는 민간인들이 사망하였음을 확인하였다. (…) 강원지역에서 발생한 미군폭격사건에 대하여 국제법 위반 가능성을 검토하였다. 그러나 해외에 소재된 사건기록과 관련문서 등을 충분히 입수하지 못하여 이들 폭격의 불법성 여부를 규명하지 못하였다. (진

실화해를위한과거사정리위원회, 「강원지역 미군폭격 사건 조사보고서」,
2010.12.27)

　스티븐스 대사는 이 사건들이 야기할 분노를 이명박정부가 적절하게 통제할 것이라고 믿었지만, 한국 사회 일부 세력이 이를 활용할지도 모른다는 일말의 우려를 표하기도 했다. 하지만 2010년 세밑에 슬그머니 공개된 민족사적 비극이 담긴 이 보고서들은 'G20 광풍'과 '국회 날치기 파동' 속에서 너무나 조용하게 기억의 저편으로 사라져갔다. 결국 미국이 우려할 만한 일은 벌어지지 않은 것이다. 그렇지만 미 대사관의 정보원들은 이 순간에도 미국과 접촉하며 미국에 도움이 될 정보를 제공하고 있을 것이다.

02

청와대도 뚫렸다

'청와대 정보원'이 가장 많아

미 대사관의 정보 수집 대상은 청와대로부터 NGO나 노동조합에 이르기까지 매우 방대하지만, 핵심 기관은 아무래도 청와대, 외교통상부, 통일부, 국방부, 국회 및 주요 정당 등이라고 볼 수 있다. 그렇다면 이 가운데 어느 기관에 소속된 정보원이 미 대사관의 외교전문에 가장 많이 등장할까?

위키리키스가 공개한 주한 미 대사관의 외교전문 1980건 전체를 대상으로 청와대 정보원Blue House contact/Blue House source, 외교통상부 정보원MOFAT contact/MOFAT source, 통일부 정보원MOU contact/MOU source 등 소속 기관이 나오는 정보원들을 검색해봤다. 그 결과 '청와대 정보원'이 등장하는 전문이 18건으로 가장 많이 나왔다. 이어 국회 정보원이 나오는 전문이 14건, 외교통상부와 통일부 정보원이 등장하는 전문이 각각 13건, 국방부 정보원은 6건 등으로 집계됐다. 청와대는 최고 권부이고 고도의 보안이 요구되는 기관인 만큼 '정보원'으로 지목되는 내부 직원이

타 기관에 비해서는 적을 것으로 예상했지만 이처럼 실상은 전혀 달랐다.

행정안전부 자료를 보면, 청와대의 2010년도 정보공개청구 건수 대비 정보공개율은 5.9%에 불과했다. 시민들이 정보공개법에 따라 청와대에 정보 공개를 신청하면 100건 중 6건 정도만 공개되는 셈이다. 전체 중앙부처의 평균 공개율 50.9%에 비해 터무니없이 낮은 수치다.(조선일보, 2011.4.25) 청와대가 지나치게 폐쇄적이고 권위적이라는 소리를 듣는 이유 가운데 하나다. 이런 청와대가 미국 대사관과의 접촉에서는 정보를 줄줄 제공하는 면모를 보인 것이다.

'청와대 정보원'이라는 검색어로만 모두 18건의 전문이 집계됐지만, 실제로 청와대에 심어둔 정보원이 특정 정보의 출처로 나와 있는 미국 외교전문은 이보다 훨씬 더 많다. 예를 들어 "청와대 내부에 대한 통찰을 제공해주는 가치 있는 정보원a valued contact who provided us insights into Blue House"이라는 식으로 적혀 있는 전문들도 있기 때문이다.

이제 이 '청와대 정보원'들이 과연 어떤 정보를 미국 대사관에 제공했는지 구체적으로 살펴보자. 먼저 "청와대 내부에 대한 통찰을 제공해주는 가치 있는 정보원"은 어느 정도의 정보를 전달했기에 미 대사관으로부터 이 정도의 수식어를 부여받았을까?

2007년 9월 7일, 노무현 대통령은 호주 시드니에서 열린 제15차 아시아태평양경제협력체APEC 정상회의에 참석해 조지 부시 미국 대통령과 정상회담을 갖고 북핵문제 해결 방안 등을 논의했다. 그런데 정상회담 사흘 전인 9월 4일 미 대사관 경제참사관이 청와대 경제정책담당 김승호 비서관을 만나 FTA와 쇠고기 시장 개방 등과 관련한 청와대의 입장을 탐문했다. 미 대사관은 김 비서관과의 대화 내용을 회동 당일 바로 본국에 타전했다. 다음은 그 전문의 첫 대목이다.

> 9월 4일, 우리 대사관 직원은 청와대 경제정책 비서관 김승호(**절대 보호 요**
> **망**strictly protect)를 다시 만났다. 그는 이번 주 열리는 APEC 경제 정상회의
> 를 위해 노무현 대통령의 경제 분야 브리핑 자료를 준비하는 책임자이다.
> 김 비서관은 앞선 만남에서도 한미 FTA와 쇠고기 이슈와 관련해 **우리에게**
> **청와대가 무슨 생각을 하고 있는지에 대해 통찰력을 제공한 가치 있는 정보**
> **원이다**Kim is a valued contact who provided us insights into Blue House thinking.
> (강조는 인용자)

특이한 것은, 미 대사관이 이 전문을 보는 이들에게 정보 출처를 '철
저하게 보호해줄strictly protected' 것을 명시한 점이다. 이 전문에 담긴 정
보의 누설자인 김승호 비서관이 외부로 노출돼서는 절대 안 된다는 뜻
이다. 또 하나 주목할 것은 김 비서관이 이미 이전에도 청와대의 생각을
미국측에 제공한 적이 있다는 대목이다. 이는 미 대사관 관계자와 그가
수시로 접촉했다는 것을 보여준다. 전문에 따르면, 이날 만남에서도 김
비서관은 시드니 한미 정상회담 관련 청와대 내부 전략을 미국에 소상
히 알려준다.

김 비서관은 노무현 대통령이 9월 7일 한미 정상회담에서 부시 대통령에게
한국은 쇠고기 문제에 대한 미국의 관심사항을 다룰 준비가 돼 있다고 말할
것이라고 했다. 김 비서관은 또 노 대통령이 뼈가 포함된 미국산 쇠고기와
관련한 '예상 질문 대응 논점if-asked talking point'을 갖고 있다고 말했다. 이는

만약 미국이, 한국이 모든 월령, 모든 부위의 미국산 쇠고기를 수입할 수 있도록 쇠고기 수입위생조건을 바꾸기를 원한다면, "제발 한국의 이웃 국가인 일본과 대만도 그와 똑같은 조건으로 해주시오"라고 말하는 것이라고 했다.

청와대는 시드니 APEC 정상회담에서 부시 대통령이 미국산 쇠고기 시장 전면 개방을 요구할 것에 대비해 대응전략을 세웠을 것이다. 즉, 당시 우리보다 더 엄격하게 미국산 쇠고기 수입을 규제했던 일본이나 대만이 미국산 쇠고기 수입을 전면 허용한다면 우리도 그렇게 해보겠다는 답변을 준비한 것이다. 그런데 충격적이게도 청와대의 담당 비서관이 사전에 그런 대응전략을 미국 대사관에 털어놓은 것이다. 작전 계획을 사전에 상대에게 누설한 셈이다. 게다가 한미 FTA 비준안이 현재 노무현 대통령 책상 위에 있는데, 아마 "오늘 중 대통령의 재가가 나고 9월 6,7일경 국회로 보내질 것"이라며 대통령의 결재 동향까지도 세세하게 알려줬다. 또 국회의 비준 시기와 관련한 청와대의 생각도 전했다.

김 비서관은 청와대가 이번 국회 회기 중 FTA 비준을 계속 시도할 것인데 12월에 대선이 있기 때문에 11월 말까지 처리하는 것이 이상적이라고 했다. 두번째 시나리오는 대선 이후부터 새 대통령 취임일인 2008년 2월 26일 사이에 하는 것이다. 김 비서관은 청와대가 아직 타이밍을 저울질하고 있지만 비준 투표를 대선 후로 미루는 것이 정치적 관점에서 바람직한 것인지 여부를 결정해야만 한다고 했다. 그러나 노무현 대통령은 FTA가 후임 대통령이 아니라 자신의 업적이라는 것을 확실히 하기 위해 이번 회기 내 FTA 비준을 원한다고 김 비서관은 강조했다.

미 대사관은 이처럼 청와대 내의 '가치 있는 정보원a valued contact'들을 통해 청와대가 어떻게 돌아가고 있는지를 상세하게 파악하고 있다.

노출된 남북회담 비선조직

그런데 공교롭게도 청와대의 경제정책 비서관이 미 대사관 경제참사관에게 청와대 내부의 '생각'을 털어놓던 바로 그날, 청와대의 통일안보전략 비서관은 미 대사관 정무담당관을 만나 또 다른 비밀 정보를 제공하고 있었다. 한 달 전인 2007년 8월 8일 발표됐던 제2차 남북정상회담의 성사 배경과 관련된 은밀한 얘기였다. 2007년 9월 5일 본국에 보내진 3급비밀 전문 「남북정상회담: 어떻게 성사됐나?North-south Summit: How It Came About?」에는 두 사람의 대화가 이렇게 기록되어 있다.

9월 4일 미국 부대사 직무대행 조지프 윤과의 저녁 회동에서 박선원 청와대 통일안보전략 비서관은 노무현정부가 지난 수년간 남북정상회담을 추구해왔다고 말했다. 박 비서관 자신과 이종석 당시 청와대 국가안보보좌관, 국정원 간부 서훈 등으로 구성된 소규모 전권全權 그룹이 4년 전 청와대 내에 처음 꾸려졌다고 했다. 첫번째 접근은 2005년 정동영 당시 통일부 장관이 평양을 방문해 김정일을 만났을 때 이뤄졌다. 정 장관이 김정일 위원장에게 2000년 1차 남북정상회담 때 남한에 답방하겠다던 약속을 상기시켜줬지만 김 위원장의 반응은 미적지근했다고 했다.

박선원 비서관은 미 대사관측에, 2006년 청와대 통일외교안보정책실장으로 송민순이 오면서 남북정상회담 구상이 보류됐다고 털어났다.

당시 송 실장은 북한 비핵화에 먼저 진전이 있어야 하고, 또 남북정상회담은 워싱턴과의 협조 아래 준비돼야만 한다는 입장이었다고 한다. 그러나 송 실장이 외교통상부 장관으로 나간 뒤, 후임으로 백종천 통일외교안보정책실장이 임명되면서 2007년 5월 다시 남북정상회담이 추진되기 시작했다는 것이다. 박 비서관은 청와대에서 자신과 백 실장, 그리고 국정원 김만복 원장과 서훈이 함께 비선秘線 조직을 구성했고, 김 원장이 자신의 평양측 상대인 김양건에게 정상회담을 요청하는 서한을 보냈다고 밝혔다. 전문은 2007년 8월 8일 남북정상회담 개최 합의 발표 때까지 외교부·국방부·통일부 장관도 그 사실을 몰랐다는 박 비서관의 말도 전하고 있다.

박 비서관은 비선조직 내 누구도 북한으로부터 긍정적 반응이 올 것이라 기대하지는 않았고, 자신과 백 실장이 아프간 인질 석방 협상을 위해 그 당시 아프가니스탄에 간 것도 그 때문이었다고 말했다. 정상회담일 합의에는 시간이 좀 걸렸다. 처음에 한국은 7월을 제안했는데, 북한은 너무 이르다고 했다. 8월 6일 마침내 북측이 8월 말 정상회담을 개최하는 데 동의했다. 한국 정부 내 모든 고위 관리들은 8월 8일 남북 정상이 만나기로 합의했다는 발표가 나기 전까지는 아무도 그 사실을 몰랐다. 박 비서관은 외교통상부 장관, 국방부 장관, 통일부 장관도 사전에 그것을 몰랐다고 말했다.

2007년 8월 말 개최하기로 합의됐던 제2차 남북정상회담은 북한의 수해로 인해 그해 10월 초로 연기됐다. 청와대는 왜 남북정상회담이 열리지도 않은 상황에서 미국에 그 성사 과정을 속속들이 전달했을까? 박선원은 2011년 10월 6일 국회 외교통상통일위원회 국정감사 증인으로 나와 자신과 미 대사관의 조지프 윤 사이에 오간 대화를 기록한 이 전문 내용은 전부 사실이라고 확인했다. 그리고 시드니에서 개최될 예정인 한미 정상회담을 앞두고 미국에 추진 경과를 설명하라는 노무현 대통령의 지시가 있었다고 밝혔다. 미 대사관 관계자를 만나 발표 당일까지 관련 부처 장관들에게 남북정상회담 합의 사실을 알리지 않았다고 말한 것은, 우리 정부 내에서도 철저한 보안에 부쳐졌기 때문에 미국에 관련 사실을 사전에 충분히 통보하지 않았다는 점을 강조하기 위해서였다고 해명했다.

미국의 눈치를 보지 않을 수 없는 청와대의 입장에서 이런 배경 설명은 아마 불가피했을 것이다. 하지만 청와대 내 비선조직 구성과 그 인적 사항 등 구체적인 내용까지 속속들이 미국에 전달해야만 할 필요가 있었는지는 여전히 의문이다. 더구나 위키리크스가 이 전문을 공개하기 전까지 우리 국민들은 이런 사정을 까맣게 모르고 있었다. 미 대사관은 박선원과 조지프 윤의 대화를 담은 전문의 요약 부분에서 2차 남북정상회담을 이렇게 전망하고 있었다.

> 노무현 대통령에게 김정일과의 대화는 중요한 목표다. 그것을 넘어 군사적 긴장 완화를 위한 상징적 조치와 북한 비핵화에 대해 진전을 이루는 것은 제한적일 것이다. 경제와 재정 분야의 약속은, **우리 청와대 정보원**our Blue House contact**에 의하면** 국회의 동의를 얻어야 하기 때문에 매우 제한적일 것이다.(강조는 인용자)

미지의 그 '청와대 정보원'은 남북정상회담 개최 훨씬 전부터 회담 성과가 제한적일 것이라는 의견을 미국에 전달한 모양이다.

대통령 연설 내용도 사전에 입수

청와대 안에서 벌어진 일이 꼭 청와대 내부 관계자에 의해 유출되는 것만은 아니다. 대통령이 주재한 비공개 간담회를 참석자가 유출하기도 하고, 대통령의 연설문이 사전에 미국 대사관에 들어가기도 한다. 2007년 1월 24일에 미 대사관은 「노무현 대통령의 신년연설, 국내 문제에 초점ROH'S NEW YEAR ADDRESS FOCUSES ON DOMESTIC ISSUES」이라는 3급비밀 전문을 작성해, 하루 전 있었던 노 대통령의 신년연설 내용을 집중 분석하고 연설에 대한 각계 반응을 담아 본국에 보냈다. 미 대사관은 특히 노 대통령이 당초 준비된 연설 원고에 들어 있었던 한미동맹과 남북정상회담 관련 부분을 TV로 생중계된 실제 연설에서는 빼버린 사실에 주목했다.

노 대통령은 준비된 텍스트의 중요한 부분을 빠트렸다. 1월 23일 노 대통령의 연설이 있기 전에, 외교통상부 북미1과장은 한미관계는 건강하고, 활기차며, 미래지향적으로 발전하고 있지만, 한국은 자신의 힘과 독립적 방어를 기초로 안보정책을 추구해야 한다는 내용이 연설문에 들어 있다고 우리에게 말했다.

연설문 원고에는 전시작전권 환수와 남북정상회담에 대한 언급도 들어 있었지만 실제 연설에서는 빠졌다며, 미 대사관은 한미동맹과 관련해 노 대통령이 빠트린 부분을 다음과 같이 전문에 그대로 실어 본국에 보고했다.

우리가 **다른 정보원**a different source으로부터 받은 사전 준비된 연설 원고는 다음과 같은 구절을 포함하고 있다. "남의 나라 군대를 최전방에 배치해 놓고 '인계철선'이라고 부르는 것은 자주국가의 자세도 아니고 우방에 대한 도리도 아닙니다. 현실의 의존보다 심리적 의존이 더 큰 문제입니다. 미국이 없으면 스스로를 지킬 수 없다는 생각이 지배하니 주한미군 철수 말만 나오면 온 나라가 혼란에 빠지고 정쟁이 생기고, 주한미군 사령관의 한마디가 온 나라 언론을 장식하는 사태가 생기는 것입니다. 미 2사단의 후방 배치, 주한미군의 일부 감축을 이의 없이 받아들이고 작전통제권을 돌려받기로 한 것은 이러한 의존상태를 조금씩 줄여나가자는 뜻입니다." 연설문은 계속된다. "주도적인 작전통제권은 자주국가의 당연한 권리입니다. 그러나 자주국가로서의 체면 문제에 그치는 것이 아니라, 국민의 안전과 미래의 대북관계, 동북아 외교에 큰 영향을 미칠 수 있는 실질적인 문제이기도 합니다. 참여정부의 안보정책은 미래를 내다보고 가고 있습니다. 남북관계와 한미동맹이라는 현재의 좁은 틀이 아니라, 중·일 관계의 변화를 포함한 미래의 동북아 질서를 내다보면서, 현재와 미래의 안보를 조화롭게 하려고 노력하고 있습니다. 그러자면 이른바 균형외교가 필요합니다. 그리고 동북아의 다자 간 안보체제라는 비전을 가지고 가고 있습니다. 그리고 우리는 9·19선언과 한미 정상회담에서 이 원칙을 확인한 바 있습니다.(주: 일부 현지 언론은 사전 배포된 원고를 마치 노 대통령이 연설한 것처럼 인용 보도했음. 실제, 노 대통령은 한미동맹과 전시작전통제권, 남북정상회담에 대

한 전망 등은 언급하지 않았음)

대통령의 신년연설문은 기사화나 TV 중계 편의 등을 위해 엠바고 조건으로 언론에 사전 배포된다. 미국 대사관도 언론 못지않게 외교통상부 북미국과 '또 다른 정보원'으로부터 이중으로 대통령의 연설 내용을 사전에 입수하고 있다는 걸 알 수 있다. 특히 한미동맹 등 자신들과 관련된 부분은 노 대통령이 실제 연설에서는 뺐음에도 불구하고 원고를 그대로 번역해 자국에 보냈다. 미 대사관이 그물처럼 쳐놓은 정보망을 통해 얼마나 꼼꼼하게 한국 상황을 챙기고 있는지를 잘 보여주는 사례라 할 수 있다. 이제 또 다른 유출 사례를 하나 살펴보자.

미 대사관 손에 들어간 노무현의 비공개 녹취록

2006년 8월 19일 작성된 미 대사관의 「노무현 대통령의 전시작전통제권, 북한, 미국, 국내 정치에 대한 비공식 코멘트PRESIDENT ROH'S INFORMAL COMMENTS ON OPCON, NORTH KOREA, USG, AND DOMESTIC POLITICS」라는 3급 비밀 전문을 한번 보자. 엿새 전인 8월 13일 노무현 대통령이 4개 신문사 간부들을 청와대에 초청해 나눈 대화가 이 전문에 그대로 담겨 있다. 당시 노 대통령은 상당히 민감한 얘기를 거침없이 던졌지만, 비공개를 전제로 한 것이었다. 미 대사관은 어떻게 간담회 내용을 고스란히 파악할 수 있었을까?

8월 13일 노무현 대통령은 한겨레, 경향신문, 서울신문 등 노무현정부에 우호적인 것으로 간주되는 몇몇 신문사 간부들을 만찬에 초청했다. 저녁을

들며 노 대통령은 전시작전통제권, 한미동맹, 북한, FTA, 국내 정치 등 여러 이슈들에 대해 솔직하게 견해를 피력했다. 한국에는 오프 더 레코드 따위는 없다. 특히 언론인들이 개입될 때는 더 그렇다. 다음 녹취록은 만찬에 참가한 한 언론사 간부로부터 입수한 것이다.

대통령이 주재한 비공개 간담회의 녹취록을 언론사 간부로부터 입수해 그대로 본국에 보고하면서도, 한국 언론인들에게 '오프 더 레코드' 따위는 없다고 조롱하는 대목에서 이중적 태도가 엿보인다. 특히 이 전문은, "한국군은 북한이 아닌 일본과 중국에 대응하는 것을 겨냥하고 있다"는 말을 해서 듣는 이들을 놀라게 했다고 노 대통령의 발언을 다소 곡해하는 논평을 남기기도 했다. 위키리크스에서 이 전문이 공개되자, 일부 국내 언론은 이 같은 논평을 인용하면서 노 대통령이 주적을 북한이 아닌 일본과 중국으로 삼았다고 보도하기도 했다. 하지만 이 전문에 전재되어 있는 녹취록을 보더라도, 노 대통령의 말은 일본 수준으로 군사력을 증강해야 한다는 맥락에서 나온 것이었다. 다음은 전문에서 '주적主敵 논란'을 일으킨 노 대통령의 발언이다.

우리는 전시작전통제권과 관련해 미국과의 논의를 연기해서는 안 된다. 전시작전통제권 환수에 대한 비판자들은 한국군의 역량 문제에 대해 의문을 제기한다. 하지만 우리는 북한이 아니라 일본과 중국에 대응하는 준비된 방어 태세를 갖출 수 있도록 한국군의 군사적 역량을 향상시키기 위해 노력해야 한다. 국방부는 일본이 갖고 있는 국방장비 수준을 갖춰야 할 필요가 절실하다. 대북 억지력을 이야기하는 것은 전시작전통제권 환수 문제의 핵심을 놓치는 것이다. 전시작전통제권 환수 뒤에도 국방의 공백은 없다.

이처럼 문제가 된 노 대통령의 발언은 전시작전통제권 환수의 당위성을 강조하던 와중에 나온 것이었다. 전작권을 환수해 오더라도 대북 억지력에는 문제가 없으며, 오히려 일본 수준으로 군사력을 강화할 필요가 있다는 데 방점을 둔 언급이었다.

전문에 인용된 녹취록에 따르면, 노 대통령은 이날 간담회에서 미국을 자극할 수도 있는 말을 거침없이 했다. "미국은 김정일정권의 붕괴를 초래하려고 시도한다. 그래서 우리 입장을 전달하기 힘들다. 반면 북한은 고집스럽다. 한국은 그 중간에 끼어 있다"며 미국과 북한 사이에서의 고민을 토로했다. 또 "북한은 인도의 경우와 비슷한 사례다. 나는 (북한의 핵무기 보유는 허용이 되지 않는데) 인도가 핵무기를 보유하는 것은 허용되는 것을 이해할 수 없다"고 했다. 미국이 북한을 악랄한 정권으로 보고 있으며, 북한을 문명화시키려고 노력하는 것처럼 보인다고 주장하기도 했다. 미국이 북한을 공정하게 대하지 않는다고 하면서 "안보문제와 관련해 부시 행정부와 이야기하는 것은 힘들다. 최근 이스라엘에 대한 미국의 태도를 보면 그 점을 더욱 확신하게 된다"라는 말도 했다. 노 대통령은 이른바 조·중·동 등 보수신문에 대한 반감도 노골적으로 드러냈다.

조선, 중앙, 동아(발행 부수 상위 3대 신문)는 모두 나를 끌어내리려 노력한다. 언론은 국민들의 힘을 반영해야 하는데, 이 세 신문은 정치권력과 동일한 말이 돼가고 있다. 언론이 국민들의 힘을 반영하기 위해선 넓은 마음을 지녀야 할 필요가 있다. 그러나 이 세 신문은 이런 원칙을 따르지 않는다. (…) 나는 내 지지율이 함께 떨어지더라도 반드시 이 세 신문의 영향력을 떨어트릴 것이다. 이것은 내 후임 대통령에게는 더 좋은 일이 될 것이다.

그런데 미 대사관과 마찬가지로 이 간담회에 참석하지 않고도 간담회 내용을 알아내 보도한 신문이 하나 있었다. 『문화일보』는 미 대사관이 본국에 보고하기 하루 전인 2006년 8월 18일, 1면과 8면에 각각 「"남은 임기엔 개혁보다 관리"」, 「"아무도 내 말 안 듣는다"」라는 제목으로 간담회 내용을 크게 보도했다. 하지만 기사가 다룬 내용은 전체 대화 가운데 국내 정치와 관련된 극히 일부분이었고, 그것마저 전문 내용과 비교해보면 뉘앙스에서 많은 차이가 난다. 『문화일보』는 미 대사관이 입수한 녹취록과는 다른 녹취록 혹은 참석자의 전언을 토대로 기사를 쓴 것으로 보인다. 특히 간담회 때 노 대통령의 발언에는 기사로 나온 것보다 훨씬 휘발성 높은 내용이 수두룩했지만 이것들은 전혀 기사화가 되지 않은 점에서도 그렇다.

당시 『문화일보』 기사가 논란을 빚자 청와대측과 간담회에 참석했던 언론사 간부들은 문제의 기사가 노 대통령의 발언을 왜곡 또는 과장했다고 주장했다. 또 간담회 참석자들은 아무도 대통령 발언을 메모를 하지 않았고, 청와대 연설기획 비서관만 컴퓨터로 발언록을 작성했다고 해명하기도 했다. 하지만 앞서 봤듯이 미 대사관은 전문 서두에서 녹취록을 간담회에 참석한 언론인으로부터 받았다고 적시하고 있다. 녹취록이 어떻게 작성됐고, 어떤 과정으로 미 대사관의 손에 들어갔는지는 불분명하다. 하지만 확실한 것은 『문화일보』 기사가 대통령 발언 유출과 왜곡 보도 파문을 일으킬 때 미 대사관은 이미 노 대통령의 비공개 간담회 발언을 담은 풀버전의 녹취록을 입수해 고스란히 워싱턴에 보고 했다는 것이다.

03

론스타, 미국 대사
그리고 금융위원장

'론스타' 고비마다 청와대 찾는 부시

외환은행 최대주주인 사모펀드 '론스타Lone Star'와 조지 W. 부시 전 미국 대통령은 어떤 관계일까? 2011년 11월 18일 금융위원회는 론스타에 외환은행 지분 강제매각 명령을 내렸다. 론스타가 10월 6일 대법원에서 외환카드 주가조작 사건 유죄 판결을 받고 대주주 자격을 박탈당하면서, 은행법에 따라 지분 강제매각 절차에 들어간 것이다. 그런데 그 즈음에 부시 전 미국 대통령이 한국에 왔었다. 부시는 11월 7일 청와대를 방문해 이명박 대통령을 만났는데, 공교롭게 그 다음날인 11월 8일 론스타가 '금융위원회의 강제매각 명령을 받아들이되 매각 이행기간으로 6개월을 요구했다'는 소식이 전해졌다. 그러면서 금융위원회가 중요한 결정을 내릴 때마다 부시가 한국에 온다는 의혹이 제기됐다.

본래 강제매각 방법으로는 '조건 없는 매각'과 '징벌적 매각'이 있다. 전자의 경우, 론스타는 이미 하나은행과 맺은 계약대로 경영권 프리미엄을 붙여 외환은행 지분을 하나은행에 매각할 수 있다. 그러나 징벌적 매각은 장 내에서 시가로 지분을 매각하도록 조건을 붙이는 것이다. 이 경우 경영권 프리미엄을 챙길 수 없기 때문에 징벌적 매각이라고 한다. 금융위는 예정된 수순대로 조건 없는 강제 매각을 결정했다. 그러면서 론스타를 둘러싼 이른바 '먹튀' 논란이 다시 불거졌다.

이 과정에 청와대의 입김이 개입됐고, 또 그 배후에는 부시의 청와대 방문이 있었다는 의혹이 제기된 것이다. 부시 전 대통령은 2011년 3월 28일에도 한국에 와서 비공개로 청와대를 방문했다. 만약 대법원이 외환은행 주가조작 유죄 판결을 내리지 않았더라면 금융위원회가 외환은행 매각결정을 내리려던 시점이었다. 론스타는 공교롭게도 부시의 고향인 텍사스를 기반으로 하는 사모펀드이다. 또 론스타의 주요 투자자로 알려진 베스 형제는 부시 일가의 최대 재정후원자며, 아버지 부시 대통령 시절 국무장관이었던 제임스 베이커가 경영하는 미국 로펌이 론스타의 법률자문을 맡고 있다고 한다. 물론 확실한 물증은 없지만, 이런 정황들로 볼 때 부시 전 미국 대통령이 론스타 펀드와 모종의 관계가 있을 것이라는 추측은 해볼 수 있다.

미 대사관의 론스타 챙기기

그러나 한편으로 필자는, 위키리크스가 공개한 외교전문을 통해 미국 대사관이 한국 정부를 상대로 론스타의 '먹튀'를 위해 집요하게 로비를 벌였다는 사실을 확인했다. 또 론스타가 외환은행 지분 매각 승인과 관련해서 미국 정부에 도움을 요청한 사실도 드러났다. 위키리크스가 공개한 주한 미 대사관의 전문 파일엔 모두 두 건의 론스타 관련 전문이 검색된다. 이 가운데 미 대사관이 2007년 9월 5일 본국에 보낸 3급비밀

문서는 그 이틀 전에 체결된 론스타와 홍콩상하이은행HSBC 사이의 외환은행 지분 매각 계약을 다루고 있다.

여기엔 론스타가 외환은행 지분 51%를 63억 달러에 HSBC에 매각하는 계약을 체결했는데, 이는 주식시장 시가에서 24%가량의 프리미엄이 붙은 가격이라는 내용이 들어 있다. 또 이 계약으로 론스타는 막대한 이익을 확보하게 됐다고 평가하고 있다. 그리고 이 계약 승인과 관련해 론스타가 곧 미국 정부의 도움을 요청할 것이라는 외환은행장 로버트 웨커의 말도 전하고 있다. 금융위원회가 외환은행 지분 매각 계약을 승인하도록 미국 정부가 금융위원회를 좀 설득해달라는 것이었다. 그리고 전문 말미의 논평에서 "우리는 론스타의 공식적인 지원 요청을 모두 워싱턴에 전달할 것"이라고 명시해 론스타의 지원 요청에 적극 협조할 것임을 분명히 했다.

실제로 2008년 7월 25일자 미 대사관의 전문에는, 버시바우 대사가 론스타의 외환은행 매각과 관련해 박병원 청와대 경제수석, 사공일 국가경쟁력위원장, 김종훈 통상교섭본부장 등을 차례로 만난 사실이 기록되어 있다. 버시바우 대사는 이들에게 론스타와 HSBC 간의 계약이 무산될 경우 외국 투자자들 사이에 한국의 이미지가 훼손될 수 있다는 우려를 전달했다고 한다. 미 대사관이 론스타의 부탁에 부응해 우리 정부 고위 관계자들을 상대로 광범위한 로비를 펼친 것이다.

「론스타, 은행 민영화, 금융규제 완화에 대한 금융위원장의 견해FSC CHAIRMAN ON LONE STAR, BANK PRIVATIZATION AND FINANCIAL DEREGULATION」라는 제목의 이 전문은 7월 24일에 전광우 금융위원장과 버시바우 대사가 제목에 언급된 세 가지 주제에 대해 나눈 대화를 상세하게 기록하고 있다. 먼저 전광우 위원장은 자신을 찾아온 버시바우 대사에게 "방문에 대한 선물this is the gift for your visit"이라며, "금융위가 그 주 안에 HSBC의 외환은행 대주주 지분 취득 자격에 대한 심사 착수 방침을 발표할 것"이라고 말했다고 한다. 전 위원장은 또 론스타 문제를 "건설적인 방향으로 헤쳐 나가길 원하고 있고, 아직 최종 결정은 나지 않았지만 7월 31일 안에 승인 심사에 착수할 것이며, 이미 이와 관련해 론스타 및 HSBC측과 접촉하고 있다"고 말했다는 것이다. 한국 금융감독 부서의 수장이 론스타에 대한 내부 방침을 미국 대사에게 '선물'이라며 미리 발설해버린 것이다.

또, 전 위원장은 "이 문제의 민감성 때문에 한국 정부 내에 이견이 있긴 하지만 자신은 이것이 국가와 경제를 위해 바른 길이기 때문에 앞으로 밀고 나가겠으며, 일부가 우려하고는 있지만 한국 정부 내에도 승인 심사 절차를 오래 끌면 안 된다는 견해가 다수"라고 말했다고 한다. 그러면서 "이 소식이 버시바우 대사에겐 고무적인 뉴스이겠지만 자신에겐 타격이 될 것이라며, 승인심사 착수 결정을 아직 발표하지 않은 만큼 자신의 발언에 대해 보안을 유지해줄 것을 요청했다"고 한다.

금융감독위원회는 실제로 버시바우 대사와 전 위원장의 회동 다음날 론스타와 HSBC의 외환은행 매매계약과 관련해 HSBC측의 외환은행 주식한도 초과보유 승인심사 절차에 들어간다고 공식 발표했다. 이는 '법적 불확실성'(당시 진행중이던 외환은행 헐값 매각과 외환카드 주가조작 사건 재판의 향방)이 해소되지 않는 한 승인심사를 보류할 수밖에 없다던 금융위의 기존 방침을 뒤집은 것이어서 정부가 사실상 외환은행 매각을 승인하기로 했다는 전망이 나왔고, 이 같은 입장 번복을 둘러싸고 여러 추측도 일었다.

미국 대사와 금융위원장의 PR 훈수

미국 대사와 한국 금융위원장은 론스타가 PR 노력을 좀 더 기울여야한다는 데도 뜻을 같이했다. 전문에 따르면, 버시바우 대사와의 회동에서 전 위원장은 외환은행 헐값 매각 사건은 론스타와 상관이 없는데도한국 국민들 사이에선 론스타에 대한 부정적인 인식이 여전히 존재한다고 운을 뗐다. 그래서 국민들이 론스타 문제를 올바른 맥락에서 이해하고 나아가 외환은행 매각을 받아들일 수 있도록 하기 위해서는 적극적인 PR 활동이 필요하다는 것이다. 전 위원장은 론스타측이 PR 활동을적극적으로 전개해나가도록 버시바우 대사가 권장해달라고 당부하기까지 했다.

전문에 기록된 두 사람의 대화를 읽다 보면, 우리나라 금융위원회 위원장이 한국의 금융 감독·규제기관의 수장인지 아니면 외국 투기자본의 자문역인지 헷갈릴 정도다. 미국 대사도 미국을 대표하는 외교관인지, 사모펀드의 로비스트인지 구분이 가질 않는다. 버시바우 대사는 심지어 금융위원회의 외환은행 매각 승인심사 결과를 언제 발표하는 게좋겠다고 이렇게 시기까지 제안한다.

버시바우 대사는 이번 매각 승인 건의 민감성을 이해한다고 말했다. 그는모든 신문이 휴간하는 9월 중순의 추석 연휴 전날에, 즉 언론 휴일 직전에한국 정부가 최종 결정안을 발표하는 계획을 세울 것을 제안했다.

'먹튀' 논란을 최대한 줄이기 위해 추석 연휴 직전에 결과를 발표하자는 버시바우 대사의 '꼼수'가 보통이 아니다. 이처럼 미 대사관은 론스타의 순조로운 외환은행 지분 매각을 돕기 위해 한국 정부를 상대로 적극적인 로비를 펼쳤다. 금융위원회도 기존 입장을 뒤집고 사실상 론스타와 HSBC의 계약을 승인하는 수순을 밟았다. 그래도 비난 여론은 걱정되었던지 PR을 강화한다는 대책도 세웠다. 하지만 버시바우 대사와 전광우 위원장이 만나고 불과 한 달여 뒤인 9월 19일 HSBC는 돌연 외환은행 인수 포기를 선언했다. 미국발 '서브프라임 모기지 부실 사태'로 갑자기 전세계에 불어닥친 금융위기 때문에 당초 계약한 63억 달러라는 인수 가격이 너무 부담스러워졌기 때문으로 추정됐다.

'강제매각' 오래전부터 기다렸다

미 대사관의 이 전문들에서는 또 하나 매우 흥미로운 사실이 발견된다. 버시바우 대사와 전광우 금융위원장의 대화록 중 이런 대목이 있다. 버시바우 대사가, "만약 자기자본비율BIS 사건(외환은행 헐값매각 재판을 말함—인용자)에서 론스타가 유죄 판결을 받는다면 외환은행 지분 매각(또 대중들의 감정)은 어떻게 되겠느냐고 묻자 전 위원장이 웃으면서 우리가 할 수 있는 최악의 규제가 바로 그들이 우리가 하기를 원하는 것"이라고 대답한다. 이 말의 의미에 대해 버시바우 대사는 외환은행 지분 매각을 명령하는 것이라고 설명을 달았다. 유죄 판결이 나더라도 최악의 경우가 지분 매각 명령인데, 그것도 론스타 입장에서는 나쁠 것이 없다는 의미다.

이런 입장은 2007년 9월 5일자 미국 전문에서 보다 분명하게 드러난

론스타의 천문학적인 '먹튀' 시도의 배후에는 미 대사관의 지원과 조언이 있었다. 투기자본의 자문역도 마다않은 셈이다. (경향신문 2011년 11월 19일자)

다. 당시 미 대사관측과 만난 외환은행 웨커 행장은, 현재 계류중인 형사재판과 론스타에 대한 금융위원회의 대주주 적격성 심사가 론스타 펀드의 외환은행 인수나 지분 매각 등에는 아무 영향을 줄 수 없다고 주장했다. 그런 결정들은 단지 론스타로 하여금 6개월 안에 외환은행 보유 지분을 처분하도록 강제할 수 있을 뿐이며, 그 일은 론스타가 지금이라도 기꺼이 하기를 원하는 것이라고 말했다. 론스타측은 이미 오래전부터 외환은행 헐값 매각 사건이나 외환카드 주가조작 사건 재판에서 유죄 판결을 받더라도 최악의 경우 6개월 내 지분 강제매각 명령이 내려질 것이고, 그럴 경우 오히려 빨리 지분을 처분해 차익을 실현할 수 있다고 생각한 것이다.

그리고 4년 뒤 상황은 론스타가 예상했던, 그리고 원했던 그대로 됐다. 주가조작 사건에서 유죄가 확정됐지만, 집행유예인데다 벌금만 조금 내면 끝이다. 대신 대주주 자격을 상실하게 돼 주식 매각 명령을 받았다. 이는 론스타 입장에서 오래전부터 바라던 바였다. 더구나 지난해 외환은행 지분을 높은 프리미엄을 얹어 매각하기로 하나금융지주와 계약까지 맺어둔 상태니 금상첨화라고 할 수 있다. 결국 유죄 확정과 지분 매각 결정은 우리 사법, 금융 시스템이 울고 싶은 론스타의 뺨을 때려준 꼴이나 마찬가지였다. 론스타로서는 마침내 2003년 외환은행 헐값 인수 논란 이후 7년여 만에 외환은행 지분을 팔고 떠날 수 있는 절호의 기회가 생긴 것이다. 론스타는 당초 외환은행 지분을 2조1000억 원에 인수했다. 그동안 배당 등으로 회수한 금액만 2조9000억 원이다. 이미 원금을 훨씬 상회한 금액을 회수한 것이다. 론스타와 하나금융지주는 2011년 12월 4일 외환은행 매각 재협상을 벌여 지분 51.02%를 3조9156억 원에 매각하기로 합의했다고 발표했다.

물론 외환은행 우리사주조합과 외환은행 노조 등이 금융위원회의 처분명령 취소청구 소송 등을 잇달아 제기해 앞으로 사태가 어떻게 전개될지는 여전히 미지수다. 특히 대법원이 2011년 11월 24일 금융위원회의 론스타에 대한 외환은행 인수 적격성 심사서류를 공개하라고 판결한 것도 론스타의 '먹튀' 완결 여부에 변수로 작용할 전망이다. 실제로 김석동 금융위원장은 12월 5일 하나금융이 외환은행을 자회사로 편입하는 것의 승인 여부는 론스타에 대한 산업자본 여부를 판단한 뒤 결정하겠다고 밝혔다.

앞서 살펴봤던 2008년 7월 25일자 미 대사관 전문은 당시 전광우 금융위원장이 버시바우 대사와 만나 한 말을 이렇게 기록하고 있다.

전광우 위원장은 이명박 대통령이 한국의 금융부문을 앞으로 수십 년 동안의 한국 경제 성장의 주요 엔진으로 규정했다는 것을 강조했다. 그는 이명박 대통령의 목표를 뒷받침하기 위해 금융규제 철폐, 국가 소유 은행 민영화, 금융감독위원회의 고객 친화적 접근 등을 추구하겠다고 약속했다.

그는 2009년 1월 금융위원장 자리에서 물러났다가 2009년 12월 국민연금공단 이사장 자리를 차지해 공직을 이어가고 있다.

제6장
MB 파일

01

노무현과 MB

어떤 석별의 정

2008년 9월 9일 주한 미 대사 버시바우가 김해 봉하 마을을 찾았다. 대사 임기 종료를 앞두고 이임 인사차 노무현 전 대통령 사저를 예방한 것이다. 당시 언론 보도는 두 사람이 가벼운 분위기에서 환담을 나눴다고 했지만, 실제는 그다지 화기애애하지 않았다. 오히려 '설전'이라고 해도 무방할 정도의 얘기들이 오갔다. 버시바우 대사는 일주일 뒤인 9월 16일 봉하 마을에서의 대화 내용을 담은 3급비밀 전문을 본국에 보낸다.

전문에 따르면 버시바우 대사는 먼저 자신의 임기 동안 한미관계의 강화를 위해 노 전 대통령이 내린 몇 가지 힘든 결정들, 특히 한미 FTA 타결 등에 대해 감사의 뜻을 표했다. 또 양국의 입법부가 FTA를 비준하기를 희망하며 자신도 워싱턴에 돌아가서 의회를 설득하는 데 최선을 다하겠다고 약속했다. 그는 참여정부 시절의 한미관계와 관련해 적어도 한미 FTA 타결만큼은 노 전 대통령으로부터 긍정적인 평가를 이끌어낼 수 있을 것으로 생각한 듯하다. 하지만 버시바우가 기대한 반응은 나오지 않았다.

노 전 대통령은 FTA가 실현되었으면 하는 희망만 표했을 뿐이었다. 그러나 그 자신의 성취(진보진영에서는 논란으로 남아 있는)에 대해선 별로 자긍심을 나타내지 않았다.

재임 중 숱한 논란과 반대 속에서도 한미 FTA를 강행했던 노 전 대통령이 퇴임 후 미국 대사와 마주해서 한미 FTA에 대해 자긍심을 보이지 않았다는 것은 아이러니한 일이다. FTA에 대해 어떤 복잡한 심정이 있었음을 엿볼 수 있는 대목이다.

FTA에서 어긋나기 시작한 대화는 계속 꼬이기 시작했다. 버시바우 대사가 대북 정책에 대해서 묻자 노 전 대통령은 남북관계를 진전시키려면 북한이 지니고 있는 공포감, 즉 미국이 북한을 공격하거나 북한 정권을 약화시키려고 한다는 생각을 먼저 해소시켜줘야 한다고 했다. 그것이 북한을 보다 개방된 사회로 견인하는 최선의 길이라면서 말이다. 북한의 불안을 완화시켜주는 것은 정책 선택의 문제가 아니라 위기관리의 문제이며 북한 문제의 유일한 해결책이라고 강조했다. 버시바우 대사는 이에 대해 미국은 북한을 공격할 의사가 없다는 것을 확신시켜주기 위해 많은 노력을 기울였다고 말하고, 그렇다고 미국이 북한 정권의 생존까지 보장해줄 수는 없다고 응수했다.

이어진 한미관계 관련 대화도 '가벼운 분위기의 환담'과는 거리가 멀었다.

버시바우 대사는 노 전 대통령의 마지막 임기 2년 동안 내렸던 주요 결정 (전시작전권 환수, 기지 이전 등―인용자)이 한미 군사 동맹의 변화를 진전시켰다고 언급했다. 노 전 대통령은 협상 기간 동안 양측이 기대한 바가 너무 달랐다고 불만을 토로했다. 그는 또 미국이 자신들의 우월한 지위를 이용하려 한 반면, 한국의 진보적인 사람들은 한미 양국이 동등한 권리를 가져야 하고 그래야 공정한 타협이 가능한 것으로 봤다고 말했다. 그는 반환 예정 미군 기지의 환경오염 정화 문제에 대한 해결책을 씁쓸하게 회상했다. 그 문제와 관련해서 한국의 진보진영은 환경오염을 제거해 기지를 원상태로 복원할 것을 요구했으나, 미국은 다른 나라에서 적용되는 기준과 동일한 기준을 적용해야 한다고 주장하며 한국측 요구를 묵살한 바 있다. 노 전 대통령은 기지 반환 문제뿐 아니라 다른 이슈들과 관련해서도 자신이 한미 양측의 중간에 낀 느낌이었는데, 결국 국방부의 입장을 받아들여야만 했고, 그것은 미국측 입장에 더 가까운 것이었다고 말했다.

버시바우 대사는 노 전 대통령이 이날 만남에서 정치에 대해 언급하는 것은 꺼려했으나 보수진영으로 권력이 이동하는 것은 한국 민주주의가 나아가는 진보적 방향과는 맞지 않다는 견해를 피력했다고 썼다. 그는 봉하 마을 방문 보고서를 마무리하면서 논평의 첫 문장을 이렇게 적었다.

노 전 대통령은 면담 내내 (자신과의 만남을 ―인용자) 불편해하는 것처럼 보였다.

이임 인사를 하러 온 미국 대사와 전직 대통령의 거북한 만남, 이것은 참여정부 시절 한미관계의 축소판과 같았다. 이것은 또한 미국이 MB 정권의 출현에 그토록 환호했던 배경을 설명해주는 단초이기도 하다.

MB 영어실력은 초보, 그래도 노무현보다 낫다

노 전 대통령은 버시바우 대사가 방문했을 때 그에게 과거를 반성하지 않고, 주변 국가를 생각하지 않는 일본의 자세를 신랄하게 비판했었다. 일본을 질타하는 노 전 대통령을 보며 버시바우 대사는 무슨 생각을 했을까? 그는 이미 이전에 노 전 대통령의 대일 강경 자세에 대해 매우 부정적인 투로 보고서를 쓴 전력이 있다. 버시바우 대사는 노무현 대통령이 퇴임하기 4일 전인 2008년 2월 21일, 당시 미 국무부 장관 라이스 앞으로 「이명박, 미국과의 더 나은 관계를 약속하다LEE MYUNG-BAK PROMISES A BETTER RELATIONSHIP WITH THE UNITED STATES」라는 제목의 3급비밀 전문을 보낸다. 그는 이 보고서에서 한국 새 정부의 대일본, 대중국 정책을 전망하면서 나가는 대통령과 들어오는 대통령을 다음과 같이 비교했다.

한반도를 넘어, 나는 이명박 당선자가 한일관계와 한미일 3자 협력을 대폭 향상시킬 것이라는 점에 대해 낙관적이다. **오사카 태생인 대통령 당선자는 그의 전임자에 비해 일본에 훨씬 덜 적대적인데, 그의 전임자는 당신도 알다시피 한국을 방문한 워싱턴 당국자들로 하여금 그의 반일 장광설anti-Japanese tirades에 시달리게 만들곤 했다.** 이 당선자는 또한 경제 성장과 6자 회담의 진전이라는 목표는 일본의 협력을 필요로 한다는 사실을 인식하고 있다. 그는 이미 후쿠다 총리와의 개인적 유대를 구축하기 위해 개인 특사

미국은 이명박과 노무현을 종종 비교했다. 그런데 노무현에 대해서는 적대적인 표현이, 이명박에 대해서 한결 우호적인 표현이 많이 보인다. (사진 출처: 국가기록원 대통령기록관)

로 그의 형(국회 부의장)을 도쿄에 보내 일본과의 관계 향상을 도모하는 중대한 제안을 한 바 있다.(강조는 인용자)

자기들 내부에서 주고받은 전문이긴 하지만 미국 대사가 주재국의 대통령(비록 퇴임이 임박했지만)을 이처럼 조롱조로 묘사하는 것은 그리 흔한 일이 아니다. 일본의 역사 왜곡과 독도 도발 등을 비판하는 한국의 입장을 미국이 그렇게 우호적으로 보고 있지는 않다는 것을 알 수 있다. 일본에 대한 노 전 대통령의 비판은 미국 입장에서 볼 때 지루한 장광설에 불과했던 것이다.

버시바우 대사가 국무장관에게 보내는 정세보고서에 새 한국 대통령의 대일, 대중 정책을 전망하다가 굳이 현 대통령을 조롱하는 표현을 삽입한 것은 다분히 의도적으로 보인다. 두 지도자의 정책을 비교하는 차

원이 아니라, 은근히 한쪽을 비하하고 있기 때문이다. 특히 이런 식의
서술 방식이 다른 전문에서도 발견되기 때문에 더욱 그렇다. 이는 재임
기간 동안 양국 관계를 보다 대등한 관계로 만들기 위해 나름대로 노력
한 노 전 대통령을 미국이 매우 탐탁지 않게 여겼음을 보여준다고 할 수
있다.

버시바우 대사가 노무현과 MB를 이런 식으로 비교한 것은 앞서 1장
에서 다뤘던 2007년 12월 19일자 미 대사관 전문 「대통령 당선자 이명
박은 누구인가?」에서도 나타난다.

> 참모들은 아마도 이 당선자가 대외 정책에 약할 것이라는 인식에 대응하
> 기 위해, 이 당선자의 여러 해에 걸친 해외근무 경험을 부각시켰다. **일부는
> 심지어 이 당선자가 영어로 사업을 수행할 수 있다고 말했다. 하지만 경험
> 한 바에 따르면 이명박 당선자의 영어는 초보적이고 모든 실무 회담에서 통
> 역을 필요로 할 것이다. 즉, 그의 영어는 약간의 '복도 외교**hallway diplomacy'
> (정상끼리 복도를 걸어가며 한두 마디 얘기를 나누는 것을 비유한 표현임
> —인용자)**를 수행하는 정도나, 정상회담이나 국제 모임에서 다른 지도자들
> 과 잡담을 나누거나 하는 수준인데, 그래도 노무현보다는 훨씬 발전한 것이
> 다.**(강조는 인용자)

미 대사관이 한국의 새 대통령 당선 첫날 본국에 보낸 보고서에서 대
통령 당선자의 영어 실력을 냉소적으로 따지는 있는 모습은 우리 입장
에선 썩 기분 좋지 않다. 더구나 보고 내용과 별 관련도 없는데 현직 대
통령의 영어 실력과 비교하는 자세는 미국이 평소 한국의 지도자들을

어떤 시각과 기준으로 보고 있는지 잘 보여준다.

노무현 전 대통령에 대한 미국의 조롱어린 표현이 권력 교체기에만 있었던 것은 아니다. 미 대사관은 2007년 1월 14일, 전날 밤 10시에 TV로 전국에 생중계된 노무현 대통령의 신년연설 내용을 분석해 본국에 보고했다. 이 전문은 노 전 대통령의 연설을 이렇게 비아냥거렸다.

> 대중들은 노 대통령의 연설에 별다른 관심을 보이지 않았다. 실제로 연설은 일반 시민들 사이에 상대적으로 거의 아무런 반응도 끌어내지 못했다. 그래서 지지율 12%라는 나락에 빠져 있는 대통령의 연설이 22%의 시청률을 기록한 것은 기묘한 일이었다. 최소한 시청자들 가운데 일부는 화요일 밤 10시에 방송되는 고대 고구려 왕조에 관한 인기 드라마인 '주몽'을 보기 위해 채널을 맞추고 기다리던 사람들이었을 것이다. 주요 방송국이 연설을 모두 생방송으로 내보냈고, 이미 국민의 절반이 (주몽을 보기 위해—인용자) 텔레비전 앞에 기다리고 있었기에 노 대통령은 이미 대규모의, 사전 준비된 시청자들을 확보할 수 있었다. 대다수 시청자들에겐 매우 기쁘게도 '주몽'은 밤 11시에(노 대통령 연설이 끝난 후—인용자) 방송됐다.

위키리크스로부터 미 국무부 외교전문 파일을 최초로 입수해 분석한 영국 『가디언』의 탐사보도 에디터 데이빗 리는 미국 외교관들이 대부분 아이비리그를 비롯한 명문대 졸업생이어서 이들이 쓴 외교전문은 대부분 유려한 수필체를 자랑한다고 했다. 하지만 워싱턴의 독자들(정책 결정자들)의 시선을 붙잡기 위해 과장된 표현과 흥미로운 요소를 가미하는 경우도 많다고 지적했다. 미 대사관의 전문도 예외는 아니다. 작성자의 주관이 지나치게 개입된 전문은 미국 정책결정자들에게 잘못된 인식을 심어주거나 자칫 오판을 부를 위험성도 있다.

"본능적으로 미국에 끌리는 대통령"

미 대사관의 노무현 대통령에 대한 평가에는 이처럼 조롱과 경멸적 표현이 종종 등장한다. 그러나 이명박 대통령에 대해서는 우호적인 표현이 월등히 많이 나타난다. 이 대통령에 대한 미국의 칭찬은 간혹 지나쳐 보일 정도다. 우리 대한민국 대통령이 미국으로부터 이 정도의 평가를 받는다는 사실 자체가 경이롭다. 대표적인 것이 2008년 2월 21일 버시바우 대사가 방한을 앞둔 라이스 국무장관에게 보낸 보고서다.

> 이명박 후보의 당선과 친미 성향 보좌관의 임명, 그리고 4월 총선에서 한나라당의 과반수 의석 차지 가능성은 미래를 위해 보다 본질적인 한미 간 동반자 관계를 구축할 수 있는 절호의 기회를 제공하고 있다. (…) **본능적으로 미국에 이끌리는 대통령과 행정부로 인해**With a president and an administration that are instinctively drawn to the United States, 최근 몇 년간 제대로 기능하지 못했던 한미관계에 탄력과 신뢰를 회복할 진정한 기회가 생겼다.(강조는 인용자)

한국 국민 입장에서는 우리 대통령이 미국에 본능적으로 이끌린다는 표현을 어떻게 받아들여야 할지 모르겠다. 물론 미국 정부가 내부 문건에 한국 대통령을 이렇게 묘사한 것은 자신들에게 만족스러운 한국 대통령이 드디어 생겼다고 판단해서일 것이다. 이 전문은 이어 "만약 (한미관계의─인용자) 앞날에 어떤 위험이 존재한다면, 그것은 바로 이명박 대통령이 한국과 미국에 만들어놓은 높은 수준의 기대치를 다른 어떤 한국의 지도자도 충족시키지 못할 것이라는 위험이다"라고 덧붙였다. MB에 대한 미국의 기대치는 이 정도였다.

버시바우 대사는 또 이 보고서 마지막 부분에 '이명박의 실용적 리더십 스타일' 이라는 코너에서 MB를 다시 극찬한 다음, 그와의 만남이 즐거우리라고 기대해도 좋다고 장담한다.

이명박의 대한민국 대통령 취임은 한국 정부가 보다 실용적이고 비즈니스 친화적 스타일의 정부로 변모한다는 것을 의미한다. 이 당선자는 민간 부문에서는 성공한 비즈니스맨(현대그룹)이었고, 공공 부문에서는 존경받는 행정가(서울시장)였다. 그는 건설 산업 출신인데다 직선적인 리더십 스타일 때문에 '불도저'라는 별명을 얻었다. 시장 시절, 그는 서울 중심가 지하에 흐르던 청계천의 복개 도로를 걷어내고, 끔찍하게 치솟은 고가도로로 덮여 있던 곳을 아름답게 탈바꿈시킨 것으로 가장 잘 알려져 있다. 그는 이곳을 시민이나 관광객들 모두 물길을 따라 즐겁게 긴 산책을 즐길 수 있는, 도시의 환경 명소로 바꿔놓았다. 이제 대통령으로서, 그는 비슷한 에너지와 집중력을 국가 통치에 불러올 것이다. 그는 당신과 부시 대통령을 만나기를 기대하고 있다. 당신은 그에게서 우리와 한국의 관계를 향상시키려고 하는 신선하고 진솔한 염원을 발견할 수 있을 것이며, 또 그가 정감 있고, 유쾌한 상대임을 알게 될 것이다.

MB 시대를 충분히 경험한 지금, 한국 내에서 MB에 대한 이 같은 평가에 공감할 사람이 과연 몇이나 될지 의문이다. 하지만 이명박정부 출범 즈음에는 한국 주재 미국 대사가 미 국무부 장관에게 보낸 공식 보고서에서 이렇게 대단한 어휘를 동원해 MB를 상찬했다. 2007년 한국 대선 결과가 미국에게 그만큼 흡족했다는 것이다.

그리고 이제 MB가 대통령 재임 기간에 이룬 '업적'을 떠올려보면 미국이 왜 그렇게 만족스러워했는지를 새삼 깨닫게 된다. 쇠고기 시장 개방을 시작으로 이라크 및 아프간 파병, 아프간군 5억 달러 지원, 방위비 분담금 협정, 강경한 대북 정책, 그리고 한미 FTA 통과까지 미국은 이명박정권을 상대로 '게임플랜'에서 상정했던 미국의 우선순위 목표들을 거의 다 원하는 대로 관철시켰다. 이 모든 것들이 한미동맹의 강화 또는 한미 양국 관계의 복원이라는 미명 아래 이뤄졌다.

미국의 될성부른 나무, MB

이명박 대통령은 사실 제 17대 대통령 선거전이 본격화되기 훨씬 이전부터 미국의 주목을 받아왔다. 눈치 빠른 독자는 앞서 1장에서 소개한 미 대사관의 한국 대선 관련 전문 목록에서 제목에 이명박 후보의 이름이 들어간 전문이 유난히 많다는 것을 알아챘을 것이다. 2007년 작성된 100건의 대선 관련 전문 가운데 모두 26건의 전문 제목에 이명박 후보의 이름이 들어 있다. 반면 제목에 여당 후보였던 정동영의 이름이 들어간 전문은 9건에 불과하다. 당내에서 MB와 치열하게 경합했던 박근혜 후보의 이름은 5건의 제목에 등장하는 데 그쳤다. 이는 미 대사관이 일찌감치 MB의 효용성과 가치에 주목하고, 다른 후보에 비해 훨씬 높은 빈도로 그를 살펴서 본국에 보고했다는 것을 의미한다.

미국이 대선 후보로서의 MB를 주목한 것은 비단 대선이 있었던 2007년도에 한했던 것은 아니다. 이미 2006년 초부터 MB를 유력 대선 주자로 보고 그를 탐색했다. 17대 대통령 선거를 무려 1년 9개월 이상 남겨뒀던 2006년 3월 8일자 미 대사관 전문은 버시바우 대사가 당시 서울 시장이던 MB를 만나 그의 대선 가도를 전망하고, 성향과 사고방식 등을 탐색한 결과를 담고 있다. 이 전문은 대선 레이스가 본격화되기 전 MB에 대한 미국의 평가와 미국 대사의 이른바 '간보기'에 MB가 어떻게 대응했는가를 보여주는 흥미로운 기록이다.

2006년 3월 7일 오찬 회동에서 버시바우 대사와 이명박 시장은 한미관계에 대해서 이야기를 했다. 전문에 따르면 MB는 2007년 대선과 FTA, 반미 감정, 그리고 노무현에 대한 음모 이론 등을 아우르는 아주 독특한 논리를 늘어놓았다.

> 이명박 시장은 다가오는 2007년 대선과 관련해 고조되고 있는 정치 분위기를 감안할 때 자신은 FTA 협상에 대해 매우 염려하고 있다고 대답했다. 그는 미국이 협상을 오래 끄는 것을 허용하지 않도록 주의해야 한다고 말했다. 노무현정부가 그것을 반미 감정을 부채질하거나 합의 내용에 대한 불만을 이용하는 구실로 삼을 수 있다는 것이었다. 그는 FTA 협상이 매우 전투적으로 알려진 농민들에게는 특히 민감한 문제가 될 것이라고 언급하면서, 여학생 2명의 죽음(2002년 6월 13일 미군 장갑차에 효순, 미선 양이 숨진 사건을 말한다—인용자)이 아니었다면 지난 2002년 대선 결과는 달라졌을 것이라고 회상했다.

주지하다시피 노무현정부는 진보진영의 거센 반발을 무릅쓰고 미국과 FTA 협상을 시작하기로 했다. 그런데 이명박 당시 서울시장은 노무현정부가 FTA 협상을 오래 끌어서 반미 감정을 부채질하는 구실로 삼을지도 모르니 조심하라고 미국 대사에게 말했다는 것이다. 한국의 지도층 인사가 미국 대사에게 협상을 오래 끌지 않도록 주의하라고 조언했다니 황당한 일이 아닐 수 없다.

전문에 따르면 MB는 또 "청와대에 있는 일부 인물들은 이념적으로 미국에 반대하는 사람들"이라고 주장했다. 이어 "한국이 민주주의나 시장경제를 위협하는 경솔한 짓을 하면 절대 안 된다고 생각한다. 비록 학생 때 급진적이었으나, 비즈니스와 공직의 경험을 통해 시장 원칙의 중요성을 배웠다"라고 말했다. 청와대에 반미 분자들이 있다고 고발함으로써 자신이 미국 편임을 강조하고, 시장경제에 대한 신념을 강조하면서 자신의 이념적 순결성을 알리려고 한 것으로 볼 수 있다. 한일관계에 대한 질문에 MB는 노무현 대통령이 정치적 목적으로 반일 감정을 부추기고 있다고 비판했다.

이 시장은 노무현 대통령과 고이즈미 총리 사이의 긴장 관계에도 불구하고 두 나라가 광범위한 문화 교류를 포함해 훌륭한 민간 접촉을 향유하고 있다는 것은 아이러니하다고 말했다. 노 대통령과 고이즈미 총리는 국내의 정치적 이득을 얻기 위해 민족주의를 부추기는 데만 관심이 있다고 이 시장은 평가했다.

MB는 일본의 군국주의화에 대한 노무현 대통령의 강경 대응을 민족

주의를 자극해 정치적 이득을 챙기려는 술책 정도로 본 것이다. MB는
노무현정부의 복지와 부의 재분배 정책도 강도 높게 비판했다.

이 시장은 정부의 경제 정책, 특히 부의 재분배 시도에 대해 매우 비판적인
입장이다. 부의 지나친 집중 문제를 완화하는 방안을 찾기 위해 한국 정부
는 추를 지나치게 다른 방향으로 돌려버렸다고 했다. 그는 극심한 가난을
극복했던 자신의 개인사를 언급하면서, 돈을 버는 것은 아무런 잘못이 아니
라고 밝혔다.

미 대사관은 이날 오찬 회동에서 MB를 상대로 한미관계, 한일관계,
대북 정책, 경제 정책 등 주요 분야에 대한 그의 입장을 듣고 MB의 효용
성을 점검했다. 반면 MB는 노무현 대통령과 참여정부를 적극 비판하면
서 자신은 미국이 믿어도 될 만한 사람이라는 점을 부각시켰다.

버시바우 대사는 이날 만남을 정리한 전문의 끝부분에 이 같은 논평
을 달았다.

이 시장이 변화를 바라는 한국인들의 공감을 얻고 있는 것은 분명하다. 그
의 지지자들에 따르면 한국인들은 당파 정치에 매몰된 평범한 정치인이 아
닌, 현 경기 침체로부터 한국을 끌어낼 활기찬 지도자를 열망한다. 그들은
현재의 파이를 어떻게 나눌 것인가 같은 논쟁을 잠재우고, 경제를 다시 살
릴 수 있을 이명박 같은 검증된 비즈니스 리더를 원한다. 이 시장의 지지자
들은 그가 시장으로서 많은 야심찬 프로젝트를 시작하고 마무리 지음으로
써 능력을 보였다고 주장한다. 그중 핵심은 이전에 도로로 덮여 있었고 오

염됐던 서울 중심가의 청계천을 사람들이 볼 수 있는 수로와 생태 공원 지역으로 복원해서 많은 갈채를 받은 것이다.

버시바우의 이 논평은 대선 1년 9개월 전 미국이 MB에 가진 호감이 어떠했는가를 잘 보여준다. 유권자들의 호감을 살 만한 경력을 쌓은 데다 미국의 입장에서 유리한 요소들도 두루 갖췄다. 미국 대사에게 청와대의 반미주의자들을 경계하라고 알려주고, 한국 정부와 협상할 때의 주의사항도 충고할 만큼 친미적이다. 미국의 동북아 정책에 필수적인 한일관계 개선에 적극적이고, 대북 공조 입장도 분명하다. 분배보다는 성장이 우선이고, 시장근본주의적 신념이 확고하다. 거기에다 독실한 개신교 장로이기까지 하다. 미국 입장에서 볼 때 어디서 이만한 한국 대통령을 찾을 수 있을 것인가. 참여정부를 겪으면서 MB의 이런 장점들이 더욱 도드라져 보였을 것이다.

버시바우는 몇 달 후 한국의 유력한 대선 후보들을 압축해서 그들의 포로필을 정리해 본국에 보고한다. 그 전문에서 이명박 후보는 유일하게 "매우 친미적인 스탠스strongly pro-American stance"를 보이는 후보로 소개된다. 미국 정부 내부 문서에서 MB가 이 정도로 표현됐다는 것은 미국이 그에게 얼마나 기대를 걸고 있었는지 여실히 보여주는 징표이다.

물론 미국이 특정 후보를 선호한다고 해서 그것이 대통령 당선으로 바로 연결되는 것은 아니다. 한미관계가 아무리 비대칭적이라 하더라도 미국이 한국의 대통령까지 만들 수 있는 구조는 더 이상 가능하지 않다. 결국 선택은 한국 유권자의 몫이다. 다만 미국은 유력한 후보들을 관찰하고 접촉해서 그들이 미국의 자장에서 벗어나지 못하도록 철저히 관리하는 데 전력을 기울인다. 미 대사관이 2007년 12월 19일 작성한 비밀전문에 나오는 "한국 새 정부의 생각을 주조하고"라는 표현을 떠올리면 미국의 관리 방식을 쉽게 이해할 수 있다.(53쪽 참조)

지난 16대 대선에서 미국에 할 말은 하겠다고 공언한 노무현 후보가 대통령이 되는 것을 미국이 바라지는 않았을 것이다. 하지만 노 후보는 당선됐다. 문제는 대통령이 되고 난 이후다. 미국과 갈등을 겪기는 했지만 결국 많은 반대에도 불구하고 이라크, 아프간에 파병을 강행하고, 한미 FTA를 추진했다. 결국 미국이 쳐놓은 울타리를 벗어나지 못한 것이다. 여기엔 물론 미국의 집요한 관리와 통제가 있었을 것이다. 또한 간과할 수 없는 것은 외교나 국방 부처 요직마다 철옹성을 구축해놓은 친미 관료 집단의 존재다. 이들은 해방 이후 지금까지 대를 이어가며 미국과의 상호작용 속에서 세를 키워왔기 때문에 정권이 아무리 바뀌어도 꿈쩍하지 않는다. 노무현 전 대통령이 봉하 마을을 방문한 버시바우 대사에게 미군기지 환경오염 문제를 결정할 때 자신이 국방부의 손을 들어줄 수밖에 없었고, 그것은 미국의 입장에 가까웠다고 씁쓸하게 회고한 배경도 다 여기에 있다.

우리는 여기서 참여정부 후반기와 MB정부 전반기를 두루 겪은 버시바우 대사의 전문을 통해 두 대통령에 대한 미국의 호불호가 얼마나 심하게 갈렸는지 살폈다. 여러 점에서 노 전 대통령과 대척점에 있었던 이 대통령의 특질은 미국의 환호를 받기에 충분했다. 미국의 기대치를 한껏 높였던 그런 요소들은 MB 임기가 끝나가는 시점에서 볼 때 미국의 목표들을 대부분 관철시키는 동력이 된 반면, 우리 사회엔 양극화 심화, 남북 관계 파탄 등으로 귀결되고 있다. 하지만 대통령 한 명을 바꾼다고 해서

이 모든 문제가 해결되리라 기대하는 것도 순진한 생각이다. 참여정부의 사례에서 보듯 노무현 대통령도 결국엔 미국의 자장에서 크게 벗어나지 못했다. 외부적으로는 미국의 관리와 통제, 내부적으로는 외교안보 관료 조직의 기득권 때문이었다. 이런 조건들이 어떤 형태로든 극복되지 않으면 우리의 뿌리 깊은 대미 종속성은 지속될 수밖에 없고, MB정부 같은 반민주적, 반민족적 정권의 재출현도 막기 힘들 것이다.

02
운 좋은 남자, MB

MB, '박근혜는 조실부모해 유머감각 없어'

앞선 장에서 살펴봤듯이 이명박 대통령에 대한 미 대사관의 평가는 2008년 촛불시위 때를 제외하곤 대부분 매우 우호적이었다. 하지만 그를 다룬 수많은 미국 외교전문에는 그가 대사관 직원과 나눈 대화나 제3자가 내린 평가 등도 가감 없이 기록돼 있는 경우가 많다. 그래서 외교전문에는 작성자의 의도와는 무관하게 MB의 본성을 엿볼 수 있는 내용도 심심찮게 발견된다.

2006년 3월의 오찬 회동에서 버시바우 대사와 이명박 당시 서울 시장이 박근혜 당시 한나라당 대표를 화제로 나눈 대화도 그 중 하나다. MB가 2006년 3월 3일 기자 간담회 자리에서 "한나라당 의원들은 해변에 놀러온 사람들 같다"라고 말하자 박근혜 대표가 "당이 어려움에 빠지면 뒷짐 지고 오히려 그것을 부채질하는 사람들이 있다. 이것은 자신만 아는 이기주의"라며 설전을 벌인 것이 그날 대화에서 화제로 오른 것이다. MB측은 당시 "할 말은 많지만 아무 말도 하지 않기로 했다"며 '확전'을 경계하는 모습을 보였다고 보도됐다. 하지만 MB는 미국 대사를 만나서는 할 말을 했다. 다음은 당시 대화를 기록한 전문 내용이다.

(최근 설전에 대해 말하면서) 이 시장은 박근혜 대표가 단순한 농담을 너무 심각하게 받아들인다고 말했다. 그는 박 대표가 어린 나이에 양친을 잃었기 때문에 유머감각이 별로 많지 않다는 견해를 피력했다. 이 시장은 그럼에도 불구하고 한나라당 정치인은 서로 싸우기보다는 집권 여당과 노무현 대통령을 공격하는 데 힘을 집중해야 한다고 말하고, 박 대표의 비판에 대한 대응은 억제했다.

박근혜가 어릴 때 부모를 잃어 유머 감각이 없다고 말한 것도 물론 MB식 농담일 것이다. 하지만 정적이 어린 시절 겪은 비극을 농담의 소재로 삼는 것은 쉽게 할 수 있는 일이 아니다.

미국 대사와 밥 먹으면서 박근혜를 부정적으로 언급한 것은 한 번이 아니었다. 2007년 2월 15일자 미 대사관 전문은 「이명박: 자격 있고, 준비된, 선두 후보LEE MYUNG-BAK: QUALIFIED, READY AND IN FIRST PLACE」라는 제목으로 이틀 전 있었던 버시바우 대사와 이명박 후보 간의 단독 오찬 대화 내용을 다음과 같이 전하고 있다.

(2월 13일 나온 중앙일보의 대선 후보 지지율 조사에서 이명박 41%, 박근혜 21%를 받은 것과 관련해) 이명박 후보는 박근혜 후보의 기본 지지율 (15% 정도)은 그녀의 아버지를 지지하는 유권자들로부터 자동적으로 이전돼온 것이고, 박근혜 본인을 지지하는 유권자는 (21% 가운데) 나머지 5%

정도에 불과하다고 말했다. 그는 경제적으로 지난 10년간은 어려웠기에, 사람들은 일자리를 창출하고 기업과 노동의 관계를 조정할 자질 있는 지도자를 원한다며, 여론조사에서 누가 가장 자질이 있는 후보인가 질문하면 박근혜 후보는 항상 3등 아니면 4등으로 나왔다고 말했다.

미국 대사에게 박근혜의 지지율 대부분은 박정희 지지자들로부터 온 것이라고 폄하한 것이다.

2007년 1월 MB가 "나처럼 애를 낳아봐야 보육을 얘기할 자격이 있고, 고3 네 명(딸 셋, 아들 한 명)을 키워봐야 교육을 얘기할 자격이 있다"라고 공개 도발한 것도 박근혜측을 자극한 대표적 사례다. 미 대사관은 2007년 2월 2일자 전문에 이 사례를 언급하면서 MB는 입을 조심해야 한다는 당시 측근의 말을 인용했다.

이명박 후보의 최측근 자문단 중 한 명인 한나라당 정두언 의원은 대사관 정치담당 직원에게 이 후보가 극복해야 할 가장 큰 장애물은 이 후보 자신이라고 말했다. 먼저 육체적으로 힘든 캠페인 일정을 12월까지 유지해야 하고, 또 말을 할 때 실수를 피해야 한다는 것이다. 전문가들은 '불도저(이명박 대통령을 지칭―인용자)'가 과거 비리 의혹에서부터, 인터넷과 UCC 시대에 즉흥적으로 말하는 스타일까지 많은 위험에 직면해 있는데, 둘 다 이 후보가 현재 누리고 있는 높은 지지율을 무너뜨릴 수 있는 것들이라고 말했다.

미 대사관은 일찌감치 이명박 대통령의 '독특한' 어법에 주목하고 혹시 일을 그르치지나 않을까 염려했던 것이다.

2007년 초반 이명박과 박근혜, 이 두 후보가 한나라당 대선 후보 자리를 두고 벌인 치열한 경합은 당내 경선 국면이긴 했지만 사실 대선 본선이나 마찬가지였다. 두 사람 사이에 감정적인 언사가 수시로 오갔고, 흑색선전 논란도 끊이질 않았다. 흥미로운 점은 당시 미 대사관의 전문에서 두 후보를 다루는 태도의 미묘한 온도차가 감지된다는 것이다.

한 사례를 보자. 2007년 2월 7일 본국에 발송된 미 대사관의 전문은 이틀 전에 이뤄진 버시바우 대사와 박근혜 후보의 만남을 기록하고 있다. 이 전문은 박근혜 후보측이 겉으로는 네거티브 운동을 하지 않겠다고 하면서도 뒤로는 MB에 대한 흑색선전을 일삼고 있다고 적시하고 있다.

박근혜 후보는 대사에게 이명박 후보를 개인적으로 공격하지 않는 정중한 캠페인을 전개하겠다는 신념을 피력했다. (…) 아직 20% 정도의 지지율을 유지하고 있는 그녀는 지지율 회복이 가능하고, 이명박 후보의 높은 지지율은 지속되지 못할 것이라는 희망에 매달려 있다. 박 후보가 대사에게 말한 것과는 반대로 그녀가 싸움에 나섰다는 징후들이 있다. 왜냐하면 그녀의 참모들은 이 후보에 대한 루머를 퍼트리느라 아주 바쁘기 때문이다. 한 사례가 이 후보의 모친이 일본인이라는 근거 없는 소문이다. 다른 유사한 주장은 이 후보가 현대그룹에 있을 때 엄청난 재산을 축적했는데 아마 수억 달러는 될 것이라는 내용이다. 그러나 현재까지 이런 주장은 이 후보의 지지에 아무런 흠집도 내지 못했고, 박 후보는 대선 레이스에서 전직 서울시장에게 훨씬 뒤처진 2위에 머물고 있다. 그러나 이슈들에 대한 그녀의 솔직한 입장과 당내의 튼튼한 지지기반을 고려하면, 그녀를 절대 (관심 대상에서—인용자) 빼서는 안 된다.

버시바우 대사는 박근혜 후보가 자신에게 깨끗한 경선을 치르겠다고 말해놓고도 뒤에선 흑색선전을 유포하고 있다며 구체적인 사례까지 들었다. 박 후보를 사실상 이중적인 인물로 묘사한 것이다.

반면 이 전문을 보내기 5일 전인 2월 2일자 전문은 시작부터 MB를 이렇게 묘사하고 있다.

> 대사관 정치담당이 관찰한 바, 이명박 후보는 다른 후보들에 비해 스스럼없고 격의 없는, 자연스럽고 매혹적인 연설 스타일을 지니고 있다. 이 후보는 군중들을 잘 다루며 카리스마 넘치는 대선 선두 주자로서 가는 곳마다 록 스타 대접을 받는다.

어느 지독하게 운 좋은, 독실한 기독교인

2007년 한국의 대선 과정을 관찰해 본국에 보고한 미 대사관의 전문들은 앞서 살펴봤듯이 그 논조가 MB 쪽으로 기울어 있다. 전문에는 그의 자수성가 스토리가 끝없이 반복됐다. MB의 청계천은 친환경 생태공원으로 둔갑됐고, 그의 추진력을 소개하는 상징이 됐다. 더구나 몇 차례의 '면접'을 거쳐 미국 대사로부터 '매우 친미적인'이라는 수식어까지 부여받고, 심지어 록 스타에 비견되기까지 했다. 미국의 한반도 정책결정자의 책상에는 이런 보고서가 차곡차곡 쌓여갔을 것이고, MB에 대한 인식도 그만큼 좋아졌을 것이다.

미 대사관이 유독 MB에 우호적인 평가를 많이 내린 것은 아마 그가 미국의 이익을 가장 잘 대변해줄 것이라는 이유 때문이었을 터이다. 사실 내용을 보면 MB가 민주적인 리더십을 통해 국민과 소통하고, 한국 사회를 올바로 이끌어나갈 수 있는 자질을 갖춘 지도자인가에 대한 평가는 거의 찾아볼 수 없다. 한국 대통령을 한반도에서 자신들의 이익을 담보해줄 수 있는 하나의 매개체로서 바라봤기 때문이며, 이런 기준으로 MB를 높게 평가한 것이다. 하지만 오랜 기간, 여러 측면에서 MB를 세밀하게 관찰해온 미 대사관의 비밀전문 속에는 간혹 MB의 진면목을 보여주는 대목이 발견되기도 한다.

2007년 12월 19일 이명박의 대통령 당선이 사실상 확정된 직후 미 대사관이 본국에 보낸 「대통령 당선자 이명박은 누구인가?」라는 제목의 전문 가운데 이 당선자의 '성향과 관리 스타일'이라는 코너는 MB의 아집과 폐쇄적 인사 스타일의 배경이 뭔지를 잘 설명해준다.

이명박 당선자는 현대건설을 이끌던 시절부터 효율성을 무엇보다 위에 두며, 매우 꼼꼼하고 결과 지향적이다. (…) 이 당선자는 자기가 어떤 일이든 이룰 수 있는 능력을 가지고 있다고 확신한다. 그러나 몇몇 소식통에 따르면 대통령 당선자는 소심해서 자신의 교류 범위에 많은 사람들을 끌어들일 만큼 사교적이지 못하다고 했다. 어떤 이들은 이 점이 이 당선자가 전 한나라당 대표이자 최대 라이벌인 박근혜, 그리고 탈당한 이회창 총재 등에 제대로 손을 내밀지 못하는 이유라고 설명한다. 대인관계의 서투름 때문에 그는 소규모 이너서클 내부에 있는 지인이나 친구만 믿는다는 말이 있다. 이명박의 형인 국회부의장 이상득과 전 갤럽회장 최시중은 이명박의 정치 브레인으로 신뢰받아왔다. 많은 접촉자들은 우리에게 이명박 당선자는 자기 견해가 강해 오직 이 두 사람의 영향만 받는다고 말했다.

집권 초기부터 그렇게 많은 비판을 받아왔음에도 불구하고 끝까지 바뀌지 않은 이 대통령의 측근 인사, 폐쇄적 인사 스타일은 이런 개인적 특성에서 비롯된 것이라고 볼 수 있다.

이에 앞서 2007년 3월 12일 미 대사관이 주요 대선 후보들의 경제 관련 공약을 분석해 본국에 보낸 3급비밀 전문은 일찌감치 MB가 내건 주요 공약의 허상을 들춰냈다. 특히 747 공약은 인기영합주의의 산물이라고 평가절하했다. 이 전문은 차기 대통령의 최우선 과제는 경제성장이라는 유권자들의 바람에 부응하기 위해 주요 대선 후보들은 저마다 독특한 경제 공약을 내걸고 있으며, 어떤 후보는 더 큰 관심을 끌기 위해 7%의 빠른 성장을 약속하고 있다고 MB의 747 공약을 정면으로 겨냥했다.

이 전문은 '7% 성장이 가능한가?'라는 코너와 '전문가들의 대답은 노'라는 코너를 통해 MB의 연 7%대 성장 공약은 사실상 불가능한 것이라고 지적했다.

> 향후 5년간 연 7% 성장 전망에 대해, 한 정부 관리는 지난 25년간의 성장률 추세로 볼 때 그럴 가능성은 거의 없다고 말했다. (…) 한국개발연구원KDI의 연구원도 최근 펴낸 보고서에서 최선의 시나리오에 의거해도 향후 10년간 GDP 성장은 연평균 5%라고 말했다.

이 전문은 또 MB의 한반도 대운하 프로젝트와 관련해 "비록 부산과 서울을 연결하는 수로를 상상하는 것은 가능하겠지만, 많은 사람들이 운하 프로젝트는 기술적으로도 어렵고 환경단체로부터도 엄청난 반대를 초래할 것이라고 본다"며 비현실적이라는 평가를 내렸다.

정치인으로서 MB가 성공한 배경에는 다른 요인들보다는 '기막힌 운'이 가장 크게 작용했다는 내용의 전문도 있다. 미 대사관이 2007년 9월 14일에 「저명 정치 분석가, '럭키 리'가 대선 승리할 것TOP POLI-TICAL ANALYST SAYS "LUCKY LEE" WILL WIN IN DECEMBER」이란 제목으로 본국에 보낸 3급비밀 전문은 이명박 후보를 '럭키 리Lucky Lee'라고 표현했다.

이 전문은 이명박 후보가 "어떤 특별한 정치 기술이나 정책 비전보다는 일차적으로 좋은 운 때문에" 지지율을 계속 유지해서 대선에서 승리할 것이라는 정치평론가 박성민의 전망을 소개하고 있다. MB는 시작부터 행운의 정치인이었다며 1996년 첫 총선 도전 때 어부지리로 국회의원에 당선된 것과 2006년 10월 북한의 핵실험 때문에 여론조사에서 박근혜를 계속 앞서게 된 것 등을 사례로 들었다. 또 손학규의 탈당으로 그의 표를 흡수해 결국 박근혜 후보를 누르고 한나라당 대선 후보가 됐으며, 여권의 지리멸렬로 본선을 앞두고 경쟁력 있는 여당 후보가 존재하지 않는 것도 MB의 대선 승리를 이끄는 운이라는 것이다.

물론 과학적 분석에 따른 전망은 아니지만 MB의 대선 승리에는 우연적 요소와 상대 진영의 허약함이라는 주변 환경이 큰 변수로 작용했다는 것이다. 이른바 '럭키 리' 이론은 MB가 대통령에 당선된 다음날 미 대사관의 전문에 다시 등장한다.

미 대사관이 2007년 12월 20일 MB의 대선 승리 요인을 분석해 본국에 보고한 「노무현만 아니면 다 된다' 현상이 이명박 당선자를 위한 날을 가져왔다"ANYTHING BUT ROH" CARRIES THE DAY FOR PRESIDENT-ELECT LEE MYUNG-BAK」라는 제목의 3급비밀 전문은 MB의 당선 요인으로 반노무현 정서, 경제 최우선, 한나라당의 단합 등 크게 3가지를 들었다.

이 전문은 그러나 논평 부분에서 이 모든 요인들의 작동을 가능케 한 숨은 힘은 바로 MB의 '행운'이었다고 지적했다. 이번에는 정치 평론가의 말을 인용한 것이 아니라 미 대사관이 직접 이 대통령의 기막힌 운을 거론했는데, 마지막 문장은 MB의 성향을 매우 적절히 꼬집고 있다.

전반적으로 이명박은 운이 좋은 사람이다. (…) 많은 외적 요인이 2006년 10월부터 선거일까지 그가 선두를 유지하게 만들었다. 이 당선자를 겨냥한 많은 의혹 가운데 일부가 그의 선두 자리를 위협해서 이 당선자가 위험에 빠질 때마다 어떤 일들이―아프간 인질 위기나 신정아와 청와대 스캔들 등―발생해서 유권자들의 관심을, 그리고 보다 중요하게는 언론의 관심을 MB 공격이 아닌 다른 새로운 곳으로 쏠리게 했다. 독실한 기독교도로서, 이명박 당선자는 하늘 위의 누군가가 자신을 굽어 살피고 있다고 믿을 만한 이유가 있는 셈이다.

MB의 기독교 근본주의 성향을 그의 기막힌 운과 연결시키며 슬쩍 풍자적 표현을 구사한 것이다.

미국 대사관이 한국의 유력한 대선 후보들을 관찰한 외교전문에는 이처럼 후보에 대한 미국측의 선호 여부와는 무관하게 관찰 대상자들의 본질을 파악할 수 있는 내용이 곳곳에 들어 있다. 미 대사관은 분명 2012년의 제 18대 한국 대통령 선거와 관련해서도 이미 오래전부터 이른바 잠룡들을 대상으로 이들의 개인적 성향과 국내외 주요 정책 방향 등을 면밀하게 관찰하고, 분석한 보고서들을 계속 본국에 보내고 있을 것이다. 그리고 언젠가 그 기록들도 우리 앞에 모습을 드러낼 것이다.

03

MB와 소망교회

미 대사관은 왜 '소망교회'에 주목했나?

이명박정부 임기 전반全般을 특징지은 현상들을 꼽으라고 한다면 유독 빈발했던 종교 갈등도 빼놓을 수 없다. 개신교 장로 출신 대통령의 타 종교에 대한 배타적 태도는 간단없이 불교계의 반발을 샀다. 신권이 세속 권력을 무릎 꿇리는 장면은 정교분리를 상식으로 여겨온 일반 국민들에게 적잖이 충격을 주기도 했다. 한국 사회의 이모저모를 샅샅이 살펴온 미국이 한국의 정치권력에 대한 종교의 점증하는 영향력을 간과할 리는 만무했다. 그래서 주한 미국 대사관은 한국의 주요 정치 지도자들을 대상으로 그들이 어떤 종교를 믿고 있으며, 신앙심은 어느 정도인지, 그 종교를 갖게 된 이유는 뭔지를 상세히 체크해왔다.

이명박 대통령도 거기서 예외는 아니었다. 대통령 후보 시절부터 미국은 MB의 종교에 주목했고, 대선 변수로서의 종교 문제를 살폈으며, 취임 이후에는 교회 인맥에 기반을 둔 정실인사를 거론하기도 했다.

앞에서 봤듯이 버시바우 대사가 본국에 보낸 보고서에 이명박 대통령의 뒤를 따라다닌 기막힌 운들을 볼 때, 이 대통령은 하늘 위의 누군가가 자신을 굽어 살피고 있다고 믿을 만한 이유가 있다며 논평한 것도 그저 재미 삼아 써놓은 것이 아니다. 그만큼 MB에게 기독교의 영향이 크다는 것을 강조한 것이다. 한국 정치 지도자의 종교적 성향을 정확하게 파악하는 것도 그를 제대로 관리해 나가는 데 매우 중요한 요소이기 때문이다.

위키리크스가 공개한 미 대사관의 전문 중에는 소망 교회를 직접 언급한 기록이 4건에 이른다. 또 "이 대통령의 교회Lee's church" 등의 표현으로 소망교회를 지칭하거나 MB와 교회의 관계를 언급한 전문도 4건이나 검색됐다. 물론 앞에서 언급했듯이 위키리크스가 공개한 미 대사관의 전문은 미 대사관이 본국에 보낸 전문의 10%에서 30% 사이 정도이기 때문에, 실제로 미 대사관이 본국에 보낸 MB와 교회 언급 전문은 이 8건보다 더 많을 것이라 추론해볼 수 있다.

필자가 위키리크스가 공개한 미 대사관의 외교전문 파일을 검색한 결과 MB와 소망교회가 언급된 최초의 문건은 2007년 1월 19일 작성된 것으로 나타났다. 이 전문에서 미 대사관은 1월 16일 실시된 대선후보 여론조사 결과 이명박 후보가 호남 지역에서 36%의 지지를 받았는데, 이는 과거 한나라당의 한 자릿수 지지도에 비춰볼 때 기록적인 수치라고 평가했다. 미 대사관은 여기엔 이명박 후보에 대한 호남 지역 교회의 강력한 지지가 다소 작용했으나, 이 지역 출신의 유력 대선 후보가 없기 때문에 호남 지역에서 이 후보가 높은 지지를 받고 있다는 데 대해 대부분 동의한다고 했다. 미국 대사관은 이 전문의 참조 사항에 "이명박 후보는 정치적으로 강력한 힘을 지닌 기독교 장로교회의 장로다"라고 특별히 기술해두고 있다. 이명박 후보와 그의 종교적 배경인 동시에 정치적 배경인 소망교회에 미 대사관이 주목하기 시작한 것이다.

소망교회라는 특정 교회 이름이 처음으로 미국 외교전문에 등장한 것은 2007년 7월 27일자 미 대사관이 작성한 「한국 유권자들의 종교적 열정RELIGIOUS FEVER AMONG KOREAN VOTERS」이라는 제목의 보고서다. 이 전문에서 미국 대사관은 이명박 후보가 독실한 장로교도이자 서울의 부촌인 압구정동에 있는 소망교회의 장로이며, "서울을 신에게 봉헌하겠다"는 그의 선언은 수도 이전에 대항해 서울의 기독교인들의 지지를 규합하기 위한 행동이었다는 분석을 소개했다. 이 전문은 또 부산의 사찰을 파괴하라는 기도를 한 것으로 보도된 기독교 집회에 이 후보가 비디오 연설을 하는 등 타 종교에 대한 배타적 태도를 보임으로써 불교계의 우려를 낳고 있다는 사실도 밝히고 있다.

"MB, BBK 김경준도 교회 커넥션 통해 만났다"

대선을 50일 앞둔 2007년 10월 31일 미 대사관이 본국에 보낸 전문은 매우 중요한 내용을 담고 있음에도 불구하고 주요 방송사와 신문들이 완전히 외면해버린 여러 미국 전문 가운데 대표적인 문건이다. 이명박 선거대책위원회 공동위원장인 유종하 전 외무장관이 버시바우 미국 대사를 만나 BBK 사건과 관련한 김경준의 한국 송환을 미뤄달라고 부탁했다는 내용이 이 전문에 들어 있다. 이 전문은 유 전 장관이 버시바우 대사에게 이 후보가 믿을 수 없을 정도로 전문적인 사기 사건의 피해자였다고 말하고, 이 후보가 교회 커넥션을 통해서 김경준을 소개받았으며 결과적으로 너무 김경준을 믿었다고 주장한 것으로 전하고 있다.

무릎 꿇은 대통령 … "그럴수가" vs "그럴수도"

국가조찬기도회 찬반 논란… MB, 기독교계에 수쿠크법 양보 에둘러 당부

3일 오전9시께 제43회 국가조찬기도회가 열린 서울 삼성동 COEX의 행사장. 길자연 한국기독교총연합회 대표회장이 합심기도를 주재했다. "이 시간 우리는 다같이 이 자리에 무릎을 꿇고 하나님을 향한 우리의 죄의 고백을 기뻐하시는, 진정으로 원하시는 하나님 앞에 죄인의 심정으로 먼저 1분 동안 통성기도를 하고…."

이 말에 김윤옥 여사가 먼저 무릎을 꿇었고 곧이어 이명박 대통령이 무릎을 꿇고 합심기도에 동참했다. 손학규 민주당 대표를 비롯한 참석자 상당수도 무릎을 꿇고 기도했다.

이 장면이 외부에 알려지자 국가원수인 대통령이 무릎을 꿇은 것이 적절하냐는 의문과 기독교인으로서 무릎 꿇고 기도하는 것은 지극히 자연스러운 일이라는 반론이 맞서고 있다.

청와대에 따르면 이 대통령이 무릎을 꿇고 기도하게 된 것은 사전에 예정된 것이 아니었으며 취임 뒤 세 차례 조찬기도회에 참석했지만 이번이 처음이다.

청와대의 한 관계자는 "역대 조찬기도회 순서에 합심기도가 들어간 것은 지난해부터였으며 이와 함께 합심기도를 어떤 방식으로 할지는 전적으로 합심기도 인도목사에 달려 있다"고 설명했다. 따라서 이날 이 대통령이 무릎을 꿇고 기도한 것도 인도목사의 인도에 따라 참석자들 모두가 함께한 것이지 이 대통령만 특별한 행동을 한 것은 아니라는 게 청와대의 설명이다.

그러나 국가조찬기도회는 대통령 자격으로 참석한 것이지 개인 자격이 아니었으므로 국가원수로서 무릎을 꿇은 것 자체가 문제라는 시각도 있다.

더욱이 최근 일부 개신교에서 수쿠크법(조세특례제한법 개정안·이슬람채권법)에 반대하며 '이 대통령 하야운동'까지 거론된 상황에서 기독교계가 대통령에게 무릎 꿇기를 요구한 것 자체가 부적절했다는 비난까지 제기되고 있다.

이 대통령은 이날 조찬기도회의 인사말을 통해 '수쿠크법' 시행을 강력하게 반대하는 기독교계에 포용적인 자세를 에둘러 요구했다. 이 대통령은 "한국 교회가 사회적 갈등의 매듭을 풀고 국민통합을 이뤄내는 가교가 되기를 소망한다"며 "상대를 이해하고 존중하면서 겸손하며 자신을 절제하는 자세가 지금 우리 사회가 화합을 이루고 성숙하는 데 꼭 필요하다고 생각한다"고 했다.

청와대는 수쿠크법을 둘러싼 교계와의 갈등이 지나치게 부각되는 것 자체를 부담스러워한다. 김희정 청와대 대변인은 "수쿠크법과 관련해 기독교계 전체와 갈등을 빚는다고 보는 것은 사실관계가 다르다"면서 "오늘 기도회는 국가와 대통령을 위한 것이었기 때문에 구체적인 것은 언급이 없었다"고 설명했다.

/문성진기자 hnsj@sed.co.kr

이명박 대통령이 3일 오전 서울 삼성동 COEX에서 열린 국가조찬기도회에 참석, 김윤옥 여사와 함께 무릎을 꿇고 기도하고 있다. /왕태석기자

"서울을 봉헌하겠다"는 발언 때부터 이명박 대통령의 '과도한' 신앙심은 문제적이었다. 인사 때마다 불거지는 '교회 커넥션'의 뿌리는 아닐는지. (서울경제 2011년 3월 4일자)

유 전 장관이 미국 대사에게 교회를 통해 김경준을 소개받았다고 굳이 해명하고 나선 것은 이 후보가 처음부터 어떤 사업적 의도를 가지고 김경준과 접촉한 것은 아니라는 점을 강조하기 위한 의도로 보인다. 다시 말해 미국측에 MB의 결백을 주장하기 위해 한 말 같지만, 이 대목에서도 MB가 사람을 보고, 쓰는 통로로서 교회의 역할을 짐작할 수 있다.

MB가 대통령에 당선된 이후에는, 이 교회를 통한 인적 네트워크가 이제 MB의 개인적 사업 파트너 연결 차원을 넘어서 최고위 공직자들을 임명하는 데까지 활용된다는 것을 미국 대사관도 주목했다. 「대통령 당선자, 인수위원 임명PRESIDENT-ELECT NAMES TRANSITION LEADERS」이라는 제목의 2007년 12월 28일자 미 대사관 전문은 이틀 전 발표된 대통령직 인수위 핵심인사의 면면을 소개하고, 소망교회 인맥을 인사의 가장 큰

특징으로 거론했다.

미 대사관은 인수위 고위급 인사의 면면을 소개한 뒤 바로 '소망교회 유착'이라는 소제목을 통해 학연과 정치적 정실주의를 탈피하겠다던 이명박 당선자가 이경숙 총장을 인수위 위원장으로 지명한 결정은 정치적 인사를 소망교회 인맥에 의존한다는 의혹을 고조시키고 있다고 지적했다.

또 이 당선자의 상당수 참모들이 MB가 장로인 소망교회에 다니고 있다며 인수위 핵심인사인 이경숙과 곽승준, 강만수 등의 실명을 거론했다. 이 전문은 이어 비록 이 당선자는 교회를 네트워킹의 또 다른 수단으로 사용하는 것처럼 보이긴 하지만, 소망교회는 7만 명의 신도를 자랑하며 60여 명의 전, 현직 장관과 10명의 대학총장, 150명의 연예인들이 다니고 있다고 덧붙였다.

미국, 촛불 시작되자 뒤늦게 소망교회 의존 집중 비판

버시바우 대사는 이듬해인 2008년 1월 15일 전문에서도 이경숙 위원장의 인선 배경에 소망교회가 있었다는 점을 재차 강조했다. 이 전문은 버시바우 대사가 1월 11일 대통령 인수위원회 이경숙 위원장을 만나서 나눴던 인수위 우선과제 등을 정리한 후, 전문 마지막의 논평을 통해 소망교회를 매개로 한 이명박 당선자와의 긴밀한 관계가 이경숙 위원장을 인수위원회의 최고위 직책에 오르게 하는 데 유리하게 작용했다고 분석했다.

한 달 뒤 청와대 수석 인선 과정에서도 소망교회 인사가 있었음을 미국 전문은 언급하는데, 2008년 2월 11일 미 대사관은 하루 전 발표된 MB의 청와대 수석비서관 내정 소식을 다루면서 박미석 사회정책수석 내정자가 이명박 대통령과 같은 교회에 다니고 있다는 것을 특기하고 있다. 이처럼 미 대사관은 MB의 종교적 배경과 소망교회 인맥을 중용하는 인사 스타일을 인사 때마다 거론하는 등 예의 주시하고 있었지만, 적어도 미국의 이익이 MB를 통해 제대로 구현되는 동안은 이에 대해 대놓고 비판적인 평가를 내리진 않았다.

하지만 2008년 6월 미국산 쇠고기 졸속 협상에 항의한 촛불시위가 전국을 뒤덮기 시작하자 미국은 사태를 제때 수습하지 못하는 MB에 대해 불안감과 함께 실망감을 감추지 못한다. 결국 이명박 대통령에 대한 국민들의 광범위한 불신이 심각한 수준임을 인식하고, 불신의 큰 원인 중 하나가 이른바 강부자, 고소영식의 정실인사에서 비롯된 것임을 신랄하게 비판하게 된다. 2008년 6월 16일자 전문은 그런 기조를 담은 대표적 전문 가운데 하나인데, 이명박 대통령이 소망교회, 고려대, 경상도 출신의 부자들을 중용하고 있고, 장관들도 전임 정부에 비해 2배나 부자라고 적시하고 있다.

이명박 대통령은 정부를 출범하기도 전에 내각 선임 문제로 비판을 받았다. 많은 지명자들이 부유층 출신이고, 이 대통령이 다니는 교회 신도들이며, 고려대 동문들이거나, 그의 고향인 경상도 출신들이다. (…) 인사 문제는 청와대 사회정책수석 비서관이 부동산 불법투기 의혹을 받으면서 5월에도 계속됐다.

여기서 한국 정치와 종교를 다룬 2007년 7월 27일자 미 대사관의 전문으로 다시 돌아가보자. 이 전문은 먼저 종교가 5개월여 앞으로 다가

온 2007년 한국 대선의 주요 변수로 부상하고 있다고 지적했다. 또 한국의 모든 종교집단들 중에서 보수적인 개신교 그룹이 정치적 역할을 추구하기 위해 가장 적극적으로 활동하고 있다고 분석했다.

이어 마지막 논평에서는, 한국에서 개신교가 가장 높은 선교 열정을 지니고 있기 때문에 신도수가 가장 빨리 늘어나는 것은 놀랄 일이 아니며, 정치적 행동주의에 대한 그들의 애호도 놀랄 일이 아니라고 평가하고 있다. 또 여론조사를 보면 놀랄 만큼 높은 비율의 개신교도들이 그들의 신념에 의거해 투표하고 있고, 또 점점 더 교회의 정치 참여를 지지한다는 것을 보여준다고 덧붙였다. 미 대사관은 이것이 바로 이명박 전 서울시장의 높은 인기 뒤에 있는 요인 가운데 하나라고 분석했다.

미 대사관은 1장에서 본 대로 이명박 후보의 대통령 당선과 동시에 미국의 '개입 전략'을 담은 전문을 작성하면서, 거기에 "이 당선자의 참모들은 강력한 기독교 신념과 직설적 스타일이 MB를 부시대통령의 쉬운 파트너로 만들 것이라고 했다"라고 MB의 종교적 성향 또한 언급했다.

이 보고는 미 국무부 한국 데스크를 거쳐 아마 백악관으로 전달됐을 것이다. 조지 W. 부시 전 미국 대통령은 자서전 『결정의 순간』 한국판 서문에서 이명박 대통령을 캠프 데이비드에 초청해 첫 정상회담을 가졌을 때 자신이 이 대통령으로부터 느낀 종교적 유대감을 이렇게 표현했다.

이 대통령에 대해 내가 놀란 첫번째는 재계에서 남다른 성공신화를 일궈냈다는 사실이었다. 그는 35세의 나이에 현대건설의 CEO로 발탁되었으며 '불도저'라는 별명과 함께 한국 대기업의 최연소 CEO라는 명성을 얻었다. 그는 이어 회장 자리에 올랐으며, 이후 정계에 입문해 서울시장으로 당선되었다. 하지만 첫 만남 자리에서 내가 이 대통령에게 전력前歷에 대해 질문했을 때 그는 자신이 인생에서 가장 중요시하는 것 중 하나가 신앙이라는 점을 분명히 밝혔다.

이 대통령은 교회에서 처음 장로가 되어달라는 요청을 받았을 때 스스로 그럴 만한 자격이 없다고 생각했었다고 설명했다. 자신의 신앙심을 보여주기 위해 그는 수년간 일요일마다 교회에서 주차 봉사를 했다. 대기업 거물이 동료 신도들 앞에서 스스로를 낮추고 신앙에 대한 헌신을 보여준 것은 매우 인상적인 일이 아닐 수 없었다. 나는 이 일화를 통해 이 대통령에 대해 정책 브리핑으로 파악할 수 있었던 것보다 더 많은 것을 알 수 있었다. 그는 훌륭한 인격과 심오한 가치관을 지녔으며 그것을 일상에서 실천하는 인물이었다. 그는 훌륭한 지도자의 두 가지 덕목인 겸손과 인내는 물론이고, 봉사하는 삶에 대한 헌신까지 보여주었다. 나라에 대한 봉사와 신에 대한 봉사 말이다.

종교적 친밀감은 이명박 대통령이 훌륭한 지도자의 덕목인 겸손과 인내를 두루 갖춘 인물인 것처럼 보이게 하는 모양이다. 부시는 MB가 나라에 대한 봉사와 신에 대한 봉사, 둘 다에 헌신하는 삶을 보여줬다고 극찬해 마지않았다. 전자는 몰라도 후자는 부시의 말이 맞을 수도 있겠다.

MB, 친미 대통령
세계 1위 등극

MB, '친미 대통령'으로 등장 횟수 세계1위

앞서 봤듯이 미 대사관은 이명박정권 출범을 맞이해 "본능적으로 미국에 이끌리는 대통령과 행정부로 인해, 최근 몇 년간 제대로 기능하지 못했던 한미관계에 탄력과 신뢰를 회복할 진정한 기회가 생겼다"라는 전문을 보낼 정도로, 이명박정권에 대한 드높은 기대를 감추지 않았다. 미국 대사가 우리 대통령을 "본능적으로 미국에 끌리는" 대통령이라고 표현한 보고서를 눈으로 직접 보는 기분은 착잡하다. 하지만 미국 입장에선 아마 이 대통령을 아주 높게 평가하고 있다는 표현이었을 것이다.

이와 같은 맥락에서 미국 외교전문을 살피다가 미국 대사관에 의해 '친미적pro-American 또는 pro-U.S'이라는 수식어가 붙은 한국 사람을 발견할 때도 비슷한 느낌이 든다. 미국 외교전문에 '친미pro-American'라는 수식어가 가장 많이 붙어 나오는 한국인은 과연 누구일까?

필자가 위키리크스가 공개한 미 대사관의 외교전문 1980건을 검색해본 결과 '친미pro-American'라는 단어가 한 번이라도 등장하는 전문은

2006년 1월 9일자 전문부터 2010년 2월 16일자 전문까지 모두 19건으로 집계됐다. 이 가운데 11건의 전문에서는 '친미pro-American'가 그냥 일반적인 의미로 쓰였거나, 불특정 다수를 지칭하는 데 사용됐다. 나머지 8건의 전문에는 어떤 특정한 인물이나 집단의 성향을 묘사하는 데 이 단어가 사용됐다. 이 가운데 5건이 한 인물에 '친미pro-American'라는 수식어를 붙이고 있다. 그것도 그냥 친미가 아니라 주로 '매우 친미적 strongly pro-American'이라고 수식한다. 바로 이명박 대통령이다. 이명박 대통령은 미국이 공인하는 친미 한국인 중 압도적 1위를 차지했다.

미 대사관의 외교전문은 2006년부터 2010년 2월 사이에 작성된 것이다. 이 4년 넘는 기간 동안 주한 미 대사관의 대사나 직원들이 외교전문을 작성하며 사용한 '친미적'이라는 단어가 거의 이명박 대통령에게 집중된 것이다. 이명박 대통령의 친미 성향을 확실히 확인할 수 있는 대목이다. 물론 '친미'가 무조건 잘못이라 할 수는 없다. 하지만 일국의 대통령이 미국으로부터 수시로 '친미적' 대통령이라고 묘사되고, 본능적으로 미국에 이끌리는 사람으로 표현되는 것은, 한국 국민으로선 그다지 편치 않은 일이다.

MB, 일찌감치 '매우 친미적 인물'로 평가받아

이제 주한 미 대사관의 이 전문들 가운데 이명박 대통령에 '친미'라는 수식어를 붙인 대목 몇 군데를 살펴보자. 가장 앞선 것이 지난 2006년 7월 25일 주한 미 대사관이 「2007년 한국의 대선 유력 후보 프로필 2007 ROK POSSIBLE PRESIDENTAIL CANDIDATES PROFILED」이라는 제목으로 본국에 타전한 3급비밀 전문이다. 당시 주한 미 대사 버시바우는 이 전문에서 이명박 후보가 18.2%의 지지율로 박근혜, 고건 후보에 이어 3위를 달리고 있다고 당시 판세를 전한 뒤, 이명박 후보는 전직 서울 시장으로 청계천을 변모시킨 능력을 인정받고 있으며, "매우 친미적인 입장을 지닌 것으로 알려져 있다Lee Myung-bak is also known for his strongly pro-American stance"라고 평가했다. 당시는 대선을 1년 5개월가량이나 남겨둔 시점이었는데, 이때부터 일찌감치 주한 미 대사관에 의해 '강력한 친미' 인사로 공인받은 것이다.

주한 미 대사관은 이어 이명박 대통령 취임을 나흘 앞둔 지난 2008년 2월 21일 취임 축하 사절로 방한할 예정이던 라이스 당시 미 국무장관 앞으로 보낸 정세보고서를 통해 이명박의 대통령 당선과 그의 친미 보좌관 임명, 그리고 4월 총선에서 한나라당의 승리 가능성은 앞으로 보다 본질적인 한미 간 파트너십을 구축하는 데 절호의 기회를 제공할 것이라고 주장했다. 미국은 이 전문에서 이명박과 그의 친미 정부를 통해서 한미 FTA와 미국산 쇠고기 개방 등의 목표를 관철해야 한다고 강조하고 있다.

주한 미 대사관은 이명박 대통령이 취임한 이후에도 그를 계속 '매우 친미적인 대통령'이라고 묘사하곤 했다. 지난 2009년 9월 24일 주한 미 대사관은 미 국무부 부장관 스타인버그의 방한을 앞두고 본국에 보낸 정세보고서를 통해 스타인버그의 방문은 한미관계가 달콤한 시기를 보내고 있는 시점에 이뤄지는 것이며, 이 같은 달콤한 관계는 2008년 쇠고기 수입 문제로 인한 타격에서 거의 회복되고, 미국과 함께 일하는 데 헌신적인 "매우 친미적인 대통령"과 함께 이룬 것임을 서두에서 강조하고 있다. 정치적 위험성을 감수하고 미국산 쇠고기 시장을 개방한 이명박 대통령에게 미국이 품고 있는 애정과 신뢰를 느낄 수 있다.

이런 표현은 20여 일 뒤인 2009년 10월 15일 주한 미 대사관이 제41차 한미연례안보협의회 참석차 한국을 방문하는 게이츠 미 국방장관 앞으로 보낸 정세보고서에서도 그대로 반복된다. 다만 한미 양국 간의 "달콤한 시기"가 "수년래 최고의 상호 관계를 맺고 있는 시기"로 바뀌었을 뿐 "매우 친미적인 대통령"이라는 표현은 여전하다.

"매우 친미적인 대통령"이라는 표현이 등장하는 가장 최근의 전문은 주한 미 대사관이 지난해 2월 16일 작성한 「한국에서의 작전통제권 이양의 정치학POLITICS OF OPCON TRANSITION IN KOREA」이라는 제목의 3급 비밀 문건이다. 이 전문은 "이명박, 매우 친미적인 대통령"이라는 구절로 시작되고 있다.

주한 미 대사관은 또 외교전문에서 '친미pro-American'라는 표현과 동일한 의미로 'pro U.S.'라는 표현도 사용했다. 이 단어가 쓰인 전문은 모두 18건이 검색됐는데, 이 중 한국 언론 보도 모니터 보고서 3건을 제외한 15건 가운데 9건은 일반적인 의미나 불특정 다수를 표현하는데 쓰였고, 6건이 특정 인물을 수식하는 데 사용됐다. 이쯤이면 독자들도 주로 누구를 지칭한 것인지 다 알 것 같다. 이 6건 중에서도 절반인 3건의 주인공이 바로 이명박 대통령이다. 위키리크스가 주한 미 대사관의 외교전문을 공개한 이후 인터넷에서 가장 많이 회자된 전문 구절 가운데 하나인 "이명박 대통령은 뼛속까지 친미, 친일"이라는 표현도 바로 이 3건의 전문 중 하나이다.

다만 이 구절은 촛불시위 당시 이 대통령의 형인 이상득 의원이 미국 대사관측에 곤경에 처한 이명박 대통령에게 미국의 도움이 필요하다는 사실을 강조하면서 "이명박 대통령은 뼛속까지 친미, 친일Vice Speaker Lee said that President Lee was pro-U.S. and pro-Japan to the core"이라고 말한 것을 인용한 것으로, 미국 대사관의 직접적인 표현은 아니라는 점은 명확히 할 필요가 있다.

그러나 다른 2건의 전문에서 주한 미 대사관은 직접 "청와대에 있는 친미 대통령a pro-U.S. president in the Blue House" 등의 표현으로 이 대통령의 친미 성향을 명시하고 있다.

MB, 전세계 '매우 친미적인 대통령' 타이틀 모두 독식

그렇다면 전세계에 퍼져 있는 미국의 해외 공관들은 주재국의 대통령을 평가할 때 과연 이명박 대통령 앞에 붙인 "매우 친미적인 대통령"같은 '극찬의 표현'을 얼마나 사용할까?

위키리크스가 공개한 미국외교전문 251,287건 전체를 대상으로 검색한 결과 이 표현을 사용한 전문은 모두 3건으로 집계됐다. 그리고 이 전문은 모두 주한 대사관이 작성한 문건이었다. 물론 그 주인공은 이명박 대통령이다. 지난 10년간 전 세계의 미국 대사관에서 작성한 수십만 건의 외교전문에서 "매우 친미적인 대통령"이라고 표현된 유일한 한 명이 바로 이명박 대통령인 것이다.

"매우strongly"라는 부사를 빼고 한 단계 낮은(?) 등급인 그냥 "친미 대통령pro-American president"이라는 표현으로 검색하면 어떤 결과가 나올까. 모두 9건이 집계된다. 그중 4건이 주한 미 대사관에서 생산한 전문이고, 나머지는 파나마, 마다가스카르, 베넹, 루마니아, 에콰도르 주재 미국 대사관이 각각 현지 대통령을 "친미 대통령"이라고 묘사한 전문이 1건씩 검색됐다. 그냥 "친미 대통령" 타이틀에서도 9건 중 4건을 이명박 대통령이 차지했고, 나머지는 몇몇 나라의 대통령들이 한 번씩만 겨우 기록했을 뿐이다.

미국 외교전문의 수사학적 관점으로만 따진다면 이명박 대통령은 미국이 평가하는 지상 최고의 친미 대통령인 셈이다. 2011년 10월 이명박 대통령이 미국을 국빈 방문했을 때 한국 언론의 의미 부여와 상찬이 매우 요란스러웠다. '13년 만의 국빈방문', '13년 만의 상하원 합동회의 연설', '역대 6번째 국빈방문'에서부터 '4년 끌어온 한·미 FTA… 미, MB 도착 다음날 끝냈다', '한국 대통령 사상 최초 펜타곤 브리핑' 등등까지. 하지만 미국으로부터 세계에서 유일하게 "매우 친미적인 대통령"으로 평가받고 있는 대통령이니만큼 그 정도 대접은 당연한 것이 아닐까?

한국 대통령들은 미국을 방문해 융숭한 대우를 받고 올 때마다 미국에 뭔가 하나씩 내주곤 했다. 그때마다 우리 주권은 훼손당했다. MB 시대는 말할 것도 없다. 지난 2008년 캠프 데이비드에서 부시의 환대를 받았을 때는 쇠고기 시장을 내줬고, 2011년 오바마의 국빈 대우를 받고 와서는 한미 FTA를 날치기 강행 처리했다.

이명박 대통령은 미국으로부터는 '매우 친미적 대통령'이라는 매우 높은 평가를 받아왔다. 그렇다면 과연 우리 역사는 이 대통령을 어떤 대통령으로 평가할까?

「2020 비전」 71~72, 74, 77, 80, 86, 88, 96, 189, 203, 212

BBK 35, 37, 47, 250, 254, 256~259, 386

G20 91, 129~131, 208, 268, 333

UAE 원전 143~145, 147~149, 165

ㄱ 권종락 58, 239, 265~266

글로벌 호크 191~201

금융위원회 348~356

김경준 253~257, 259, 386~387

김대중 44, 69, 73

김대중정부 64, 69, 75, 230

김병국 66~67, 97, 124~125, 190~191, 193, 320

김성환 104, 111, 224, 236, 243~244, 251~253, 268~269, 274

김승호 335~337

김종훈 265, 270, 275, 303~305, 350

김태효 114, 199

김현종 298, 300~302, 304~307

ㄴ 남북관계 325, 342, 360

남북정상회담 45, 323, 325~326, 338~342

노근리 326~331

노무현 35, 119, 247~248, 294~297, 300, 303~304, 307~309, 335~337, 340~347, 359~366, 369~371, 373~374, 376, 382

노무현재단 295~296, 298, 301

노무현정부/참여정부 53, 94, 121~122, 137, 180, 189, 191~192, 194~196, 207, 211, 229~230, 244, 272, 295~298, 301~302, 308, 338, 342~343, 359, 362, 369~374

ㄷ 대북정책 45, 73, 75, 325

독도 233~235, 237~248, 363

ㄹ 라이스, 콘돌리자Rice, Condoleezza 61~62, 97, 118, 124, 191~193, 243, 362, 366, 394

론스타 348~355

리튬 개발권 153~155, 158, 161~162

ㅁ 무기도입 188~189, 207, 209

미 무역대표부 136, 269, 282~284

미군기지 이전 86, 212~214, 216, 222, 229, 231~232, 361

미얀마 가스전 167~168

민주당(한국) 44, 46, 96, 140, 316, 323

ㅂ 박근혜 37, 46~47, 375~380, 382, 394

박선원 338~340

박진 47, 58~59, 96, 121, 173, 323

방위비분담금 55, 208, 212, 214~216, 222, 226~227, 229~232

방위비분담협정SMA 87, 128, 208~216, 219~220, 223~225, 227~230, 232

버시바우, 알렉산더Vershbow, Alexander 33, 35~38, 41~43, 49~51, 53, 55~56, 58~61,

66~67, 73~77, 80, 84, 96~97, 118~129, 173, 182, 184~185, 190~192, 202~205, 254~257, 305, 307~308, 321, 350~353, 355, 359~364, 366~367, 369, 371~373, 375~376, 378~379, 384, 386, 388, 393

보스워스, 스티븐Bosworth, Stephen 58, 69~71, 313~315

부시, 조지 W. Bush, George W. 35, 38, 56, 58, 60~61, 74, 86~87, 96~97, 111, 114, 116~117, 120~121, 123, 129, 190, 212, 270, 273, 335~337, 345, 348~349, 367, 390~391, 397

ㅅ 소망교회 127, 384~389

쇠고기 협상/쇠고기 수입 55, 117, 119~120, 123, 125, 127~128, 133, 135~137, 141~142, 337

스타인버그, 제임스Steinberg, James 112, 135~136, 200, 244, 268~269, 394

스티븐스, 캐슬린Stephens, Kathleen 103~105, 111~113, 129~132, 144~145, 149, 156~158, 180, 224, 265~268, 271~272, 274, 303~304, 331, 333

세드니, 데이비드Sedney, David 98, 100, 182~186, 197~199

ㅇ 아프간/아프가니스탄 15, 24~25, 55, 59, 79~80, 91~105, 107~115, 131, 180, 184, 186, 199, 339, 368, 373, 383

오바마, 버락Obama, Barack 100~104, 129, 131, 251~253, 263~265, 269~272, 275~276, 397

오바마 행정부 114, 270, 273, 275, 281~282, 284

올슨, 리처드Olson, Richard 145~148

위안부 233~237, 244

유명환 63, 104~105, 117, 144~145, 149, 191~193, 224, 238, 252~253, 274, 320

유종하 58~61, 121, 173, 254~256, 258, 386

윤, 조지프Yun, Joseph 108, 110, 199, 338, 340

이명박/MB 33~48, 51~65, 74, 77, 86~87, 92, 95~97, 103~104, 113~133, 143~145, 148~150, 153, 156, 160, 164~168, 170, 173~176, 178~179, 181, 189~190, 192~193, 208~212, 214, 226, 234~236, 238, 240~243, 250~259, 263~265, 267, 270~276, 285, 294~296, 309, 316, 320~325, 348, 356, 359, 362~364, 366~373, 375~397

이명박정부/MB정부 33, 37, 51, 55, 59, 62~65, 74, 77, 80, 87, 93~94, 96~97, 103, 105, 113~115, 119~120, 133, 136~139, 172~173, 175, 178, 180, 188~192, 194, 196~197, 200~201, 207, 209~212, 216, 228~230, 233~242, 275~276, 281, 284, 293, 295~296, 298, 301, 321~322, 325, 331, 333, 362, 368, 373~374, 384, 392

이상득 60, 155~159, 322, 380, 395

인수위/대통령직인수위 37, 50~53, 60, 62, 64~66, 69, 71, 74, 96, 120, 123~124, 173, 175, 177, 189, 321~322, 387~388

ㅈ 자원외교 153~156, 159, 162, 164~165,